Os Últimos Meses de Salazar:

Agosto de 1968 a Julho de 1970

PAULO OTERO

Prof. Catedrático da Faculdade de Direito
da Universidade de Lisboa

Os Últimos Meses de Salazar:

Agosto de 1968 a Julho de 1970

AUTOR
Paulo Otero

EDITOR
EDIÇÕES ALMEDINA, SA
Av. Fernão Magalhães, n.º 584, 5.º Andar
3000-174 Coimbra
Tel.: 239 851 904
Fax: 239 851 901
www.almedina.net
editora@almedina.net

PRÉ-IMPRESSÃO | IMPRESSÃO | ACABAMENTO
G.C. GRÁFICA DE COIMBRA, LDA.
Palheira – Assafarge
3001-453 Coimbra
producao@graficadecoimbra.pt

Dezembro, 2008

DEPÓSITO LEGAL
281437/08

Os dados e as opiniões inseridos na presente publicação
são da exclusiva responsabilidade do(s) seus(s) autor(es).

Toda a reprodução desta obra, por fotocópia ou outro qualquer
processo, sem prévia autorização escrita do Editor, é ilícita

---

Biblioteca Nacional de Portugal – Catalogação na Publicação

OTERO, Paulo, 1963-

Os últimos meses de Salazar : Agosto de 1968 a Julho de 1970
ISBN 978-972-40-3587-7

CDU   32
    929
    323
    94(469)"1968/1970"

"O que é a verdade?"

(Jo 18,38)

ÍNDICE GERAL

Nota Prévia	11
§1.º – Preliminares	13
1.1. Objecto de Investigação	13
1.2. Metodologia	15
1.3. Idem: as fontes	17
1.4. Sequência de análise	20

I

AGONIA E MORTE DE SALAZAR

§2.º – Ano de 1968: o início da agonia	25
2.1. A saúde de Salazar antes da queda	25
2.2. As versões da queda da cadeira: uma nova hipótese	30
2.3. O restante mês de Agosto: indícios	38
2.4. Os sintomas e o diagnóstico: Salazar sabe estar doente	41
2.5. A noite mais longa do Estado Novo: 6 para 7 de Setembro	48
2.6. O pós-operatório e o início da agonia do Estado Novo	59
2.7. Salazar: entre a morte e incapacidade permanente	67
2.8. Salazar teima em resistir: Novembro e Dezembro	74
§3.º – Ano de 1969: o sequestro	81
3.1. O regresso a S. Bento: uma nova rotina	81
3.2. Os três diferentes retratos de Salazar: o médico, o oficial e o real	86
3.3. Idem: (a) o retrato médico de Salazar	87
3.4. Idem: (b) o retrato oficial de Salazar	91
3.5. Idem: (c) o retrato real de Salazar	99

§4.º – Ano de 1970: o fim   107

4.1.   Da esperança à angústia: o sentimento de abandono   107

4.2.   Os dias antes da morte: um relato cronológico   111

4.3.   Os momentos subsequentes à morte   118

4.4.   O enterro de Salazar: (a) os detalhes   127

4.5.   Idem: (b) início da véspera do Outono marcelista   131

4.6.   Os problemas jurídicos da herança   135

II
SUCESSÃO POLÍTICA DE SALAZAR

§5.º – O problema da sucessão de Salazar   143

5.1.   Sucessão e sobrevivência do regime: as primeiras abordagens   143

5.2.   O que pensava Salazar da sua sucessão?   153

5.3.   O que dizia a Constituição de 1933?   172

5.4.   O que se passou em Setembro de 1968?   180

5.5.   A presença política de Salazar na sua sucessão:
a centralidade da figura do Almirante Thomaz   198

§6.º – O último enigma: saberia Salazar que tinha sido exonerado?   217

6.1.   A origem do problema: ninguém informou Salazar
da sua exoneração   217

6.2.   A residência de S. Bento: um mundo fora do mundo   220

6.3.   O enigma e as teses em confronto: enunciação e justificação   229

6.4.   Reconstituição do pensamento de Salazar:
(a) os indícios da sua situação   237

6.5.   Idem: (b) o papel do Chefe de Estado   244

6.6.   Excurso: a colaboração de Marcello Caetano   253

NOTA PRÉVIA

O presente livro não tem natureza política, nem assume propósitos ideológicos: trata-se de um estudo biográfico sobre os últimos meses de vida de um homem que foi político e governante – Oliveira Salazar.

Permite a leitura do livro, em primeiro lugar, obter um retrato muito diferente daquele que estamos habituados a ver de Salazar: em vez do político, forte, autoritário e matreiro, observa-se aqui o homem, fraco, dependente e doente. Trata-se de dar a conhecer um Salazar que já não era o verdadeiro Salazar: dele apenas restava o invólucro físico exterior. E, neste sentido, habilita também um momento de interiorização da fragilidade da nossa própria condição humana diante da doença e da velhice.

Mostra-se possível recortar, em segundo lugar, uma reflexão sobre as relações entre a amizade e o poder: quem já teve o poder e deixou de o possuir, sem esperança de o recuperar, só então sabe quem são os seus amigos. E Salazar viveu o tempo suficiente para se aperceber da crueldade da lei da miséria do poder.

Em terceiro lugar, uma análise do período de tempo em causa nunca poderia ser feita sem a envolvente política que a doença de Salazar suscitou, desencadeando a sua sucessão e a própria sobrevivência do Estado Novo: Marcello Caetano e Américo Thomaz são também chamados a "depor" neste testemunho biográfico dos últimos meses de vida de Salazar. E, igualmente aqui, se podem encontrar surpresas: num primeiro momento da sua doença, Salazar terá sido instrumentalizado por Marcello Caetano, apesar de também se encontrarem posteriores manifestações de respeito e

*consideração; o Almirante Américo Thomaz teve um protago-
nismo político oculto que foi aniquilando Marcello Caetano e, em
vez deste último, foi aquele o verdadeiro sucessor de Salazar.*

*Num certo sentido, muito dificilmente se poderão compreender
as raízes do 25 de Abril de 1974 se não se tiverem presentes os
últimos meses de Salazar: entre Agosto de 1968 e Julho de 1970
jogou-se o destino do Estado Novo e cimentou-se o Portugal de
hoje.*

§1.º

PRELIMINARES

1.1. Objecto de investigação

1.1.1. Muito se tem escrito sobre António de Oliveira Salazar: o homem, o político, o estadista, desde a formação e ascensão ao poder, o modo de exercício desse mesmo poder durante cerca de quatro décadas, tudo tem merecido uma análise atenta de historiadores, políticos, jornalistas e romancistas.

Os últimos anos, assinalando diversas efemérides, acentuaram essa mesma tendência, expressas na edição de diversos livros, segundo orientações mais ou menos apaixonadas, mais históricas ou mais romanceadas, sobre Salazar.

De todos os períodos estudados da vida pública e da vida privada de Salazar um existe, porém, que tem merecido menor atenção: os seus últimos meses de vida, isto é, o período que vai da alegada queda da cadeira, em Agosto de 1968, com a consequente cessação de funções como Presidente do Conselho de Ministros, em 27 de Setembro, até à data da sua morte, em 27 de Julho de 1970.

É aqui, precisamente, neste intervalo de tempo que vai de Agosto de 1968 a Julho de 1970, correspondendo aos últimos meses de vida de Oliveira Salazar, que se situa a presente investigação de carácter biográfico.

1.1.2. Tem o presente estudo em vista, atendendo ao limitado âmbito temporal de análise da vida de Salazar, um propósito de investigação que envolve a tentativa de resposta a três diferentes interrogações:

(i) Quais os principais factos que levaram, em Setembro de 1968, à morte política de Salazar e, em momento posterior, em Julho de 1970, à sua morte física?

(ii) Como se processou a sucessão política de Salazar ou, talvez mais rigorosamente, quem foi o seu verdadeiro sucessor político?

(iii) Será que Salazar chegou a ter conhecimento que tinha sido exonerado e substituído do cargo de Presidente do Conselho de Ministros?

A resposta a tais questões, procurando desvendar um pouco do mistério que cobre os últimos meses de vida de Oliveira Salazar, constitui o objecto nuclear deste estudo.

1.1.3. A definição do objecto de investigação não pode fazer esquecer, por outro lado, que, apesar de existir uma extensa biografia de Salazar da autoria do seu último Ministro dos Negócios Estrangeiros, o Embaixador Franco Nogueira, relatando também os seus derradeiros meses de vida (: de Agosto de 1968 a Julho de 1970), o certo é que, nos últimos anos, foram surgindo livros, entrevistas e documentos que levantam dúvidas sobre a versão exacta de alguns episódios ou factos narrados nessa mesma biografia.

O presente estudo, tendo como objecto central de investigação a resposta às referidas interrogações, não pode deixar de também procurar traçar o quadro dos principais elementos factuais que, à luz de novos documentos entretanto revelados, servem de enquadramento histórico ao problema a analisar. É um estudo que, partindo do pormenor e baseado no detalhe, visa alcançar sínteses explicativas das questões suscitadas.

Nem tudo está ainda dito sobre esses últimos meses da vida de Salazar, nem se mostra provável que tudo seja agora dito. O grande mérito dos estudos históricos reside na circunstância de não serem definitivos, nem fechados: há sempre uma página em branco que, no final de cada estudo de História, é deixada para a superveniência de um novo facto ou a reinterpretação e reconstrução de factos já conhecidos.

Este estudo não será, por certo, excepção.

1.2. Metodologia

1.2.1. A distância histórica provocada pelo decurso do tempo permite já hoje a formação de uma clara consciência que, tal como o Marquês de Pombal dominou a História portuguesa do século XVIII ou a Rainha Vitória o século XIX britânico, também Oliveira Salazar foi o protagonista da vida política nacional do século XX: pode-se concordar ou discordar de Salazar, não se pode, porém, ignorá-lo.

O muito que se tem escrito sobre Salazar, desde a sua ascensão ao poder até aos dias de hoje, em Portugal e no estrangeiro[1], pode ser classificado em três grandes grupos:

(i) Existem os escritos *apologéticos*, comprometidos com o enaltecer da pessoa e da obra de Salazar, literatura essa especialmente produzida até ao seu afastamento do poder[2]

---

[1] Para um elenco de tais escritos, cfr. JOSÉ MARTINHO GASPAR, *Os Discursos e o Discurso de Salazar*, Lisboa, Prefácio – Edição de Livros e Revistas, 2001, pp. 35 ss.

[2] Para um elenco de obras referentes a Salazar, adoptando a referida perspectiva apologética, cfr. *Notícias de Portugal*, Boletim Semanal da Direcção-Geral da Informação da Secretaria de Estado da Informação e Turismo, Ano XXIV,

16 | OS ÚLTIMOS MESES DE SALAZAR

e, embora mais raramente, em momento posterior, por saudosistas ou simpatizantes de Salazar e do salazarismo[3];

(ii) Existem também os escritos *detractores*, traduzindo uma visão igualmente comprometida ainda que em sentido contrário à anterior, particularmente visível na sua produção após o 25 de Abril de 1974, sem prejuízo de já antes, no estrangeiro[4] e mesmo em Portugal[5] – apesar de neste último domínio, desde que anteriores a 1968, quase sempre em termos clandestinos –, se conhecerem exemplos ilustrativos;

(iii) Observa-se, por último, a progressiva publicação de escritos *não alinhados*, procurando conferir objectividade à análise da pessoa e da obra de Salazar, descomprometidos com juízos de valor positivos ou negativos que, em qualquer das anteriores posturas, tolhem a visão do "cientista" e, perturbando a serenidade da análise dos factos, distorcem a realidade.

Neste contexto classificativo da literatura até agora publicada sobre Salazar, a presente investigação assume-se claramente como *não alinhada*, procura ser objectiva e científica, evitando a formulação de juízos de valor ou a utilização de adjectivos qualificativos de factos, pessoas ou situações: tentar-se-á, tanto quanto é possível a qualquer cientista, ser isento e imparcial na análise a efectuar.

---

n.º 1213, de 1 de Agosto de 1970, p. 31; ÁPIO GARCIA, *Um Homem Chamado Salazar*, Lisboa, António Francisco Barata – Editor, 1968, pp. 113 ss.

[3] Neste último contexto, cfr., por exemplo, *Salazar, Antologia de Depoimentos*, Lisboa, Ed. Nova Arrancada, 2000.

[4] Especificamente no que respeita à literatura espanhola e francesa sobre Salazar, cfr. JOÃO MEDINA, *Salazar em França*, Lisboa, Ed. Livraria Bertrand, 1977.

[5] Cfr., a título exemplificativo, o livro de HENRIQUE GALVÃO, *O Assalto ao "Santa Maria"*, Lisboa, Edições Delfos, 1973, especialmente, pp. 19 ss. e 278 ss.

Não se visa adoptar, por outro lado, qualquer metodologia narrativa de natureza romanceada ou ficcionada: o trabalho em curso, partindo de pessoas e situações reais, visa apurar factos e, procedendo à sua interpretação, encontrar uma resposta para as questões colocadas e que constituem o objecto da investigação.

1.2.2. Não é o autor desta investigação, apesar do seu gosto pela História, um historiador: este é, por conseguinte, um trabalho de História feito por um jurista.

A circunstância, todavia, de se estar perante uma ciência social que é um familiar colateral próximo das ciências jurídico-políticas e de algumas das questões colocadas pela investigação igualmente envolverem problemas jurídicos, além de ter como personagem central um governante que também tinha formação jurídica, abalançou o autor a lançar mãos à presente tarefa, baseado no princípio de que a História não é monopólio dos historiadores.

1.3. Idem: as fontes

1.3.1. A metodologia de estudo da História – tal como sucede no âmbito da investigação jurídica – confere especial relevo às fontes: a sua identificação, permitindo o acesso e o respectivo confronto e certificação, e a respectiva valorização no contexto do estudo a realizar são aspectos nucleares da presente investigação.

Neste domínio, aliás, nem todas as obras até agora publicadas sobre Salazar se mostram particularmente cuidadosas na indicação ou identificação das fontes reveladoras de factos ou de afirmações[6], ignorando-se, em alguns aspectos nucleares, onde começa

---

[6] Regista-se mesmo que há quem, em sentido diametralmente oposto ao que se vai adoptar ao longo deste livro, assuma expressamente o propósito de evitar

a conjectura interpretativa do respectivo autor e onde termina a realidade factual ou documental que lhe serve de suporte.

Procurar-se-á sempre, por isso, identificar claramente a fonte das afirmações feitas ao longo do presente trabalho, permitindo ao leitor distinguir o que são factos e aquilo que é interpretação de tais factos.

1.3.2. Não se ignora, cumpre sublinhar, que parte substancial das fontes sobre as quais se baseia o presente estudo se alicerça em testemunhos de pessoas que conviveram com Salazar, tendo tais testemunhos sido recolhidos por terceiros, sem que o autor destas linhas tenha conhecido Salazar ou a maioria dessas pessoas. Esta é, adiante-se, uma contingência desta investigação.

Trata-se, todavia, bem vistas as coisas, de uma limitação de que padecem todos os estudos de História não contemporânea ou, em termos mais rigorosos, todos os estudos históricos escritos por quem não presenciou os acontecimentos ou não conheceu os respectivos protagonistas: essa é, afinal, uma fatalidade inerente a quem escreve sobre História. Ou, talvez, em termos mais rigorosos, esse será o preço a pagar pela necessária distância emotiva que o cientista da História tem de suportar para garantir a imparcialidade e a objectividade possível da sua interpretação dos factos.

1.3.3. Centrando a atenção no elenco de fontes subjacentes ao presente estudo, pode afirmar-se que foram tidos em consideração cinco principais grupos documentais:

---

citar para cada caso a respectiva fonte, pois isso "equivaleria a incluir copiosas notas de fim de página, numa profusão que fatigaria o leitor sem proveito", cfr. FRANCO NOGUEIRA, *Salazar – A mocidade e os princípios (1889-1928)*, I, Porto, Livraria Civilização Editora, 1986, p. XI.

§1.º PRELIMINARES | 19

(i) Declarações, escritos ou entrevistas do próprio Doutor Salazar, registando-se, todavia, que os seus Diários, segundo se pode observar no "Arquivo Oliveira Salazar" existente na Torre do Tombo[7], terminam as anotações no dia 6 de Setembro de 1968[8], mostrando-se o mencionado Arquivo paupérrimo no acervo documental posterior a essa data;

(ii) Testemunhos de pessoas que privaram de perto com Salazar durante os seus últimos meses de vida, salientando-se os seguintes:

– O seu médico assistente, Prof. Eduardo Coelho[9];

– A sua governanta, Dª. Maria de Jesus Caetano Freire[10];

– O seu último Ministro dos Negócios Estrangeiros, Embaixador Franco Nogueira[11];

– O Presidente da República de então, o Almirante Américo Thomaz[12];

---

[7] Para um elenco dos índices desse mesmo espólio documental, cfr. MADALENA GARCIA, *Arquivo Salazar – Inventário e Índices*, Lisboa, Editorial Estampa, 1992.

[8] Note-se que hoje o Arquivo de Oliveira Salazar se encontra parcialmente digitalizado, sendo possível a consulta dos seus Diários através do site http://ttonline.iantt.pt/aos

[9] Cfr. EDUARDO COELHO/ANTÓNIO MACIEIRA COELHO, *Salazar. O fim e a morte. História de uma mistificação*, Lisboa, Publicações Dom Quixote, 1995.

[10] Esse testemunho encontra-se recolhido em entrevista concedida a FERNANDO DACOSTA, *Máscaras de Salazar*, 13ª ed., Lisboa, Ed. Casa das Letras, 2006. (Procedendo a um juízo sobre esta última obra, cfr. JOSÉ MARTINHO GASPAR, *Os Discursos e o Discurso de Salazar*, p. 64).

[11] Cfr. FRANCO NOGUEIRA, *Salazar – O Último Combate (1964-1970)*, VI, Porto, Livraria Civilização Editora, 1985.

[12] Cfr. AMÉRICO THOMAZ, *Últimas Décadas de Portugal*, III e IV, Lisboa, Ed. Fernando Ferreira, 1983.

– Duas de suas antigas protegidas, Micas[13] e Mavilde Araújo[14];
(iii) Artigos da imprensa escrita[15];
(iv) Diplomas legais, actas e notas oficiais;
(v) Outros textos escritos abrangendo este período da vida de Salazar ou com reflexos nele.

1.3.4. Refira-se ainda, a concluir a temática da metodologia relacionada com as fontes, que, ao longo do desenvolvimento expositivo da investigação, procurar-se-á sempre indicar a fonte que suporta o facto ou a interpretação objecto de exposição, utilizando-se para o efeito as notas de pé-de-página.

1.4. Sequência de análise

1.4.1. Conhecedores de que a investigação, localizada temporalmente no período que vai de Agosto de 1968 a Julho de 1970, se centra em procurar averiguar factos relativos à doença de Salazar,

---

[13] Cfr. MARIA DA CONCEIÇÃO DE MELO RITA/JOAQUIM VIEIRA, *Os Meus 35 Anos com Salazar*, 5ª ed., Lisboa, Esfera dos Livros, 2007.

[14] O testemunho de Mavilde Araújo encontra-se recolhido em entrevista concedida a FERNANDO DACOSTA, *Máscaras de Salazar*, cit.

[15] É de referir que, por efeito da apertada censura existente à data do eclodir da doença de Oliveira Salazar (Setembro de 1968), procurando-se ainda encobrir o sucedido, muitos dos pormenores sobre a evolução da doença e as suas diversas fases de crise se encontram relatados na imprensa publicada aquando da sua morte (Julho de 1970) e não no momento em que tais factos ocorreram, tanto mais que, por outro lado, a nomeação do novo Presidente do Conselho foi acompanhada de uma tentativa de silenciar informações sobre o antigo Chefe de Governo, evitando a manutenção ou o surgimento de esperanças de um restabelecimento de saúde. Verdadeiramente, só com a morte de Salazar, afastada, definitivamente, a ameaça de um regresso ao poder, foi possível divulgar notícias até então censuradas.

sua substituição política e se ele conhecia (ou não) que tinha sido exonerado das funções de Presidente do Conselho de Ministros, importa agora, tendo presente a metodologia já definida, traçar a sequência da análise a efectuar.

1.4.2. O primeiro capítulo do trabalho será dedicado aos factos relativos à agonia e morte de Salazar, referenciando-se todo um conjunto de pormenores visando reconstituir os antecedentes da doença, declarada em Setembro de 1968, até ao momento da respectiva morte, em Julho de 1970, abordando-se, neste contexto, três tópicos cronológicos:

(i) O ano de 1968, identificado como sendo o primeiro da longa agonia de Salazar gerada pela doença, desde o momento da designada "queda da cadeira" até ao acidente vascular cerebral que, conduzindo-o a um estado de coma, viria a motivar, em finais de Setembro, a sua exoneração das funções de Chefe do Governo, apesar de uma posterior recuperação em situação de grave incapacidade permanente;

(ii) O ano de 1969, tendo Salazar regressado à residência oficial do Presidente do Conselho de Ministros, encontrou-se envolvido numa farsa em que tudo se passava como se ele ainda fosse Chefe de Governo, acabando por estar sequestrado e ser ainda vítima política da censura do regime que instituiu, dele revelando-se três retratos quase diametralmente opostos: o retrato médico, o oficial e o real;

(iii) O ano de 1970, expressando o fim de uma agonia de cerca de vinte e dois meses, procura traçar o estado de espírito de Salazar pouco antes da morte, esboçando os detalhes do seu funeral e alguns efeitos políticos e jurídicos imediatos ao seu desaparecimento físico.

1.4.3. O segundo capítulo do trabalho, especificamente dedicado ao estudo de diversas questões em torno da sucessão política de Oliveira Salazar, encontra-se estruturando nos seguintes termos:

(i) Começaremos por analisar o problema clássico da sucessão política do Doutor Salazar na chefia do Governo, averiguando-se aqui a relação do tema com a sobrevivência do próprio regime político, o pensamento de Salazar sobre o assunto ao longo dos tempos, o sentido das normas da Constituição de 1933 sobre a matéria, os factos reais ocorridos em Setembro de 1968 e que conduziram à nomeação do Prof. Marcello Caetano como Presidente do Conselho de Ministros e, por último, formular-se-á um juízo sobre a relevância da intervenção do Almirante Américo Thomaz no processo sucessório de Salazar;

(ii) Encerra-se a investigação, por último, procurando desvendar o derradeiro mistério de Salazar: saber se, ao longo dos seus últimos meses de vida, ele conhecia ou, pelo contrário, ignorava que tinha sido exonerado e substituído como Chefe do Governo, indicando-se as teses em confronto e, após uma tentativa de reconstituir o pensamento de Salazar com pertinência sobre a matéria, tentar-se-á encontrar uma resposta para este último enigma.

I

AGONIA E MORTE DE SALAZAR

§2.º

ANO DE 1968: O INÍCIO DA AGONIA

2.1. A saúde de Salazar antes da queda

2.1.1. A deterioração do estado de saúde de Oliveira Salazar não começa com o célebre acidente da cadeira, em Agosto de 1968[16]. Há mesmo quem admita, alegadamente baseado em relatos da família do próprio, que já antes Salazar havia sofrido uma queda grave, em Lisboa, na banheira, tendo batido fortemente com a cabeça no respectivo rebordo[17].

O certo é que, desde meados dos anos cinquenta, o Presidente do Conselho é objecto de permanente atenção médica, realizando radiografias[18] e análises clínicas periódicas[19]. E, no início dos anos

---

[16] Para uma breve referência a doenças que Salazar antes tivera e que motivaram a intervenção do Prof. Eduardo Coelho, cfr. EDUARDO COELHO/ANTÓNIO MACIEIRA COELHO, *Salazar...*, p. 38.

[17] Neste sentido, cfr. COSTA BROCHADO, *Memórias de Costa Brochado*, Lisboa, Edição do Autor, 1987, p. 414.

[18] Em 1954 e 1955, segundo se pode observar da documentação existente na Torre do Tombo, Salazar realiza um conjunto de exames radiológicos no consultório do Dr. Fernandes Lopes, Chefe de Serviço de Radiologia do Hospital Militar Principal, salientando-se as seguintes conclusões (cfr. AOS/PP-7, Exames Médicos 1929-1969):

(i) Em 12 de Fevereiro de 1954, "Possíveis lesões de tipo fibroso na região apical direita, a verificar mediante estudo tomográfico";

(ii) Em 9 de Dezembro de 1955, "Colecistografia negativa. Cálculo visicular solitário, especialmente visível no exame radiológico pelo método directo. Espondilose lombar, em grau não muito acentuado";

26 | AGONIA E MORTE DE SALAZAR

sessenta, alguns registam que Salazar, envelhecido, "ia perdendo qualidades de doutrinação e de acção"[20]: em 1961, há boatos que Salazar se encontra gravemente doente[21], trata-se, no entanto, de uma forte gripe que se receia desembocar em pneumonia[22], situação que se repete em 1964[23]; em 1965, há mesmo rumores que Salazar sofre de perturbações mentais[24].

Salazar transmite agora, na segunda metade da década de sessenta, a sensação de uma grande fragilidade física[25]: "parece que uma viração o pode abater e destruir, que os músculos não existem, que toda a sua estrutura é já imaterial, é já diáfana, um simples invólucro que transporta um espírito e abriga um querer"[26].

Muito longe vai já a afirmação, proferida quarenta anos antes, na qualidade de Ministro das Finanças, referindo-se a si próprio:

(iii) Em 10 de Dezembro de 1955, "Sinais radiológicos a favor de gastrite e duodenite. Suspeita de peri-viscerite, interessando a vesícula biliar e o duodeno. Um exame em camada fina para estudo das pregas da mucosa, pode ser útil como complemento".

[19] Neste sentido, a documentação existente no Arquivo de Salazar na Torre do Tombo mostra-se ilustrativa desta afirmação, cfr. AOS/PP-7, Exames Médicos 1929-1969.

[20] Cfr. MARCELLO CAETANO, *Depoimento*, Rio de Janeiro e S. Paulo, Distribuidora Record, 1974, p. 49.

[21] Cfr. FRANCO NOGUEIRA, *Um Político Confessa-se (Diário: 1960-1968)*, 3ª ed., Porto, Ed. Civilização, 1987, p. 11.

[22] Cfr. FRANCO NOGUEIRA, *Salazar – A Resistência (1958-1964)*, V, Porto, Ed. Livraria Civilização, 1984, p. 192.

[23] Cfr. FRANCO NOGUEIRA, *Um Político Confessa-se*, p. 90.

[24] Cfr. FRANCO NOGUEIRA, *Um Político Confessa-se*, p. 121.

[25] Neste sentido, cfr. FRANCO NOGUEIRA, *Salazar*, VI, p. 37.

[26] Cfr. FRANCO NOGUEIRA, *Salazar*, VI, p. 38.

"tem uma saúde precária e nunca está doente"[27]: em 1968, a 28 de Abril[28], Salazar havia completado setenta e nove anos[29].

O regime vivia e pretendia fazer acreditar, porém, numa genuína ilusão de imortalidade do líder do Estado Novo[30]: o próprio Salazar dizia "só morre quem quer!"[31].

2.1.2. Quase com oitenta anos, Oliveira Salazar é, em 1968, um homem que tem problemas físicos de saúde[32] e, desde que teve "uma doença grave no rodar dos anos sessenta"[33], é visitado quin-

---

[27] Expressão utilizada num discurso feito no Quartel-General de Lisboa, em 9 de Junho de 1928, cfr. OLIVEIRA SALAZAR, *Discursos (1928-1934)*, I, Coimbra, Coimbra Editora Limitada, 1935, p. 10.

[28] No dia anterior, a 27 de Abril de 1968, Salazar tinha completado quarenta anos de permanência ininterrupta no Governo, primeiro como Ministro das Finanças, desde 1928, e depois, a partir de 1932, como Presidente do Conselho de Ministros.

[29] Nesse dia de aniversário, Salazar janta com o Cardeal Patriarca de Lisboa, D. Manuel Gonçalves Cerejeira, amigo desde os tempos da Universidade de Coimbra, sendo de assinalar a curiosidade de ter sido este que se fez convidar, numa carta, datada de 26 de Abril de 1968, onde, premonitoriamente, escreve o seguinte: "Estamos sós os dois, e podemos dizer com os discípulos de Imaúz que está a cair a tarde", cfr. FRANCO NOGUEIRA, *Salazar*, VI, p. 345, nota n.º 1.

[30] Neste último sentido, cfr. MANUEL MARIA MÚRIAS, *De Salazar a Costa Gomes*, 2ª ed., Lisboa, Nova Arrancada, 1998, p. 139.

[31] Afirmação de Salazar dirigida ao seu amigo José Nozolini, cfr. BARRADAS DE OLIVEIRA, *O príncipe encarcerado – Apontamentos para um perfil psicológico de Salazar*, in *Salazar Sem Máscaras*, 3ª ed., Lisboa, Ed. Nova Arrancada, 1994, p. 80.

[32] A correspondência trocada entre Salazar e o seu antigo Ministro dos Negócios Estrangeiros, Marcello Mathias, informa-nos que, a pedido daquele, datado de 26 de Março de 1968, este último, então embaixador em Paris, enviava-lhe umas injecções que, tendo desaparecido de venda em Portugal na sua versão de embalagens de 54 mm, Salazar necessitava de, quinzenalmente, as tomar. Cfr. MARCELLO MATHIAS, *Correspondência Marcello Mathias / Salazar 1947/1968*, Lisboa, Ed. Difel, 1984, pp. 590-591.

[33] Cfr. EDUARDO COELHO/ANTÓNIO MACIEIRA COELHO, *Salazar...*, p. 11. Desconhece-se, em boa verdade, que "doença grave" terá sido esta que Salazar

zenalmente pelo cardiologista, Prof. Eduardo Coelho[34]. Há até quem sustente que, desde a tentativa de golpe do General Botelho Moniz, em 1961, Salazar "nunca mais foi o mesmo homem, e aparecia, com frequência, nos bancos do jardim, a dormitar"[35]. Ou, nas palavras do General Santos Costa, em 1962, "Salazar está quase incapaz como líder em virtude da idade e da sua personalidade"[36].

O certo é que, em 1968, aos setenta e nove anos, Salazar continuava a desenvolver um ritmo de trabalho que, decorrente das absorventes funções públicas que exercia, lhe exigem uma plena e permanente capacidade intelectual. Não dominava já então, todavia, a totalidade dos assuntos governativos[37] – os Negócios Estrangeiros, a Defesa e o Ultramar absorviam a sua atenção[38] – e tem

---

padeceu em meados dos anos 60. O seu biógrafo, Embaixador Franco Nogueira, refere-se, no entanto, ao facto de, em Junho de 1966, Salazar ter dado um jeito ao pé direito que, depois de vários dias sem acompanhamento médico, se verifica, na sequência de exames médicos, ter envolvido uma "fractura de alguns ossos dos dedos", razão pela qual, apesar de não ser preciso gesso, tem de andar apoiado numa bengala. Regista ainda, nessa mesma altura, que lhe surgiu nas costas um quisto infectado, prontamente tratado pelo Prof. Eduardo Coelho (cfr. FRANCO NOGUEIRA, *Salazar*, VI, pp. 188 e 190; IDEM, *Um Político Confessa-se*, p. 182).

[34] Sobre a periodicidade de tais visitas do seu médico assistente, cfr. EDUARDO COELHO/ANTÓNIO MACIEIRA COELHO, *Salazar...*, pp. 19 e 102.

[35] Cfr. COSTA BROCHADO, *Memórias...*, pp. 414-415.

[36] Estas declarações de Santos Costa encontram-se numa informação da CIA, de Junho de 1962, arquivada na Biblioteca John F. Kenedy, em Boston, cfr. TOM GALLAGHER, *Os oitenta e sete ministros do Estado Novo de Salazar*, in *História*, n.º 28, Fevereiro de 1980, p. 9.

[37] Neste sentido, cfr. ADRIANO MOREIRA, *O entardecer*, in *O Independente – "Cem Anos de Solidão"*, de 28 de Abril de 1989, p. 2.

[38] Em palavras atribuídas a Oliveira Salazar, este teria mesmo afirmado: "ultimamente só tenho podido ser presidente de um Conselho muito restrito dos ministros da Defesa, do Ultramar e dos Negócios Estrangeiros; das outras pastas tenho de me limitar a ser subsecretário...", cfr. EDUARDO FREITAS DA COSTA, *Acuso Marcelo Caetano*, Lisboa, Liber – Editorial e Publicidade Portugal Brasil, Ldª., 1975, p. 64.

mesmo consciência, em Fevereiro de 1968, que a sua autoridade como Chefe do Governo sofre erosão[39].

Em termos de saúde, usando ainda as palavras de Costa Brochado, seu amigo e partidário, "Salazar vinha sofrendo sucessivos delíquios, escondidos do público cuidadosamente, por sua ordem e com a rigorosa colaboração de D. Maria"[40].

2.1.3. A comprovação de que Salazar sofria já de perturbações graves antes do acidente de Agosto de 1968, apesar de momentâneas, ocorreu, em 12 de Junho de 1968, em pleno Conselho de Ministros.

No relato do então Ministro dos Negócios Estrangeiros, Salazar, mostrando-se muito pálido e esmorecido[41], repete rigorosamente, nesse dia 12 de Junho, o que havia dito no Conselho de Ministros realizado no dia anterior sobre o caso Béjart[42], fazendo-o como se nada tivesse antes dito sobre o assunto e "estivesse agora a expor um assunto novo"[43].

---

[39] É o próprio Salazar que confirma este entendimento, tendo consciência, em 3 Fevereiro de 1968, da sua falta de autoridade, "às vezes, já nem sei quem manda neste país" (cfr. FRANCO NOGUEIRA, *Um Político Confessa-se*, p. 279) ou, no mesmo sentido, em 20 de Fevereiro de 1968, quando diz de si próprio "todos pensam: o tipo chegou ao fim, já não manda nada, e cada um faz o que quer na mira de se valorizar", acrescentando, mais adiante, "até parece que não há um chefe do governo neste país" (cfr. *ibidem*, p. 282).

[40] Cfr. COSTA BROCHADO, *Memórias...*, p. 480.

[41] Neste sentido, cfr. FRANCO NOGUEIRA, *Um Político Confessa-se*, p. 301.

[42] O caso Béjart refere-se a uma representação de bailado patrocinada pela Fundação Calouste Gulbenkian, realizada no Coliseu dos Recreios, em 6 de Junho de 1968, onde, numa cena do "Romeu e Julieta", os bailarinos gritaram "façam amor, não façam a guerra", gerando agitação na sala e entendido por Salazar como um apelo à subversão contra a autoridade e a guerra colonial: o espectáculo foi suspenso e o responsável pelo grupo de bailarinos belgas do "Ballet du XXème Siécle", Maurice Béjart, foi expulso.

[43] Cfr. FRANCO NOGUEIRA, *Salazar*, VI, p. 360.

Abate-se então, nas palavras de Franco Nogueira que estava presente, "um frio de constrangimento e de angústia e drama" por todos os ministros, sem que o Presidente do Conselho desse conta de nada[44] e sem que os ministros troquem entre si qualquer palavra[45], acrescentando: "a Oliveira Salazar, pelo menos por um lapso de tempo, varreu-se-lhe a memória de factos que são da véspera e a consciência da realidade"[46].

Ninguém diz nada, porém, a Salazar[47].

No seu diário, o Ministro dos Negócios Estrangeiros havia de escrever, nesse dia, o seguinte: "há uma clara perturbação mental no chefe do governo" e, mais adiante, interrogava-se, "que gravidade terá tudo isto?"[48].

Menos de dois meses depois, no início de Agosto, dá-se o alegado acidente da cadeira – o que terá acontecido, todavia, antes?

Eis um mistério que dificilmente algum dia encontrará resposta.

2.2. As versões da queda da cadeira: uma nova hipótese

2.2.1. Desde o dia 26 de Julho que Salazar se encontrava no Forte de Santo António do Estoril[49], adaptado a colónia de férias das

---

[44] Cfr. FRANCO NOGUEIRA, *Salazar*, VI, p. 360.

[45] Cfr. FRANCO NOGUEIRA, *Um Político Confessa-se*, p. 301.

[46] Cfr. FRANCO NOGUEIRA, *Salazar*, VI, p. 360.

[47] Sublinhando esse mesmo facto, cfr. VASCO PULIDO VALENTE, *Salazar revisitado*, in *O Independente – "Cem Anos de Solidão"*, de 28 de Abril de 1989, p. 19.

[48] Cfr. FRANCO NOGUEIRA, *Um Político Confessa-se*, p. 301.

[49] Note-se, no entanto, que Franco Nogueira situa a transferência de Lisboa para o Estoril no dia 27 de Julho (in *Salazar*, VI, p. 376). A consulta dos Diários de Salazar revela, no entanto, que a partida ocorreu a 26 de Julho, uma Sexta-Feira, pelas 17 horas (cfr. http://ttonline.iantt.pt/aos). Esta última data é também confirmada pelo relato de Micas, sendo de assinalar que o filho menor desta sua antiga protegida também acompanhou Salazar para o Forte do Estoril

§2.º ANO DE 1968: O INÍCIO DA AGONIA | 31

alunas do Instituto de Odivelas e usado habitualmente pelo Presidente do Conselho durante a época estival, sempre mediante o pagamento de uma renda[50].

É nesse preciso local que, segundo as versões existentes, muito provavelmente, a 4 de Agosto[51], um Domingo, Salazar

---

(cfr. MARIA DA CONCEIÇÃO DE MELO RITA/JOAQUIM VIEIRA, *Os Meus 35 Anos com Salazar*, p. 182).

[50] Cfr. HELENA SANCHES OSÓRIO, *O dia em que o regime caiu*, in *O Independente*, de 5 de Agosto de 1988, p. 13.

[51] Parece que a governanta de Salazar, falando com jornalistas, em 9 de Setembro de 1968, terá referido o dia 5 de Agosto como data da queda, sendo esta última data reproduzida também na imprensa escrita aquando da morte de Salazar (cfr. *O Século Ilustrado*, n.º 1700, de 1 de Agosto de 1970, p. 21). No mesmo sentido, localizando em 5 de Agosto o dia da queda, sem, todavia, indicar a fonte de uma tal informação, cfr. HELENA SANCHES OSÓRIO, *O dia em que o regime caiu*, in *O Independente*, de 5 de Agosto de 1988, p. 13.

Por seu lado, o Dr. Paulo Rodrigues, Subsecretário de Estado da Presidência do Conselho, localiza a queda de Salazar no dia 4 de Agosto (cfr. JOSÉ PAULO RODRIGUES, *Salazar – Memórias Para Um Perfil*, Lisboa, Edições Pró-Homem, 2000, p. 251).

Franco Nogueira, porém, refuta a data de 5 de Agosto, tal como a hipótese de 4 de Agosto, expressando a sua convicção de que a queda ocorreu a 3 de Agosto (in *Salazar*, VI, p. 378, nota n.º 1). No mesmo sentido, localizando em 3 de Agosto a origem do hematoma, cfr. FERNANDO DACOSTA, *Salazar – Fotobiografia*, 4ª ed., Lisboa, Editorial Notícias, 2002, p. 32.

Existem três indícios, todavia, que tornam mais verosímil a hipótese de ter sido a 4 de Agosto que ocorreu a queda na presença do enfermeiro-calista:

(i) Em primeiro lugar, o Diário de Salazar regista no dia 4 de Setembro, pelas 10 horas, uma referência a "Hilário" (cfr. http://ttonline.iantt.pt/aos), sendo a mesma passível de ser interpretada como uma nova visita do calista, um mês após a última visita, circunstância que aponta para o dia 4 de Agosto a visita que esteve na base da queda;

(ii) Em segundo lugar, o cartão em que Salazar agradece ao calista a carta pela qual este indaga das melhoras de Salazar na sequência da queda tem a data de 6 de Agosto de 1968 (cfr. FRANCO NOGUEIRA, *Salazar*, VI, p. 380), sendo bastante plausível que essa carta tivesse a data de 5 de Agosto, isto é, fosse escrita pelo calista no dia posterior à queda, localizando-se esta, precisamente, a 4 de Agosto;

32 | AGONIA E MORTE DE SALAZAR

dá uma queda que, envolvendo uma cadeira, lhe viria a ser fatal[52].

Existem hoje, no entanto, duas versões completamente diferentes sobre a designada "queda da cadeira" de Salazar:

(i) Numa primeira versão, correspondendo ao relato tradicional, a queda dá-se durante a visita do seu enfermeiro-calista[53], Augusto Hilário: Salazar, distraído pelo jornal que aquele lhe empresta, "abandona-se desamparado"[54] para uma cadeira desdobrável de madeira e assento de lona[55] – tipo cadeira de realizador de cinema[56] –, a qual "não se

---

(iii) Em terceiro lugar, esse é também o sentido do relato feito pelo Dr. António da Silva Teles, secretário particular de Salazar, e que, melhor que ninguém, se encontrava em posição privilegiada para conhecer a data da queda e da correspondência trocada entre o calista e Salazar (cfr. ANTÓNIO DA SILVA TELES, in JAIME NOGUEIRA PINTO (org.), *Salazar Visto Pelos Seus Próximos (1946-1968)*, Venda Nova, Bertrand Editora, 1993, pp. 270 e 271).

[52] Nas palavras de um jornalista, escritas dez anos depois, em 1978, referindo-se à queda da cadeira, Salazar passou a ser, por efeito dessa queda, "um cadáver adiado", cfr. JACINTO BAPTISTA, *Cair sim mas devagar*, in *A Queda de Salazar*, caderno destacável do *Diário Popular*, de 6 de Setembro de 1978, p. 2.

[53] O Embaixador Franco Nogueira localiza a visita pelas nove horas da manhã (in *Salazar*, VI, p. 377). No entanto, segundo resulta da consulta ao Diário de Oliveira Salazar do dia 3 de Agosto, verifica-se que para as nove horas desse mesmo dia tem um espaço em branco, sem qualquer referência à visita do pedicuro (cfr. http://ttonline.iantt.pt/aos). Há, pelo contrário, quem afirme que a visita ocorreu às onze horas da manhã, cfr. HELENA SANCHES OSÓRIO, *O dia em que o regime caiu*, in *O Independente*, de 5 de Agosto de 1988, p. 13.

[54] Cfr. FRANCO NOGUEIRA, *Salazar*, VI, p. 377.

[55] Parece que, segundo informa Fernando Dacosta, a governanta terá mesmo partido e atirado ao mar a referida cadeira, isto dois dias depois do acidente, cfr. FERNANDO DACOSTA, *Máscaras de Salazar*, p. 228; IDEM, *Salazar – Fotobiografia*, p. 32. Note-se, porém, que essa cadeira viria a ser alvo de algumas pequenas intrigas, cfr. HELENA SANCHES OSÓRIO, *O dia em que o regime caiu*, in *O Independente*, de 5 de Agosto de 1988, p. 14.

[56] Cfr. HELENA SANCHES OSÓRIO, *O dia em que o regime caiu*, in *O Independente*, de 5 de Agosto de 1988, p. 13.

encontrava bem encartada"[57], e, por efeito do tombo desta para trás, cai "desamparado, com a nuca no chão"[58] de "pedra crespa"[59] ou tijoleira[60]; o calista que estava, nesse momento, de costas a lavar as mãos, apressa-se a ajudar a erguer Salazar, "branco como a cal", e, quando este recupera do susto, faz aquele prometer que nunca contaria nada a ninguém do que acabara de acontecer[61];

(ii) Numa segunda versão, recentemente revelada, a queda ter-se-á dado na presença do barbeiro de Salazar, Manuel Marques, e não perante o enfermeiro-calista: igualmente distraído pelo jornal que o barbeiro havia levado, Salazar, não se apercebendo que a cadeira se encontrava fora do sítio, "deixa-se cair", tal como os miúdos costumam fazer[62], como se ela estivesse no seu lugar normal e, por consequência, "estatelou-se desamparadamente no chão de granito"[63].

Em qualquer das duas mencionadas versões da queda, Salazar é ajudado a levantar-se, aparentemente nada sofreu, exige

---

[57] Usa-se aqui a expressão utilizada pelo próprio Salazar, em conversa tida e relatada pelo seu Secretário Particular, o Dr. António da Silva Teles, cfr. ANTÓNIO DA SILVA TELES, in JAIME NOGUEIRA PINTO (org.), *Salazar...*, p. 271.

[58] Nas próprias palavras de Salazar, em conversa com o seu secretário particular, o Dr. António da Silva Teles, e por este último relatadas, cfr. ANTÓNIO DA SILVA TELES, in JAIME NOGUEIRA PINTO (org.), *Salazar...*, p. 271.

[59] Neste sentido, cfr. FRANCO NOGUEIRA, *Salazar*, VI, p. 377.

[60] Neste sentido, cfr. HELENA SANCHES OSÓRIO, *O dia em que o regime caiu*, in *O Independente*, de 5 de Agosto de 1988, p. 13.

[61] Cfr. HELENA SANCHES OSÓRIO, *O dia em que o regime caiu*, in *O Independente*, de 5 de Agosto de 1988, p. 13.

[62] Neste sentido, cfr. testemunho do barbeiro, Sr. Manuel Marques, in FERNANDO DACOSTA, *Máscaras de Salazar*, p. 227.

[63] Cfr. testemunho de Manuel Marques, barbeiro de Salazar, in FERNANDO DACOSTA, *Máscaras de Salazar*, p. 227.

34 | AGONIA E MORTE DE SALAZAR

que o incidente não seja divulgado[64] e continua a leitura do jornal[65], isto apesar de, em momento posterior, contar o sucedido à governanta[66].

2.2.2. Não existem dados objectivos que nos permitam apurar com certeza qual das versões corresponde à realidade ou mesmo, note-se, se as duas são verdadeiras, numa hipótese em que, em dias diferentes, se tivessem verificado ambos os acidentes.

Nada permite excluir, com efeito, que, em vez de uma única queda, Salazar tivesse caído duas vezes sucessivas, uma por distracção e outra por acidente, ambas no início do mês de Agosto de 1968[67], em São João do Estoril, podendo elencar-se quatro principais argumentos abonatórios desta nova hipótese:

(i) *Primeiro argumento* – deve ter-se como certa, atendendo aos elementos factuais de prova existentes, a queda ocorrida na presença do enfermeiro-calista, Augusto Hilário[68],

---

[64] Cfr. FRANCO NOGUEIRA, *Salazar*, VI, pp. 377-378; HELENA SANCHES OSÓRIO, *O dia em que o regime caiu*, in *O Independente*, de 5 de Agosto de 1988, p. 13; FERNANDO DACOSTA, *Máscaras de Salazar*, p. 227.

[65] Cfr. EDUARDO COELHO/ANTÓNIO MACIEIRA COELHO, *Salazar...*, p. 19.

[66] Cfr. HELENA SANCHES OSÓRIO, *O dia em que o regime caiu*, in *O Independente*, de 5 de Agosto de 1988, p. 14.

[67] Numa tal hipótese, a cronologia dos acontecimentos poderia ter sido a seguinte:

(i) Em 3 de Agosto, ter-se-ia dado a queda na presença do barbeiro, pensando Salazar que estava uma cadeira onde ela não estava;

(ii) Em 4 de Agosto, agora na presença do enfermeiro-calista, a queda seria uma consequência da cadeira onde Salazar estava já sentado se ter desconjuntado (esta versão, aliás, encontrou eco na impressa escrita que, a propósito da morte de Salazar, fez uma reconstituição dos seus últimos tempos de vida, cfr. *Vida Mundial*, n.º 1625, de 31 de Julho de 1970, p. 61; *O Século Ilustrado*, n.º 1700, de 1 de Agosto de 1970, p. 21).

[68] Entendemos serem quatro as ordens de razões que comprovam ter existido essa queda de Salazar na presença do referido enfermeiro-calista:

§2.º ANO DE 1968: O INÍCIO DA AGONIA | 35

a qual terá resultado de a cadeira onde Salazar se tinha sentado se ter desconjuntado[69] – a queda é aqui o resultado de um mero acidente;

(ii) *Segundo argumento* – não se pode afastar, por outro lado – salvo se se provar ter existido falso testemunho –, a versão do barbeiro, Manuel Marques, segundo a qual Salazar caiu

---

(i) Em primeiro lugar, existe correspondência trocada entre o Sr. Augusto Hilário e Salazar, aquele indagando se este estava melhor e este, em cartão datado de 6 de Agosto de 1968, a agradecer-lhe a carta, escrevendo ainda "parece não ter havido consequências da queda, além de dores pelo corpo" (cfr. FRANCO NOGUEIRA, *Salazar*, VI, p. 380; HELENA SANCHES OSÓRIO, *O dia em que o regime caiu*, in *O Independente*, de 5 de Agosto de 1988, p.14);

(ii) Em segundo lugar, essa mesma queda, envolvendo o enfermeiro-calista, é relatada pelo próprio Doutor Salazar ao seu secretário particular, o Dr. António da Silva Teles, precisamente quando, ao tratar da correspondência recebida pelo Presidente do Conselho, lê e leva a carta do Sr. Hilário (cfr. ANTÓNIO DA SILVA TELES, in JAIME NOGUEIRA PINTO (org.), *Salazar...*, pp. 270 e 271), voltando depois, em 21 de Maio de 1969, a referenciar a queda da cadeira na presença do calista, agora perante a governanta e, muito provavelmente, também na presença do Prof. Eduardo Coelho (cfr. EDUARDO COELHO/ANTÓNIO MACIEIRA COELHO, *Salazar...*, p. 67);

(iii) Em terceiro lugar, igualmente o testemunho escrito do médico assistente de Salazar, o Prof. Eduardo Coelho, corrobora a tese de que a queda se deu na presença do calista, sem prejuízo de apresentar a especificidade de relatar que essa queda não se terá dado ao sentar-se na cadeira, antes Salazar já estava sentado e a ler, tendo-se verificado antes que foi a cadeira que se desconjuntou (cfr. EDUARDO COELHO/ANTÓNIO MACIEIRA COELHO, *Salazar...*, p. 19);

(iv) Em quarto lugar, a entrevista recolhida pela jornalista Helena Sanches Osório junto do calista Augusto Hilário que se encontra subjacente ao seu artigo *O dia em que o regime caiu* (in *O Independente*, de 5 de Agosto de 1988, pp. 13 ss.) confirma essa mesma queda e o secretismo que Salazar procurou imprimir à mesma, proibindo a única testemunha de a revelar.

[69] Por saber fica, no entanto, se a cadeira se desconjuntou com o impacto de Salazar ao sentar-se ou, pelo contrário, se ele já estava sentado e a ler quando a cadeira se desconjuntou.

ao sentar-se, pensando que estava nesse local uma cadeira, como acontecia habitualmente, mas que, afinal, tinha sido deslocada de lugar – trata-se, neste caso, de uma queda que resulta de uma distracção e cujo impacto terá sido muito maior do que se Salazar estivesse sentado, atendendo a que se encontrava de pé e, por hábito, se "deixava cair" para as cadeiras quando pretendia sentar-se[70];

(iii) *Terceiro argumento* – o neurocirurgião que assistiu inicialmente Salazar (e presenciou a intervenção cirúrgica), o Dr. António Vasconcelos Marques, levanta sérias dúvidas sobre a história da queda da cadeira, segundo a versão do acidente presenciado pelo enfermeiro-calista, como causa do grande hematoma sofrido, sublinhando que a pancada dada foi muito forte para ser de uma simples queda de quem estava sentado[71], podendo daqui extrair-se, por conseguinte, que a pancada geradora do hematoma seria mais verosímil se resultasse de uma queda de quem, estando de pé, se "abandona desamparado" para se sentar numa cadeira que não existe e, por isso, se estatela no chão de pedra, batendo com a cabeça, isto com a força de um impacto de toda a altura e peso do corpo;

---

[70] Nas palavras do Almirante Américo Thomaz, o Doutor Salazar habitualmente sentava-se "deixando-se cair sobre a cadeira, em vez de o fazer lenta e cuidadosamente, como é normal", cfr. AMÉRICO THOMAZ, *Últimas Décadas de Portugal*, III, p. 293. Isso mesmo é confirmado por outros testemunhos, cfr. HELENA SANCHES OSÓRIO, *O dia em que o regime caiu*, in *O Independente*, de 5 de Agosto de 1988, p. 13.

[71] Em entrevista concedida, vários anos depois, a Fernando Dacosta, o Dr. António Vasconcelos Marques viria a levantar dúvidas sobre a "história da cadeira", dizendo "não era, na verdade, por se estatelar dela abaixo, aí uns 40 centímetros, que iria sofrer um hematoma. Ora a pancada foi muito forte. Não sei, na realidade, o que se passou", cfr. FERNANDO DACOSTA, *Máscaras de Salazar*, p. 228.

(iv) *Quarto argumento* – o embaraço explicativo deste tipo de queda por distracção, assumindo uma feição quase anedótica, de quem se pretende sentar onde não há cadeira – bem diferente daquele que sucede quando alguém está sentado ou se vai sentar numa cadeira que se desconjunta – terá justificado a sua ocultação, tudo se resumindo sempre à versão pública da outra queda – aquela ocorrida na presença do enfermeiro-calista –, sabendo-se, além disso, que revelaria uma grande debilidade do Presidente do Conselho o relato de duas quedas sucessivas. Perante o silêncio de todos (muito poucos) que sabiam o sucedido, é o testemunho do barbeiro que vem agora revelar a existência dessa outra queda, confirmando, em boa verdade, os resultados da perícia médica que, na suspeita do Dr. António Vasconcelos Marques, já indiciava não poder ter sido uma simples queda de uma cadeira, a cerca de quarenta centímetros do chão[72], a provocar um hematoma como aquele que o Doutor Salazar sofreu.

Os elementos de prova existentes permitem, deste modo, alicerçar a tese de que foram duas as quedas sucessivas sofridas por Oliveira Salazar, nos primeiros dias de Agosto de 1968, sendo muito provável que o hematoma tivesse resultado da força do impacto da queda presenciada pelo barbeiro e não da queda acidental da cadeira ocorrida na presença do enfermeiro-calista.

---

[72] Cfr. FERNANDO DACOSTA, *Máscaras de Salazar*, p. 228.

2.3. O restante mês de Agosto: indícios

2.3.1. Poucos dias depois da queda (ou, como parece mais provável, das duas quedas), talvez em 6 de Agosto[73], Salazar é observado pelo seu médico assistente, o Prof. Eduardo Coelho, numa visita de rotina[74], e, apesar de avisado do sucedido, não encontra "qualquer alteração no exame neurológico"[75]. A título cautelar, o médico avisa Salazar e a governanta, desde logo, das possíveis consequências graves de pancadas na cabeça e dos respectivos sinais e sintomas motores e psíquicos poderem surgir várias semanas ou mesmo meses depois do traumatismo e, se alguma alteração se verificasse no Presidente do Conselho[76], que o chamassem imediatamente[77].

2.3.2. No âmbito da evolução do estado de saúde de Oliveira Salazar, durante o mês de Agosto, merecem ainda referência os seguintes dados:

- No dia 11, durante a conversa semanal com o Presidente da República, a propósito da remodelação governamental em curso, o Almirante Américo Thomaz notou no Doutor Salazar, "ao contrário do que era habitual", "uma persistência em determinadas soluções que não era normal da sua parte"[78];

---

[73] Neste último sentido, cfr. FRANCO NOGUEIRA, *Salazar*, VI, p. 380.

[74] Existe também a referência, em sentido diferente, que o Prof. Eduardo Coelho foi chamado pela governanta, a pretexto de ela não se sentir muito bem, isto para que Salazar fosse observado, cfr. HELENA SANCHES OSÓRIO, *O dia em que o regime caiu*, in *O Independente*, de 5 de Agosto de 1988, p. 14.

[75] Cfr. EDUARDO COELHO/ANTÓNIO MACIEIRA COELHO, *Salazar...*, p. 19.

[76] No testemunho judicial do Dr. Costa Freitas, secretário particular de Salazar, o Prof. Eduardo Coelho recomendou, expressamente, que se aparecessem dores de cabeça o chamassem imediatamente, cfr. EDUARDO COELHO/ANTÓNIO MACIEIRA COELHO, *Salazar...*, p. 189.

[77] Cfr. EDUARDO COELHO/ANTÓNIO MACIEIRA COELHO, *Salazar...*, pp. 19-20.

[78] Cfr. AMÉRICO THOMAZ, *Últimas Décadas de Portugal*, III, p. 291.

§2.º ANO DE 1968: O INÍCIO DA AGONIA | 39

– Sem precisar a data, sendo certo que foi em momento posterior a 6 de Agosto, Franco Nogueira relata que, em telefonema que teve com Salazar, a propósito da situação da Tanzânia, o Chefe do Governo confunde o Presidente daquele país, Nyerere, com o arquitecto brasileiro Nimeyer, sendo corrigido duas vezes pelo Ministro dos Negócios Estrangeiros, sem prejuízo de durante mais três vezes, nesse mesmo telefonema, se voltar a enganar, agora sem que Franco Nogueira tenha corrigido, pois, tal como escreveu, associando ao que se havia passado no Conselho de Ministros, de 12 de Junho, "compreendi que estava em face de uma perturbação"[79];

– Em 15 de Agosto, em visita que lhe é feita por Christine Garnier, parece que Salazar lhe repete o que, quase vinte anos antes, já lhe tinha dito[80]: confessa ter o tempo passado depressa, pensa "ter encontrado o bom caminho" e revela já não ter esperança de executar a obra que lhe falta fazer – "ousei esperar que teria podido executá-la eu mesmo. Será a tarefa que deixo ao meu sucessor"[81];

– Em 19 de Agosto, toma posse, em Belém, o novo elenco governativo[82]: é a última remodelação governamental de Sala-

---

[79] Cfr. FRANCO NOGUEIRA, *Salazar*, VI, pp. 380-381, nota n.º 2.

[80] Cfr. CHRISTINE GARNIER, *Férias com Salazar*, 3ª ed., Lisboa, Ed. Parceria António Maria Pereira, 1952, pp. 230-231.

[81] Cfr. FRANCO NOGUEIRA, *Salazar*, VI, p. 383.

[82] A única excepção foi o novo Ministro das Comunicações, Canto Moniz, o qual só viria a tomar posse, em Belém, no dia 28 de Agosto.
No que respeita aos novos membros do Governo, os ministros que tomaram posse, em 19 de Agosto, foram os seguintes (cfr. *Notícias de Portugal*, Boletim Semanal do Secretariado Nacional da Informação, Ano XXII, n.º 1112, de 24 de Agosto de 1968):
   – Ministro do Interior: Dr. Manuel Gonçalves Rapazote;
   – Ministro das Finanças: Dr. João Augusto Dias Rosas;
   – Ministro do Exército: Brigadeiro José Manuel Bettencourt Rodrigues;

zar[83], alegadamente "cozinhada entre conselheiros e áulicos"[84], e dela, uma vez que "surgiram algumas surpresas um tanto desconcertantes"[85] – designadamente o forte número de marcelistas[86] –, o Presidente da República, a título de desabafo "de quem julga inconcebível um facto"[87], confessa que ficou entristecido por algumas soluções[88], registando-se um esfriar das relações com o seu Presidente do Conselho[89] – cavando ainda mais um abismo entre os dois[90] –, terá mesmo dito "este governo! Este governo! Meu Deus!"[91];

– Em 27 de Agosto, Oliveira Salazar sente, de súbito, dores de cabeça e, ao final da tarde, apesar de se encontrar bem-disposto e tranquilo, parece "pálido, encolhido fisicamente, como que resumido"[92]; a tentativa da governanta de, segundo as indica-

---

    – Ministro da Marinha: Comodoro Manuel Pereira Crespo;
    – Ministro da Educação Nacional: Dr. José Hermano Saraiva;
    – Ministro da Saúde e Assistência: Dr. Joaquim Jesus dos Santos.

[83] Franco Nogueira dirá no seu diário que o novo elenco ministerial "parece muito sobre o fraco", tendo "um sabor de último turno", cfr. FRANCO NOGUEIRA, *Um Político Confessa-se*, p. 310.

[84] Cfr. EDUARDO FREITAS DA COSTA, *Acuso Marcelo Caetano*, p. 64.

[85] Neste sentido, em termos expressos, escreve Marcello Caetano a Baltazar Rebelo de Sousa, em 19 de Agosto de 1968, cfr. MARCELO REBELO DE SOUSA, *Baltazar Rebelo de Sousa – Fotobiografia*, 2ª ed., Venda Nova, Bertrand Editora, 1999, p. 247.

[86] Neste sentido, cfr. EDUARDO FREITAS DA COSTA, *Acuso Marcelo Caetano*, p. 52. Há mesmo quem afirme que "o último executivo de responsabilidade de Salazar era já o primeiro Governo de Marcelo Caetano", cfr. FERNANDO MARTINS, *Salazar cai da cadeira, Marcelo senta-se*, in *Os Anos de Salazar*, n.º 24, 2008, p. 18.

[87] Cfr. FRANCO NOGUEIRA, *Salazar*, VI, p. 385.

[88] Cfr. AMÉRICO THOMAZ, *Últimas Décadas de Portugal*, III, p. 292.

[89] Cfr. FRANCO NOGUEIRA, *Salazar*, VI, p. 389.

[90] Cfr. FRANCO NOGUEIRA, *Um Político Confessa-se*, pp. 311-312.

[91] Neste sentido, cfr. FRANCO NOGUEIRA, *Salazar*, VI, p. 385.

[92] Cfr. FRANCO NOGUEIRA, *Um Político Confessa-se*, p. 312.

§2.º ANO DE 1968: O INÍCIO DA AGONIA | 41

ções recebidas do médico, chamar de imediato o Prof. Eduardo Coelho depara com a resistência de Salazar: as aspirinas aliviam os sintomas e espera-se pela visita médica de rotina[93];
– Em 30 de Agosto, Salazar recebe um grupo de famílias espanholas que se haviam refugiado em Portugal durante a guerra civil, renovando-lhe o agradecimento pela solidariedade então demonstrada pelo governo português: num exclusivo de reportagem fotográfica do vespertino "Diário Popular"[94], este será o último acto público de Salazar como Chefe do Governo.

2.4. Os sintomas e o diagnóstico: Salazar sabe estar doente

2.4.1. Chega o mês de Setembro de 1968: o último da vida política de Oliveira Salazar.

Em 1 de Setembro, um Domingo, em Cascais, Salazar tem aquela que viria a ser a última audiência, enquanto Presidente do Conselho, com o Presidente da República: o Almirante Américo Thomaz confessa que "não notou nele, pelo menos visivelmente, qualquer sintoma anormal que o alertasse"[95].

Em 3 de Setembro, cerca das dezoito horas e trinta minutos[96], realiza-se a primeira (e última) reunião do Conselho de Ministros, após a remodelação governamental. É um momento revelador, segundo o testemunho que quem também esteve presente nessa

---

[93] Cfr. Franco Nogueira, *Salazar*, VI, p. 388; Helena Sanches Osório, *O dia em que o regime caiu*, in *O Independente*, de 5 de Agosto de 1988, p. 14.

[94] Para um relato das vicissitudes dessa reportagem, cfr. Acácio Barradas, *Uma pancada na bola*, in *A Queda de Salazar*, caderno destacável do *Diário Popular*, de 6 de Setembro de 1978, p. 5.

[95] Cfr. Américo Thomaz, *Últimas Décadas de Portugal*, III, p. 292.

[96] O Diário de Oliveira Salazar desse dia, 3 de Setembro, é minucioso, relatando todo o conjunto de tarefas do Presidente do Conselho, desde as 10 horas da manhã até às 24 horas, cfr. http://ttonline.iantt.pt/aos

reunião[97], da progressiva deterioração do estado de saúde de Oliveira Salazar:

– Antes da reunião, em conversa com o seu secretário particular, Dr. Costa Freitas, Salazar revela ter-se esquecido que o Ministro da Economia se encontrava no estrangeiro[98];
– Durante a reunião, Salazar mostra-se alheio a tudo[99], "está nitidamente cansado, apresenta uma palidez quase doentia"[100];
– Após a reunião, alguns ministros observam que "Salazar segue como que curvado, encolhido, contraído, resumido, e arrastando-se com lentidão e esforço penoso"[101], quase trôpego, arrasta os pés, sem certeza e sem segurança[102].

É nesse mesmo dia 3 de Setembro, segundo a informação do seu médico recolhida junto da governanta[103], que Salazar começa a manifestar a sintomatologia própria de um traumatismo craniano.

2.4.2. No dia 4 de Setembro, na presença do Subsecretário de Estado da Presidência do Conselho de Ministros, Dr. Paulo Rodrigues, Salazar sente-se mal[104], revela lapsos de memória[105] e "uma

---

[97] Cfr. FRANCO NOGUEIRA, *Salazar*, VI, p. 390; IDEM, *Um Político Confessa-se*, p. 312.

[98] Cfr. FRANCO NOGUEIRA, *Salazar*, VI, p. 390.

[99] Cfr. FRANCO NOGUEIRA, *Um Político Confessa-se*, p. 312.

[100] Cfr. FRANCO NOGUEIRA, *Salazar*, VI, p. 390.

[101] Cfr. FRANCO NOGUEIRA, *Salazar*, VI, p. 390.

[102] Cfr. FRANCO NOGUEIRA, *Um Político Confessa-se*, p. 312.

[103] Neste sentido, cfr. EDUARDO COELHO/ANTÓNIO MACIEIRA COELHO, *Salazar...*, pp. 19, 20 e 124.

[104] Nas palavras de Franco Nogueira, Salazar mostra-se exausto, tira os óculos e passa as mãos pela testa, a letra está tremida e diferente, cfr. FRANCO NOGUEIRA, *Salazar*, VI, p. 390. No mesmo sentido, cfr. JOSÉ PAULO RODRIGUES, *Salazar – Memórias Para Um Perfil*, p. 251.

[105] Cfr. JOSÉ PAULO RODRIGUES, *Salazar – Memórias Para Um Perfil*, p. 251.

fadiga mental inusitada"[106], tem dores de cabeça, e, de tarde, "assaltam-no novas dores de cabeça, mais intensas e prolongadas"[107]: Paulo Rodrigues informa a governanta e aconselha-a a chamar o Prof. Eduardo Coelho[108].

O Diário de Oliveira Salazar, de 4 de Setembro, revela-se, durante a manhã e a tarde, pleno de afazeres, desde as dez horas da manhã até às vinte e uma horas[109], isso terá justificado que tenha proibido a governanta, uma vez mais, de chamar o médico, pretendendo aguardar pela habitual visita de rotina[110]. A governanta, porém, apesar de resolvida desta vez a desobedecer-lhe[111], retarda o telefonema para o dia seguinte: só em 5 de Setembro, o Prof. Eduardo Coelho recebe, cerca das 11 horas, uma chamada do Forte de Santo António do Estoril[112].

E, no próprio dia 5 de Setembro, Eduardo Coelho desloca-se ao Forte[113]:

---

[106] Neste sentido, o relato do Prof. Eduardo Coelho obtido através do Dr. Paulo Rodrigues, cfr. EDUARDO COELHO/ANTÓNIO MACIEIRA COELHO, *Salazar...*, p. 20.

[107] Cfr. FRANCO NOGUEIRA, *Salazar*, VI, pp. 390-391.

[108] Testemunho do Dr. José Paulo Rodrigues, cfr. EDUARDO COELHO/ANTÓNIO MACIEIRA COELHO, *Salazar...*, p. 189; JOSÉ PAULO RODRIGUES, *Salazar – Memórias Para Um Perfil*, p. 251.

[109] Cfr. http://ttonline.iantt.pt/aos

[110] Neste sentido, cfr. EDUARDO COELHO/ANTÓNIO MACIEIRA COELHO, *Salazar...*, p. 19.

[111] Salientando o estado de nervosismo em que a governanta de Salazar vivia desde o acidente, reconhecido até pelo próprio Salazar, cfr. MARIA DA CONCEIÇÃO DE MELO RITA/JOAQUIM VIEIRA, *Os Meus 35 Anos com Salazar*, pp. 184 e 186.

[112] Neste sentido, cfr. EDUARDO COELHO/ANTÓNIO MACIEIRA COELHO, *Salazar...*, pp. 19 e 124.

[113] O próprio Diário de Oliveira Salazar de 5 de Setembro regista ainda esse facto, cfr. http://ttonline.iantt.pt/aos. O mesmo facto é confirmado por JOSÉ PAULO RODRIGUES, *Salazar – Memórias Para Um Perfil*, p. 251.

– Observa o doente, faz-lhe um exame neurológico, regista os primeiros sintomas de hemiparésia direita (arrasta a perna direita), verifica falhas de memória e conclui tratar-se de um hematoma subdural[114];

– Diz a Salazar o seu diagnóstico, informa-o que tem de ser operado, sublinhando que o mais tardar no dia seguinte[115], e descreve-lhe que a intervenção consistirá em fazerem-se uns orifícios no crânio para se retirar o coágulo de sangue[116];

– Uma hora mais tarde, o Dr. Ferraz de Oliveira procede a um exame oftalmológico dos fundos oculares de Salazar: está tudo normal[117];

– Pergunta a Salazar se podia chamar um neurocirurgião de confiança e, ante o assentimento do Presidente do Conselho, primeiro tenta o Dr. Moradas Ferreira, ausente de Lisboa, depois o Dr. Gama Imaginário, o qual estava doente, e, já de noite, por intermédio do seu filho (o Dr. Eduardo Macieira Coelho)[118], localiza o Dr. Vasconcelos Marques[119].

Perante a impossibilidade de o Dr. Vasconcelos Marques se deslocar nesse próprio dia para observar o doente[120], só às 15 horas

---

[114] Cfr. EDUARDO COELHO/ANTÓNIO MACIEIRA COELHO, *Salazar...*, pp. 20 e 124.

[115] Cfr. EDUARDO COELHO/ANTÓNIO MACIEIRA COELHO, *Salazar...*, p. 20.

[116] O próprio Salazar relatou ao seu secretário particular, Dr. Costa Freitas, na manhã do dia 6 de Setembro, os termos da intervenção, segundo lhe havia sido descrita no dia anterior pelo Prof. Eduardo Coelho, cfr. EDUARDO COELHO/ /ANTÓNIO MACIEIRA COELHO, *Salazar...*, p. 189.

[117] Cfr. EDUARDO COELHO/ANTÓNIO MACIEIRA COELHO, *Salazar...*, pp. 20-21, 124 e 188-189.

[118] Neste sentido, cfr. FERNANDO DACOSTA, *Máscaras de Salazar*, p. 303.

[119] Cfr. EDUARDO COELHO/ANTÓNIO MACIEIRA COELHO, *Salazar...*, pp. 21 e 124.

[120] Neste sentido, cfr. EDUARDO COELHO/ANTÓNIO MACIEIRA COELHO, *Salazar...*, p. 21.

do dia seguinte, 6 de Setembro, se deslocam ambos os médicos ao Forte do Estoril.

No final da tarde desse dia 5 de Setembro, intervalando com a presença do Prof. Eduardo Coelho, o Diário de Salazar tem registados contactos oficiais do Presidente do Conselho com diversos ministros[121].

2.4.3. Durante a manhã e a tarde de 6 de Setembro, segundo o testemunho do seu secretário particular, Dr. Costa Freitas, Salazar, apesar de ter uma aparência doente, estava calmo, com lucidez e perfeitamente normal[122]: o seu Diário regista ainda, às 11 horas da manhã, numa letra irregular, vários contactos com ministros[123]. Serão as últimas notas manuscritas de Salazar nos seus Diários.

Franco Nogueira refere, todavia, talvez baseado no depoimento do Dr. Vasconcelos Marques[124], que os médicos encontram, à tarde, um Salazar cheio de "amargura e tristeza, uma amargura infinita, uma tristeza indizível"[125]. Ou, na expressão do próprio Dr. Vasconcelos Marques, Salazar estava com "um aspecto muito

---

Na versão de Franco Nogueira, todavia, o primeiro contacto de Eduardo Coelho com Vasconcelos Marques dá-se no dia 4 de Setembro, deixando-lhe recado telefónico, só falando ambos ao telefone a 5 de Setembro, altura em que Eduardo Coelho, sem revelar ainda o nome do doente, diz "que não é um problema de tomo", cfr. FRANCO NOGUEIRA, *Salazar*, VI, p. 391. Essa mesma versão é a vulgarmente relatada, cfr. HELENA SANCHES OSÓRIO, *O dia em que o regime caiu*, in *O Independente*, de 5 de Agosto de 1988, p. 14.

[121] Cfr. http://ttonline.iantt.pt/aos

[122] Cfr. EDUARDO COELHO/ANTÓNIO MACIEIRA COELHO, *Salazar...*, pp. 137 e 189.

[123] Cfr. http://ttonline.iantt.pt/aos

[124] Neste sentido e para mais desenvolvimentos, cfr. EDUARDO COELHO/ANTÓNIO MACIEIRA COELHO, *Salazar...*, pp. 156 ss.

[125] Cfr. FRANCO NOGUEIRA, *Salazar*, VI, p. 392.

acabrunhado"[126], sentado numa cadeira e com as pernas embrulhadas numa manta[127].

O exame de Vasconcelos Marques, concluindo que é uma situação clínica muito grave e urgente[128], revela que pode tratar-se de um hematoma intracraniano ou, em alternativa, de uma trombose cerebral[129]. São necessários, por isso, exames complementares: um electroencefalograma e análises clínicas. Salazar tem de ser transportado para Lisboa.

A governanta, debulhada em lágrimas[130], exige, no entanto, que se avise o Governo e, depois de num primeiro momento excluir que o Presidente do Conselho fosse hospitalizado, concordou com o internamento[131], desde que a viagem se fizesse ao final do dia[132], evitando-se, deste modo, que o doente fosse reconhecido pelos transeuntes[133].

Espera-se mais de uma hora e meia pela chegada do Dr. Paulo Rodrigues[134], Subsecretário de Estado da Presidência do Conse-

---

[126] Entrevista do Dr. Vasconcelos Marques, in FERNANDO DACOSTA, *Máscaras de Salazar*, p. 303.

[127] Cfr. HELENA SANCHES OSÓRIO, *O dia em que o regime caiu*, in *O Independente*, de 5 de Agosto de 1988, p. 14.

[128] Entrevista do Dr. Vasconcelos Marques, in FERNANDO DACOSTA, *Máscaras de Salazar*, p. 303.

[129] Neste sentido, cfr. FRANCO NOGUEIRA, *Salazar*, VI, p. 392.

[130] Cfr. HELENA SANCHES OSÓRIO, *O dia em que o regime caiu*, in *O Independente*, de 5 de Agosto de 1988, p. 14.

[131] Consta que, numa primeira fase, a governanta terá pretendido que Salazar ficasse internado no Hospital de Jesus, tendo sido o Dr. Vasconcelos Marques que teimou no internamento na Casa de Saúde da Cruz Vermelha, cfr. HELENA SANCHES OSÓRIO, *O dia em que o regime caiu*, in *O Independente*, de 5 de Agosto de 1988, p. 15.

[132] Neste sentido, cfr. entrevista do Dr. Vasconcelos Marques, in FERNANDO DACOSTA, *Máscaras de Salazar*, p. 303.

[133] Neste último sentido, cfr. HELENA SANCHES OSÓRIO, *O dia em que o regime caiu*, in *O Independente*, de 5 de Agosto de 1988, p. 14.

[134] O Dr. Paulo Rodrigues tinha sido avisado, ao princípio da tarde, depois do almoço, ao regressar a S. Bento, para retornar, urgentemente, a Santo António

§2.° ANO DE 1968: O INÍCIO DA AGONIA | 47

lho de Ministros[135], e, ao chegar ao Estoril, encontra a governanta acompanhada da viúva do Dr. José Nosolini e do Dr. Costa Freitas[136]. Verifica-se, nesse entretanto, que os políticos estão mais preocupados em esconder do grande público a situação de Salazar do que em resolver o seu problema de saúde[137]. O risco de alteração da ordem pública num cenário de divulgação da notícia de incapacidade ou eventual morte do Presidente do Conselho recomendava, segundo o Dr. Paulo Rodrigues, a presença no forte de Santo António do Ministro da Defesa e do Director da PIDE[138].

Os médicos voltam para Lisboa, preocupados com o adiar da resolução do problema e advertindo que o doente poderia entrar em estado de coma[139].

E, até à hora da partida para Lisboa, o Presidente do Conselho ainda faz diversos telefonemas para ministros e amigos[140], percebendo-se "o tom de uma despedida misteriosa"[141], e, por sua insistência, dizendo precisar urgentemente de falar com o Ministro de Estado, de partida para o Brasil, recebe, durante cerca de uma hora, numa reunião de trabalho, o Dr. Motta Veiga[142].

---

do Estoril, cfr. JOSÉ PAULO RODRIGUES, *Salazar – Memórias Para Um Perfil*, p. 251.

[135] Erradamente, o Dr. Vasconcelos Marques diz tratar-se do Ministro da Presidência, in FERNANDO DACOSTA, *Máscaras de Salazar*, p. 303.

[136] Cfr. JOSÉ PAULO RODRIGUES, *Salazar – Memórias Para Um Perfil*, p. 251.

[137] Neste sentido, cfr. HELENA SANCHES OSÓRIO, *O dia em que o regime caiu*, in O *Independente*, de 5 de Agosto de 1988, pp. 14 e 15.

[138] Cfr. JOSÉ PAULO RODRIGUES, *Salazar – Memórias Para Um Perfil*, p. 252.

[139] Cfr. HELENA SANCHES OSÓRIO, *O dia em que o regime caiu*, in O *Independente*, de 5 de Agosto de 1988, p. 15.

[140] Entre eles, ao Embaixador Franco Nogueira, cfr. FRANCO NOGUEIRA, *Um Político Confessa-se*, p. 312.

[141] Cfr. FRANCO NOGUEIRA, *Salazar*, VI, p. 393, nota n.º 1.

[142] Testemunho do Dr. Costa Freitas, cfr. EDUARDO COELHO/ANTÓNIO MACIEIRA COELHO, *Salazar...*, pp. 137 e 189.

48 | AGONIA E MORTE DE SALAZAR

Às vinte horas[143], depois de Vasconcelos Marques ter mandado reservar as instalações na Casa de Saúde da Cruz Vermelha[144], Salazar, "trôpego e acabrunhado, sem memória e sem vontade"[145], amparado pela governanta, entra no automóvel[146], sai do Estoril rumo ao Hospital dos Capuchos[147]: durante o percurso, acompanhado pelo Prof. Eduardo Coelho e pelo Dr. Vasconcelos Marques[148], o doente, "numa fase de grande sofrimento"[149], já não sabe a universidade em que se formou, nem se recorda do ano da licenciatura[150].

O cenário do drama muda agora para Lisboa: começa a noite mais longa do Estado Novo.

2.5. A noite mais longa do Estado Novo: 6 para 7 de Setembro

2.5.1. Primeiro no Hospital dos Capuchos, onde lhe foi feito um electroencefalograma e análises laboratoriais, e depois no Hospi-

---

[143] Há quem referira, no entanto, que só pelas 21 horas os médicos Eduardo Coelho e Vasconcelos Marques chegaram ao Estoril, cfr. HELENA SANCHES OSÓRIO, *O dia em que o regime caiu*, in *O Independente*, de 5 de Agosto de 1988, p. 15.

[144] Cfr. entrevista do Dr. Vasconcelos Marques, in FERNANDO DACOSTA, *Máscaras de Salazar*, p. 303.

[145] Cfr. FERNANDO DACOSTA, *A mentira da operação a Salazar*, in *Público – Magazine*, n.º 261, de 12 de Março de 1995, p. 21.

[146] Cfr. HELENA SANCHES OSÓRIO, *O dia em que o regime caiu*, in *O Independente*, de 5 de Agosto de 1988, p. 15.

[147] Cfr. EDUARDO COELHO/ANTÓNIO MACIEIRA COELHO, *Salazar...*, pp. 21-22 e 125.

[148] Seguiam ainda nesse carro, à frente, o motorista, um sargento da força aérea, e o director da PIDE, o Major Silva Pais, cfr. VASCONCELOS MARQUES, *Só eu fui responsável pela operação de Salazar*, in *O Jornal*, de 9 de Setembro de 1988, p. 26.

[149] Cfr. VASCONCELOS MARQUES, *Só eu fui responsável pela operação de Salazar*, in *O Jornal*, de 9 de Setembro de 1988, p. 26

[150] Cfr. FRANCO NOGUEIRA, *Salazar*, VI, p. 393.

§2.º ANO DE 1968: O INÍCIO DA AGONIA | 49

tal de S. José, onde lhe são realizadas radiografias ao crânio[151], Salazar é agora um quase vulgar velhinho que, acompanhado por médicos, circula em cadeira de rodas pelos corredores dos hospitais, sem ser reconhecido pelos doentes e pelo pessoal hospitalar de turno[152], limitando-se a murmurar "é inacreditável, parece inacreditável"[153]. Conta-se mesmo que, no Hospital de S. José, uma enfermeira de serviço que ajudou Salazar a fazer os exames se terá virado para o Prof. Eduardo Coelho e, não reconhecendo o doente, perguntou: "quem é este velhinho?"[154].

Salazar é, neste momento, um homem "à mercê de tudo e de todos"[155]: ainda há poucas horas investido da força do poder de quem tudo pode, ele é agora contado no grupo dos fracos que nada podem – o poder havia-o abandonado[156] e nunca mais lhe seria restituído.

O mito revela-se humano: a pretensa imortalidade do herói mostra-se ilusória e Salazar é agora um velho doente nas mãos de terceiros.

2.5.2. Entretanto, em noite de festa de Antenor Patiño na sua Quinta de Alcoitão[157], o Presidente da República, encontrando-se a conversar com o Dr. Soares da Fonseca, num restaurante na Praia

---

[151] Cfr. EDUARDO COELHO/ANTÓNIO MACIEIRA COELHO, *Salazar...*, pp. 21-22.

[152] Cfr. FERNANDO DACOSTA, *Máscaras de Salazar*, p. 13.

[153] Neste sentido, cfr. FRANCO NOGUEIRA, *Salazar*, VI, p. 393.

[154] Neste sentido, cfr. HELENA SANCHES OSÓRIO, *O dia em que o regime caiu*, in *O Independente*, de 5 de Agosto de 1988, p. 15.

[155] Cfr. FRANCO NOGUEIRA, *Salazar*, VI, p. 396.

[156] Neste sentido, cfr. FRANCO NOGUEIRA, *Salazar*, VI, p. 396.

[157] Tratou-se, segundo a imprensa da época, do "maior baile mundial do ano", cfr. *Diário Popular*, de 7 de Setembro de 1968; ACÁCIO BARRADAS, *Salazar: da queda de uma cadeira à entrada na eternidade*, in *A Queda de Salazar*, caderno destacável do *Diário Popular*, de 6 de Setembro de 1978, p. 6.

do Guincho, é avisado, telefonicamente, pelo Dr. Motta Veiga[158], depois de anteriores tentativas infrutíferas[159], sobre o desenrolar dos acontecimentos envolvendo Salazar[160].

Os exames efectuados ao doente mostram-se inconclusivos: não há sinais de fractura[161] e os médicos ficam perplexos[162].

Cerca das 23 horas e 45 minutos, Salazar dá entrada na Casa de Saúde da Cruz Vermelha[163]: entra pelas traseiras, segue pelo elevador de serviço e fica internado do quarto n.º 68[164]. Toda a respectiva ala do sexto andar da Casa de Saúde é reservada para instalar gabinetes para os médicos, entidades oficiais, segurança e um quarto para a governanta de Salazar[165]. O doente parece agora mais consciente do que ao final da tarde, tinha-se agravado, no entanto, a dificuldade de movimento da perna direita[166].

O Presidente da República é avisado que Salazar já está internado na Cruz Vermelha[167] e que o seu estado de saúde é grave.

---

[158] Cfr. FRANCO NOGUEIRA, *Salazar*, VI, p. 393.

[159] Cfr. JOSÉ PAULO RODRIGUES, *Salazar – Memórias Para Um Perfil*, p. 251.

[160] Nas suas memórias, o Almirante Américo Thomaz situa esse telefonema "cerca das 19 horas e meia" (in *Últimas Décadas de Portugal*, III, p. 293), o que, atendendo aos pormenores que descreve dos exames já efectuados nos Hospitais dos Capuchos e de S. José, terá sido feito seguramente em hora posterior, pois só às vinte horas Salazar se deslocou do Estoril para os referidos hospitais. Em igual sentido, localizando o telefonema ao Chefe de Estado depois dos exames dos Capuchos e de S. José, cfr. FRANCO NOGUEIRA, *Salazar*, VI, p. 393; EDUARDO COELHO/ANTÓNIO MACIEIRA COELHO, *Salazar...*, p. 22.

[161] Cfr. EDUARDO COELHO/ANTÓNIO MACIEIRA COELHO, *Salazar...*, p. 22.

[162] Cfr. FRANCO NOGUEIRA, *Salazar*, VI, p. 393.

[163] Cfr. EDUARDO COELHO/ANTÓNIO MACIEIRA COELHO, *Salazar...*, p. 22.

[164] Cfr. FRANCO NOGUEIRA, *Salazar*, VI, p. 394.

[165] Cfr. FRANCO NOGUEIRA, *Salazar*, VI, p. 394.

[166] Cfr. JOSÉ PAULO RODRIGUES, *Salazar – Memórias Para Um Perfil*, p. 252.

[167] Uma vez mais, o Almirante Américo Thomaz não é muito rigoroso nas horas em que foi informado: tendo a notícia sido transmitida pelo Ministro de Estado Adjunto à Presidência do Conselho, Dr. Motta Veiga, Américo Thomaz localiza-a às 22 horas (in *Últimas Décadas de Portugal*, III, p. 293), isto quando

2.5.3. Trava-se, nesse intervalo, uma primeira discussão médica entre o clínico assistente, Prof. Eduardo Coelho, convicto de que o doente tinha um hematoma intracraniano, subdural, a exigir intervenção cirúrgica imediata, e o neurocirurgião, Dr. Vasconcelos Marques, duvidando desse diagnóstico, admitindo que também se poderia tratar de uma trombose e, neste sentido, sem qualquer indicação operatória[168].

A questão médica torna-se também uma questão política: uma operação "da mais elevada responsabilidade não podia fazer-se sem o acordo do governo"[169]. Torna-se necessário esperar pela chegada do Chefe do Estado.

O problema é tanto mais grave quanto o doente já não se encontra em situação de decidir por si a solução a adoptar[170] e, por outro lado, não tem familiares que, de imediato, se possam substituir-se-lhe nessa decisão[171]: Salazar está só, "o seu destino está entre as mãos de outros homens"[172].

Começam a chegar os políticos e amigos: Paulo Rodrigues[173], Motta Veiga e, já depois da uma hora da madrugada de 7 de Setem-

---

é certo que já passava bastante das 23 horas quando Salazar deu entrada na Casa de Saúde da Cruz Vermelha.

[168] Cfr. Eduardo Coelho/António Macieira Coelho, *Salazar...*, p. 22.

[169] Cfr. Eduardo Coelho/António Macieira Coelho, *Salazar...*, p. 24.

[170] Em sentido contrário, considerando que "Salazar esteve sempre até à operação na posse das suas faculdades", cfr. Eduardo Coelho/António Macieira Coelho, *Salazar...*, p. 163. No mesmo sentido se inclina o Dr. Fernando de Brito Barros, médico na Casa de Saúde da Cruz Vermelha, que, nessa noite, fez a colheita de sangue a Salazar, afirmando, em testemunho, que o doente "encontrava-se perfeitamente lúcido", cfr. Eduardo Coelho/António Macieira Coelho, *Salazar...*, p. 136.

[171] Cfr. Franco Nogueira, *Salazar*, VI, pp. 395-396.

[172] Cfr. Franco Nogueira, *Salazar*, VI, p. 396.

[173] Depois da saída de Salazar do forte de Santo António do Estoril, o Dr. Paulo Rodrigues foi avisar os grandes amigos de Salazar: vai pessoalmente falar com

bro, Jorge Jardim, Mário de Figueiredo, Bissaia Barreto, Soares da Fonseca, Leite Pinto, Silva Cunha e Henrique Tenreiro[174].

Perante as divergências dos médicos, os Professores Mário de Figueiredo e Bissaia Barreto sugerem que se chame um terceiro médico[175]: o Prof. Almeida Lima[176].

Neste entretanto, Salazar é submetido a novos testes: mais análises e, segundo o relato de Franco Nogueira[177], também a um exame de ultra-sons, registando-se que este não acusa desvios do cérebro[178]. Nas redacções dos jornais não há a mínima suspeita do que está a suceder ao Presidente do Conselho[179].

Chega à Casa de Saúde da Cruz Vermelha o Presidente da República[180] e, pouco depois, Gonçalves Rapazote, Gomes de Araújo, outros membros do Governo e Luís Supico Pinto[181].

Também chega o Prof. Almeida Lima que, duvidando do diagnóstico de hematoma subdural[182], se inclina para a hipótese de

---

o Cardeal-Patriarca, o Prof. Mário de Figueiredo e telefona para o Prof. Bissaia Barreto (cfr. JOSÉ PAULO RODRIGUES, *Salazar – Memórias Para Um Perfil*, p. 252).

[174] Cfr. FRANCO NOGUEIRA, *Salazar*, VI, p. 394.

[175] Cfr. EDUARDO COELHO/ANTÓNIO MACIEIRA COELHO, *Salazar...*, pp. 22 e 125. No dizer do Dr. Paulo Rodrigues, foi o Prof. Bissaia Barreto quem sugeriu que, perante as divergências médicas, se chamasse mais um especialista, cfr. JOSÉ PAULO RODRIGUES, *Salazar – Memórias Para Um Perfil*, p. 253.

[176] É o carro de Mário de Figueiredo que, mandado estacionar à porta da Casa de Saúde, vai buscar Almeida Lima a casa, cfr. FRANCO NOGUEIRA, *Salazar*, VI, p. 394.

[177] Cfr. FRANCO NOGUEIRA, *Salazar*, VI, p. 394.

[178] Nega o Prof. Eduardo Coelho, no entanto, que Salazar tivesse feito este exame, pois "exames de ultra-sons não se faziam à época em Portugal", cfr. EDUARDO COELHO/ANTÓNIO MACIEIRA COELHO, *Salazar...*, p. 160.

[179] Cfr. JOSÉ PAULO RODRIGUES, *Salazar – Memórias Para Um Perfil*, p. 253.

[180] O Almirante Américo Thomaz confessará nas suas memórias a amargura com que viveu as últimas horas do dia 6 de Setembro, cfr. AMÉRICO THOMAZ, *Últimas Décadas de Portugal*, III, p. 293.

[181] Cfr. FRANCO NOGUEIRA, *Salazar*, VI, p. 394.

[182] Cfr. EDUARDO COELHO/ANTÓNIO MACIEIRA COELHO, *Salazar...*, p. 125.

Salazar sofrer de uma trombose da carótida interna esquerda e, neste cenário, sem nada se poder fazer, encontrando-se o doente perdido[183]. Esse mesmo diagnóstico é, segundo o Prof. Eduardo Coelho[184], também aceite pelo Dr. Vasconcelos Marques.

Trava-se então nova e acesa discussão entre os médicos, sendo possível dela encontrar duas versões radicalmente diferentes:

(i) Segundo o Prof. Eduardo Coelho, a maioria dos médicos inclinava-se no sentido de Salazar não sofrer de qualquer hematona subdural, sendo uma situação sem recurso cirúrgico, nada havendo a fazer; apenas ele, enquanto médico assistente do doente, fundado na sua história clínica, teimava no diagnóstico e na necessidade urgente de Salazar ser operado[185];

(ii) Na versão do Dr. Vasconcelos Marques, pelo contrário, este médico sempre se bateu pela necessidade de Salazar ser operado imediatamente[186], relatando Franco Nogueira também a ideia de unanimidade entre os médicos quanto à necessidade de o doente ser operado[187].

2.5.4. Independentemente da sugestão de Bissaia Barreto que se adiasse a intervenção cirúrgica para a manhã seguinte[188], parece

---

[183] Neste sentido, cfr. EDUARDO COELHO/ANTÓNIO MACIEIRA COELHO, *Salazar...*, pp. 23 e 126.

[184] Cfr. EDUARDO COELHO/ANTÓNIO MACIEIRA COELHO, *Salazar...*, pp. 23 e 125.

[185] Cfr. EDUARDO COELHO/ANTÓNIO MACIEIRA COELHO, *Salazar...*, pp. 23 e 126.

[186] Cfr. VASCONCELOS MARQUES, *Só eu fui responsável pela operação de Salazar*, in *O Jornal*, de 9 de Setembro de 1988, p. 26.

[187] Cfr. FRANCO NOGUEIRA, *Salazar*, VI, p. 394.

[188] Neste sentido, cfr. VASCONCELOS MARQUES, *Só eu fui responsável pela operação de Salazar*, in *O Jornal*, de 9 de Setembro de 1988, p. 26. Note-se que, segundo o relato de Franco Nogueira, também o Prof. Eduardo Coelho pretendia adiar a intervenção cirúrgica para a manhã seguinte (in *Salazar*, VI, p. 396).

dever-se ao Prof. Eduardo Coelho o argumento decisivo que levou a que a operação se realizasse[189]: "se não há perigo em executar a intervenção cirúrgica, apenas como exploração da região parietal esquerda (...) façam, então, uma exploração cirúrgica dessa região"[190]. E, ante a natureza inócua da intervenção, todos os médicos presentes concordaram com a operação[191] e o Presidente da República dá também o seu assentimento[192].

Procuraram ainda os Professores Mário de Figueiredo e Bissaia Barreto, partindo do pressuposto de que o Presidente do Conselho conservava ainda lucidez bastante, que os médicos concedessem meia hora para Salazar ditar o seu testamento político[193]. O Prof. Leite Pinto discorda[194] e, de qualquer modo, o pedido é negado

---

[189] O Prof. Eduardo Coelho haveria depois de confessar, ao seu filho, que essa "foi a noite mais longa e dramática da minha vida": o médico assistente batia-se para que o médico cirurgião operasse o seu doente e este recusava-se a fazê-lo, cfr. EDUARDO COELHO/ANTÓNIO MACIEIRA COELHO, *Salazar...*, p. 169.

[190] Cfr. EDUARDO COELHO/ANTÓNIO MACIEIRA COELHO, *Salazar...*, p. 23.

[191] Cfr. EDUARDO COELHO/ANTÓNIO MACIEIRA COELHO, *Salazar...*, pp. 23 e 126.

[192] Cfr. JOSÉ PAULO RODRIGUES, *Salazar – Memórias Para Um Perfil*, p. 254.

[193] Cfr. EDUARDO COELHO/ANTÓNIO MACIEIRA COELHO, *Salazar...*, pp. 23-24.
Na versão de Franco Nogueira, pelo contrário, esse pedido de Salazar ditar o seu testamento político havia sido formulado por Bissaia Barreto e Paulo Rodrigues, cfr. FRANCO NOGUEIRA, *Salazar*, VI, p. 396. Este último sentido é confirmado por próprio Paulo Rodrigues, cfr. JOSÉ PAULO RODRIGUES, *Salazar – Memórias Para Um Perfil*, pp. 253-254.

[194] Segundo o relato do Dr. Vasconcelos Marques a Fernando Dacosta, parece que o Dr. Paulo Rodrigues, procurando afastar a ideia de um testamento político, afirma que Salazar tinha tomado todas as precauções e que tudo estava previsto. Leite Pinto, dando um muro na mesa, desmente-o. Cfr. FERNANDO DACOSTA, *Máscaras de Salazar*, p. 306. No mesmo sentido, cfr. HELENA SANCHES OSÓRIO, *O dia em que o regime caiu*, in *O Independente*, de 5 de Agosto de 1988, p. 15.
Desmentindo a versão do Dr. Vasconcelos Marques, o Dr. Paulo Rodrigues defendeu nessa noite a importância de Salazar fazer uma declaração, tendo existido

pelos médicos[195]: não há tempo a perder e o doente não está já na posse das suas faculdades[196] – "o testamento a fazer-se, já não seria válido"[197].

Já passa das três horas da noite: os relógios avançam para as quatro horas da madrugada.

Quando a equipa médica sai da sala para ir preparar a operação, os políticos presentes mostram-se nervosos, inquietos e amargurados: nas sugestivas palavras de Franco Nogueira, "no seu íntimo todos compreendem que já não está em causa a vida de Salazar mas o futuro do regime, e sobretudo o de cada um"[198].

A partir desse instante, a vida de Salazar somente se torna importante na medida em que, garantindo a continuidade do regime, assegurasse a estabilidade dos interesses de cada um dos políticos: em breve, porém, garantida essa estabilidade com outra personalidade, Salazar ficaria esquecido e marginalizado. Neste momento, todavia, salvar Salazar ainda era dar continuidade ao Estado Novo.

2.5.5. Antes da operação, porém, há ainda uma última questão prática a resolver: quem vai avisar Salazar que irá fazer uma intervenção cirúrgica sob anestesia local?

Tenta-se primeiro que seja o Presidente da República: o Dr. Vasconcelos Marques fala com Américo Thomaz, explicando-lhe que a intervenção se irá fazer sob anestesia local, atendendo ao

---

troca de correspondência com o referido médico, cfr. JOSÉ PAULO RODRIGUES, *Salazar – Memórias Para Um Perfil*, p. 254, nota n.º 1.

[195] Cfr. FRANCO NOGUEIRA, *Salazar*, VI, pp. 396-397.

[196] Sublinhando o Dr. Vasconcelos Marques que o doente se encontra já incapacitado para tomar qualquer atitude, cfr. HELENA SANCHES OSÓRIO, *O dia em que o regime caiu*, in *O Independente*, de 5 de Agosto de 1988, p. 15.

[197] Cfr. EDUARDO COELHO/ANTÓNIO MACIEIRA COELHO, *Salazar...*, p. 24.

[198] Cfr. FRANCO NOGUEIRA, *Salazar*, VI, p. 397.

estado geral do doente, e pede-lhe para prevenir e obter a autorização de Salazar[199]. O Presidente da República "parece tergiversar, hesita"[200].

O tempo passa e Salazar não é prevenido que será operado de imediato[201]. E o facto de se poder assustar ao ver-se rodeado de homens mascarados, uma vez que está sob mera anestesia local, pode-lhe ser fatal[202].

O Dr. Vasconcelos Marques toma então a resolução de ir falar com o doente: a sós, depois de ter pedido para que as enfermeiras se retirassem do quarto, o médico informa Salazar da necessidade da intervenção, salienta que se trata de uma "coisa simples" e diz ainda que o único desagradável é a circunstância de o cabelo ter de ser rapado, apesar de depois voltar a crescer[203]. Responde-lhe Salazar friamente: "se é preciso fazer, faça-se"[204].

Refere ainda Vasconcelos Marques, num relato dessa mesma conversa com Salazar[205], que, tendo-lhe perguntado se pretendia que lhe chamasse um confessor, o doente o terá interrompido com uma interrogação seca: "Isto é um hospital ou uma igreja?".

---

[199] Cfr. VASCONCELOS MARQUES, *Só eu fui responsável pela operação de Salazar*, in *O Jornal*, de 9 de Setembro de 1988, p. 26.

[200] Cfr. FRANCO NOGUEIRA, *Salazar*, VI, p. 397.

[201] Neste sentido, cfr. FRANCO NOGUEIRA, *Salazar*, VI, p. 397; VASCONCELOS MARQUES, in *O Jornal*, de 9 de Setembro de 1988.

[202] Neste sentido, cfr. HELENA SANCHES OSÓRIO, *O dia em que o regime caiu*, in *O Independente*, de 5 de Agosto de 1988, p. 15.

[203] Cfr. VASCONCELOS MARQUES, *Só eu fui responsável pela operação de Salazar*, in *O Jornal*, de 9 de Setembro de 1988, p. 26.

[204] Segundo o relato de um enviado especial de uma revista brasileira, parece que o Dr. Vasconcelos Marques terá dito a Salazar que já não estava em condições de ser ele a autorizar a operação, tendo o respectivo documento autorizativo sido assinado pelo Presidente da República e pelo Ministro de Estado Adjunto, Dr. Motta Veiga, cfr. ODYLO COSTA, *Agonia e queda de Salazar*, in *Realidade*, Ano III, n.º 33, Dezembro de 1968, p. 149.

[205] Cfr. FERNANDO DACOSTA, *Máscaras de Salazar*, p. 306.

Ainda antes da intervenção cirúrgica, há lugar a uma última conversa entre Salazar e o Presidente da República: durante alguns minutos, Salazar, revelando-se consciente da operação, pergunta ao Chefe de Estado, "entre outras coisas", sobre a festa dada, nessa mesma noite, pelo milionário Antenor Patiño, uma vez que sabia terem as filhas do Almirante Américo Thomaz sido convidadas[206].

Salazar é levado depois para a sala das operações, no quarto piso da Casa de Saúde[207].

Decidem os governantes, nesse intervalo, passar algumas unidades militares a estado de prevenção[208] e intensificar o controlo da censura sobre o que estava a suceder[209].

2.5.6. Salazar é então operado pelo Dr. Álvaro Paes de Athayde[210], neurocirurgião chefe da equipa do Dr. Vasconcelos Marques[211], e não, tal como este último durante anos disse em privado[212] e depois

---

[206] Cfr. Américo Thomaz, *Últimas Décadas de Portugal*, III, p. 293; José Paulo Rodrigues, *Salazar – Memórias Para Um Perfil*, p. 254.

[207] Cfr. Vasconcelos Marques, *Só eu fui responsável pela operação de Salazar*, in *O Jornal*, de 9 de Setembro de 1988, p. 26.

[208] Cfr. Franco Nogueira, *Salazar*, VI, pp. 397-398.

[209] Cfr. Helena Sanches Osório, *O dia em que o regime caiu*, in *O Independente*, de 5 de Agosto de 1988, p. 15.

[210] Cfr. Eduardo Coelho/António Macieira Coelho, *Salazar...*, pp. 24, 126 e 164. No mesmo sentido, existe um depoimento da viúva do Dr. Álvaro Athayde, Dª. Manuela de Athayde, cfr. Fernando Dacosta, *A mentira da operação a Salazar*, in *Público – Magazine*, n.º 261, de 12 de Março de 1995, p. 24; IDEM, *Máscaras de Salazar*, p. 307; Eduardo Coelho/António Macieira Coelho, *Salazar...*, pp. 176 ss.

[211] Cfr. Eduardo Coelho/António Macieira Coelho, *Salazar...*, p. 24, nota n.º 2. Acrescente-se que, segundo depois se veio a saber, até por indicação da sua esposa, o Dr. Álvaro de Athayde era socialista e membro da maçonaria, cfr. Eduardo Coelho/António Macieira Coelho, *Salazar...*, pp. 173 ss., em especial, p. 178.

[212] Para mais desenvolvimentos sobre este tema, cfr. Fernando Dacosta, *Máscaras de Salazar*, pp. 301 ss.

58 | AGONIA E MORTE DE SALAZAR

em público[213], pelo próprio Vasconcelos Marques[214]. A anestesia é ministrada pela Drª. Maria Cristina da Câmara Castro[215].

A operação dura cerca de duas horas[216] e confirma o diagnóstico do Prof. Eduardo Coelho[217]: Salazar tinha um hematoma subdural crónico do lado esquerdo, o qual foi esvaziado[218], descomprimindo-se o cérebro.

São cerca das seis horas e meia da manhã[219]: o Prof. Eduardo Coelho anuncia aos políticos o resultado da operação e que o problema está resolvido – "o doente está bem"[220]. O Dr. Motta Veiga informa, por via telefónica, todos os restantes membros do Governo que desconheciam o drama vivido essa noite[221].

---

[213] Cfr. VASCONCELOS MARQUES, *Só eu fui responsável pela operação de Salazar*, in *O Jornal*, de 9 de Setembro de 1988, p. 26.

Diz-se, por outro lado, que terá sido por decisão da maçonaria que Álvaro de Athayde nunca terá desmentido Vasconcelos Marques, cfr. FERNANDO DACOSTA, *A mentira da operação a Salazar*, in *Público – Magazine*, n.º 261, de 12 de Março de 1995, p. 24.

[214] Também Franco Nogueira, certamente baseado no relato do próprio Dr. Vasconcelos Marques, imputa a este a autoria do essencial da intervenção cirúrgica, cfr. FRANCO NOGUEIRA, *Salazar*, VI, p. 398. O mesmo sucedeu com o então Presidente da República, cfr. AMÉRICO THOMAZ, *Últimas Décadas de Portugal*, III, p. 293. A questão viria, aliás, a ser objecto de um processo judicial, envolvendo os sucessores do Prof. Eduardo Coelho e o Dr. Vasconcelos Marques, cfr. FERNANDO DACOSTA, *A mentira da operação a Salazar*, in *Público – Magazine*, n.º 261, de 12 de Março de 1995, pp. 20 ss.

[215] Cfr. FRANCO NOGUEIRA, *Salazar*, VI, p. 398.

[216] Cfr. FRANCO NOGUEIRA, *Salazar*, VI, p. 398; JOSÉ PAULO RODRIGUES, *Salazar – Memórias Para Um Perfil*, p. 254.

[217] Cfr. EDUARDO COELHO/ANTÓNIO MACIEIRA COELHO, *Salazar...*, pp. 24 e 126.

[218] Cfr. VASCONCELOS MARQUES, *Só eu fui responsável pela operação de Salazar*, in *O Jornal*, de 9 de Setembro de 1988, p. 26.

[219] Cfr. FRANCO NOGUEIRA, *Salazar*, VI, p. 398.

[220] Cfr. EDUARDO COELHO/ANTÓNIO MACIEIRA COELHO, *Salazar...*, p. 24.

[221] Cfr. FRANCO NOGUEIRA, *Salazar*, VI, p. 398.

§2.º ANO DE 1968: O INÍCIO DA AGONIA | 59

Os médicos redigem e os políticos emendam o primeiro boletim médico[222]: *"Em consequência de uma queda na sua residência de Verão no Estoril, o Sr. Presidente do Conselho apresentou sintomas que levaram o seu médico assistente a recorrer à colaboração de dois colegas neurocirurgiões. Sua Excelência foi operado esta noite a um hematoma, sob anestesia local, encontrando-se bem"*[223].

Eram sete horas e meia de manhã quando o Presidente da República saiu da Casa de Saúde da Cruz Vermelha[224].

Terminava a noite mais longa do Estado Novo: ia começar um pós-operatório que a História viria a registar ser o início da agonia do Estado Novo.

2.6. O pós-operatório e o início da agonia do Estado Novo

2.6.1. O Dr. Álvaro Athayde permanece junto de Salazar durante as primeiras vinte e quatro horas posteriores à operação[225].

No dia 7 de Setembro, às oito horas da manhã, a BBC e a Rádio Nacional de Espanha noticiam a súbita doença de Salazar, sem indicarem ainda que havia sido submetido a intervenção cirúr-

---

Entre esses ministros encontra-se o próprio Embaixador Franco Nogueira, apenas avisado de tudo o que sucedera às sete horas da manhã do dia 7 de Setembro, cfr. FRANCO NOGUEIRA, *Um Político Confessa-se*, p. 312.

[222] Cfr. FRANCO NOGUEIRA, *Salazar*, VI, p. 398, nota n.º 2; HELENA SANCHES OSÓRIO, *O dia em que o regime caiu*, in *O Independente*, de 5 de Agosto de 1988, p. 15; JOSÉ PAULO RODRIGUES, *Salazar – Memórias Para Um Perfil*, pp. 254-255.

[223] Cfr. EDUARDO COELHO/ANTÓNIO MACIEIRA COELHO, *Salazar...*, p. 25.

[224] Cfr. AMÉRICO THOMAZ, *Últimas Décadas de Portugal*, III, p. 293.

[225] Neste sentido, cfr. o depoimento de Dª. Manuela Athayde, viúva do Dr. Álvaro de Athayde, in EDUARDO COELHO/ANTÓNIO MACIEIRA COELHO, *Salazar...*, p. 177.

gica[226], enquanto que em Portugal, só uma hora depois, no noticiário das nove horas da Emissora Nacional[227], o locutor Pedro Moutinho lê o boletim médico redigido de madrugada[228]: o país fica então a saber que Salazar está doente.

Os jornais matutinos publicam edições especiais[229] e, tal como os jornais vespertinos depois, escrevem a toda a largura da primeira página a operação de Salazar. A televisão, por seu turno, abre as sucessivas edições do telejornal, desde a primeira, às 15 horas, com informações sobre o estado de saúde do Senhor Presidente do Conselho, salientando-se que a edição do fecho da emissão já inclui uma reportagem sobre as diferentes figuras públicas que passaram pelo átrio da Casa de Saúde da Cruz Vermelha[230].

No quarto de Salazar, porém, além da equipa médica, só entra quem a governanta entende: ela torna-se a "dona da figura de Salazar", metendo-se em tudo, "portando-se como um feroz cão

---

[226] Cfr. MANUEL MARIA MÚRIAS, *De Salazar a Costa Gomes*, p. 142.

[227] Foi o Dr. Paulo Rodrigues quem levou, pessoalmente, o boletim médico às instalações da Emissora Nacional, então na Rua do Quelhas, cfr. JOSÉ PAULO RODRIGUES, *Salazar – Memórias Para Um Perfil*, p. 253.

[228] Cfr. FRANCO NOGUEIRA, *Salazar*, VI, p. 399.

[229] O primeiro desses jornais foi *O Século*, atendendo ao facto de o jornalista Luís Figueira ter encontrado o carro do Presidente do Conselho junto ao Hospital dos Capuchos, não lhe tendo sido permitida a entrada, e, depois da espera, seguiu o carro de táxi e foi parar à porta da Casa de Saúde da Cruz Vermelha, onde reconheceu o Dr. Paulo Rodrigues e lhe foi pedido que guardasse sigilo sobre o que se estava a passar com o Presidente do Conselho até a notícia ser difundida pela Emissora Nacional, às nove da manhã. Para este relato, cfr. JOSÉ PAULO RODRIGUES, *Salazar – Memórias Para Um Perfil*, pp. 252 e 253.

[230] Para mais desenvolvimentos sobre o tratamento televisivo da doença de Salazar, cfr. FRANCISCO RUI CÁDIMA, *Salazar, Caetano e a Televisão Portuguesa*, Lisboa, Editorial Presença, 1996, pp. 201 ss.

de fila do Presidente do Conselho" e até suscitando embaraço e atrapalhação nos serviços clínicos[231].

Na manhã do próprio dia 7 de Setembro, a pedido de Salazar, a sua governanta deixa entrar no quarto do doente a esposa de Franco Nogueira[232]: a Embaixatriz Vera Franco Nogueira encontra Salazar "de cabeça ligada, olhos cerrados, mas lúcido e reconhecendo-lhe imediatamente a voz"[233].

Cerca das 17 horas, o Presidente da República desloca-se à Casa de Saúde da Cruz Vermelha[234] e, acompanhado dos principais políticos do regime, toma conhecimento da informação arrasadora do Dr. Vasconcelos Marques: o estado do doente tinha-se agravado nas últimas horas, a situação poderia mesmo considerar-se "quase desesperada" e que todos "devem estar preparados para tudo"[235].

A perspectiva de um desenlace fatal determina que o Almirante Américo Thomaz volte nesse dia, cerca das vinte horas e trinta minutos, ao hospital[236] e, tal como os restantes principais políticos, quer ouvir, em primeira-mão, o novo boletim clínico: as notícias são agora mais animadoras, o doente "continua a melhorar progressivamente" e, acrescenta-se, no final, "tudo indica que o pós-operatório evolucione normalmente"[237].

---

[231] Cfr. Maria da Conceição de Melo Rita/Joaquim Vieira, *Os Meus 35 Anos com Salazar*, pp. 186 e 187.

[232] Franco Nogueira e a sua esposa tinham-se deslocado para a Cruz Vermelha cerca das oito horas da manhã, não se encontrando por lá nenhum outro membro do Governo, sendo recebidos pela governanta de Salazar, cfr. Franco Nogueira, *Um Político Confessa-se*, pp. 312-313.

[233] Cfr. Franco Nogueira, *Salazar*, VI, p. 399, nota n.º 1.

[234] Cfr. Américo Thomaz, *Últimas Décadas de Portugal*, III, p. 293.

[235] Neste sentido, cfr. Franco Nogueira, *Salazar*, VI, p. 399.

[236] Cfr. Américo Thomaz, *Últimas Décadas de Portugal*, III, p. 293.

[237] Cfr. Eduardo Coelho/António Macieira Coelho, *Salazar...*, pp. 25-26.

62 | AGONIA E MORTE DE SALAZAR

2.6.2. No dia 8 de Setembro, o 3.º boletim médico assinala a existência de "sinais de franca recuperação motora e sensorial", informando ainda que o doente passou a alimentar-se, deu "sem dificuldade alguns passos no quarto" e esteve sentado durante cerca de quinze minutos[238].

Entre o dia 10 e o dia 15 de Setembro são emitidos mais boletins médicos, todos eles salientado a melhoria do estado de saúde do doente[239]: Salazar dorme bem, alimenta-se regulamentarmente, conversa com os médicos, recupera a locomoção e "tudo se encaminha para a normalidade" (10 de Setembro); passeou no quarto e não se sentiu cansado, tendo permanecido sentado quatro horas (11 de Setembro); toma as principais refeições sentado, sendo-lhe permitidos quase todos os alimentos da sua preferência[240] e "mostra desejos de regressar ao seu clima de vida" (12 de Setembro); "o Sr. Presidente do Conselho entrou em franca convalescença e regressará brevemente à sua residência de Lisboa" (15 de Setembro).

Parecia que tudo, afinal, não havia passado de "um grande susto"[241]: Salazar vai treinando a sua assinatura[242], as irmãs visitam-no[243] e, às escondidas e através da intervenção da governanta, bebe "pinguinhas de vinho do Porto e de Aveleda tinto"[244],

---

[238] Cfr. EDUARDO COELHO/ANTÓNIO MACIEIRA COELHO, *Salazar...*, p. 26.

[239] Para um elenco dos diversos boletins médicos, cfr. *A evolução clínica do Prof. Salazar*, in *O Século Ilustrado*, n.º 1603, de 21 de Setembro de 1968, pp.7 ss.; EDUARDO COELHO/ANTÓNIO MACIEIRA COELHO, *Salazar...*, pp. 26 e 27.

[240] As refeições são trazidas por empregadas de S. Bento, cfr. MARIA DA CONCEIÇÃO DE MELO RITA/JOAQUIM VIEIRA, *Os Meus 35 Anos com Salazar*, p. 187.

[241] Cfr. AMÉRICO THOMAZ, *Últimas Décadas de Portugal*, III, p. 294.

[242] Cfr. FRANCO NOGUEIRA, *Salazar*, VI, p. 400.

[243] Cfr. FRANCO NOGUEIRA, *Salazar*, VI, p. 400.

[244] Neste sentido, cfr. o relato de Manuel Nazaré, médico analista e amigo pessoal de Salazar, diversas vezes presente no quarto no doente, in FERNANDO DACOSTA, *A mentira da operação a Salazar*, in *Público – Magazine*, n.º 261,

§2.º ANO DE 1968: O INÍCIO DA AGONIA | 63

ficando a pé até horas tardias[245]. Todos acham que Salazar se encontra tão bem como antes de se terem verificado os sintomas da doença que o levara à Casa de Saúde[246]: são aos milhares as pessoas que se deslocam ao hospital para se inteirarem do estado de saúde do doente e prestar-lhe homenagem[247], chegam votos de restabelecimento de personalidades estrangeiras[248] e os políticos fazem da Casa de Saúde o local de enredos, diariamente transmitido na televisão num "filme de visitas"[249], transformando-se o estabelecimento hospitalar num verdadeiro "vespeiro político"[250] ou, segundo outra versão, num "ninho de víboras"[251].

É que, importa salientar, o problema político da sucessão de Salazar estava já colocado: ainda que Salazar se salve, "chegou ao

---

de 12 de Março de 1995, p. 22; IDEM, *Máscaras de Salazar*, p. 304. Em igual sentido, a imprensa brasileira dá conta, segundo o seu enviado a Lisboa, que Salazar "chega a provar o seu arroz de frango ao molho pardo e o seu vinho do Dão", cfr. ODYLO COSTA, *Agonia e queda de Salazar*, in *Realidade*, Ano III, n.º 33, Dezembro de 1968, p. 149.

[245] Cfr. FRANCO NOGUEIRA, *Salazar*, VI, p. 400.

[246] Neste sentido, cfr. HELENA SANCHES OSÓRIO, *O dia em que o regime caiu*, in *O Independente*, de 5 de Agosto de 1988, p. 15.

Conta-se mesmo que, durante esse período de recuperação, uma senhora amiga que o visitava lhe teria dito, em tom carinhoso, "agora, Senhor Presidente, agora mandam os médicos", ao que Salazar, rápido e com autoridade, responde "os médicos que eu escolhi...", cfr. ODYLO COSTA, *Agonia e queda de Salazar*, in *Realidade*, Ano III, n.º 33, Dezembro de 1968, p. 149.

[247] Cfr. FRANCO NOGUEIRA, *Salazar*, VI, p. 400; JOSÉ PAULO RODRIGUES, *Salazar – Memórias Para Um Perfil*, p. 255; MANUEL MARIA MÚRIAS, *De Salazar a Costa Gomes*, p. 141.

[248] Cfr. *O Século Ilustrado*, n.º 1700, de 1 de Agosto de 1970, p. 21; JOSÉ PAULO RODRIGUES, *Salazar – Memórias Para Um Perfil*, p. 255.

[249] Cfr. FRANCISCO RUI CÁDIMA, *Salazar, Caetano e a Televisão Portuguesa*, p. 202.

[250] Neste sentido, cfr. FRANCO NOGUEIRA, *Salazar*, VI, p. 403.

[251] Neste sentido, cfr. entrevista de Mavilde Araújo, protegida de Salazar, in FERNANDO DACOSTA, *Máscaras de Salazar*, p. 232.

fim a sua vida política", escreve Franco Nogueira, em 12 de Setembro, acrescentando que "nada será mais o que era"[252].

No dia 15 de Setembro, durante a tarde, o Presidente da República visita o doente e, sob permissão médica, conversa com Salazar: durante quinze minutos, o Almirante Thomaz verificou estar o doente "praticamente restabelecido e discorrendo, como lhe era habitual, antes do acidente"[253]. A televisão informa que os médicos disseram ao Presidente da República que Salazar seria restituído "à Nação completamente curado"[254].

A dúvida estava, no entanto, instalada: "Quem acreditaria na lucidez e na determinação de um estadista octogenário, vítima de uma trepanação ao crânio?"[255].

2.6.3. No dia seguinte, 16 de Setembro, Salazar conversa de manhã com o Prof. Eduardo Coelho[256] que, segundo o Dr. Vas-

---

[252] Cfr. FRANCO NOGUEIRA, *Um Político Confessa-se*, p. 313.

[253] Cfr. AMÉRICO THOMAZ, *Últimas Décadas de Portugal*, III, p. 294.

[254] Cfr. FRANCISCO RUI CÁDIMA, *Salazar, Caetano e a Televisão Portuguesa*, p. 203. A frase, segundo outra versão, teria sido proferida pelo Prof. Eduardo Coelho ao Prof. Bissaia Barreto e por este divulgada junto dos meios de comunicação social, cfr. *O Século Ilustrado*, n.º 1700, de 1 de Agosto de 1970, p. 21. Atribuindo essa mesma afirmação sobre a recuperação de Salazar ao Prof. Eduardo Coelho, cfr. *Stella – Revista de Fátima*, n.º 373, Novembro de 1968, p. 18; MÁRIO SOARES, *Portugal Amordaçado – Depoimento sobre os anos do fascismo*, s.l., Ed. Arcádia, 1974, p. 584, nota n.º 15.

[255] Cfr. MANUEL MARIA MÚRIAS, *De Salazar a Costa Gomes*, p. 143.

[256] Cfr. EDUARDO COELHO/ANTÓNIO MACIEIRA COELHO, *Salazar...*, p. 167. Há quem afirme que durante essa conversa, o Prof. Eduardo Coelho teria informado o doente de pormenores da intervenção cirúrgica a que foi submetido (cfr., neste sentido, FRANCO NOGUEIRA, *Salazar*, VI, pp. 403-404; HELENA SANCHES OSÓRIO, *O dia em que o regime caiu*, in *O Independente*, de 5 de Agosto de 1988, p. 15; VASCONCELOS MARQUES, *Só eu fui responsável pela operação de Salazar*, in *O Jornal*, de 9 de Setembro de 1988, p. 26). Contestando esta versão, sublinhando que Salazar já conhecia, desde 5 de Setembro, o teor da operação a que seria submetido, não tendo esse assunto sido objecto de conversa nessa

§2.º ANO DE 1968: O INÍCIO DA AGONIA | 65

concelos Marques, pretendia que o doente voltasse para casa[257]: a situação clínica do doente é de perfeita normalidade[258].

A verdade, porém, é que toda a evolução favorável do estado de saúde do Presidente do Conselho seria bruscamente interrompida, nesse mesmo dia, 16 de Setembro, depois do almoço[259]: já após a uma e meia da tarde, estando presente o Dr. Álvaro de Athayde, Salazar sentiu uma violenta dor de cabeça, levou a mão à testa e diz "Estou muito aflito. Ai meu Jesus!"[260]. O doente perde os sentidos, aspira um vómito e a tensão arterial está em níveis insuportáveis[261].

O Prof. Eduardo Coelho volta ao quarto e o Dr. Vasconcelos Marques é também chamado: "o Presidente do Conselho estava em situação desesperada podendo morrer a qualquer momento"[262].

---

manhã de 16 de Setembro, cfr. EDUARDO COELHO/ANTÓNIO MACIEIRA COELHO, *Salazar...*, p. 167. Confirmando este último sentido, o Dr. Manuel Nazaré que esteve presente durante a visita do Prof. Eduardo Coelho ao doente, refere que a conversa tida foi "sobre vinhos, especificamente, dos vinhos da Aveleda e da sua administração", cfr. EDUARDO COELHO/ANTÓNIO MACIEIRA COELHO, *Salazar...*, p. 190.

[257] Na versão do neurologista, desde o quarto dia após a operação, que o Prof. Eduardo Coelho pretendia que Salazar regressasse a casa, cfr. VASCONCELOS MARQUES, *Só eu fui responsável pela operação de Salazar*, in *O Jornal*, de 9 de Setembro de 1988, p. 26. Desmentindo essa afirmação de Vasconcelos Marques, afirmando que "nem Eduardo Coelho, nem qualquer outro médico defendeu o regresso de Salazar a S. Bento", é o testemunho judicial do Dr. Manuel Nazaré, cfr. EDUARDO COELHO/ANTÓNIO MACIEIRA COELHO, *Salazar...*, p. 190.

[258] Cfr. EDUARDO COELHO/ANTÓNIO MACIEIRA COELHO, *Salazar...*, p. 167.

[259] Cfr. *Notícias de Portugal*, Boletim Semanal do Secretariado Nacional da Informação, Ano XXII, n.º 1116, de 21 de Setembro de 1968, p. 2.

[260] Cfr. EDUARDO COELHO/ANTÓNIO MACIEIRA COELHO, *Salazar...*, pp. 27-28 e 126-127.

[261] Cfr. HELENA SANCHES OSÓRIO, *O dia em que o regime caiu*, in *O Independente*, de 5 de Agosto de 1988, p. 15.

[262] Cfr. VASCONCELOS MARQUES, *Só eu fui responsável pela operação de Salazar*, in *O Jornal*, de 9 de Setembro de 1988, p. 26.

Salazar havia sofrido um violento acidente vascular cerebral, envolvendo hemorragia no hemisfério direito, e entra em coma[263], encontrando-se ligado a um aparelho de respiração artificial[264].

Chama-se, igualmente, o Prof. Almeida Lima (neurocirurgião) e o Dr. Miranda Rodrigues (neurologista)[265]: não havia agora, ao invés do sucedido em 6 de Setembro, uma situação clínica a reclamar intervenção cirúrgica.

Oliveira Salazar está em agonia: tudo pode ser uma questão de momentos; as probabilidades de sobrevivência são de quatro para cem[266].

O Presidente da República é avisado, pelo telefone, do sucedido, cerca das duas horas da tarde, deslocando-se imediatamente à Cruz Vermelha[267], tal como os principais dirigentes políticos[268]. Nessa mesma tarde, e pela primeira vez, Marcello Caetano aparece na Casa de Saúde da Cruz Vermelha[269].

"É o fim", escreve Franco Nogueira, em 16 de Setembro, no seu diário, referindo-se a Salazar[270].

---

[263] Cfr. EDUARDO COELHO/ANTÓNIO MACIEIRA COELHO, *Salazar...*, pp. 27, 28 e 127.

[264] Cfr. ODYLO COSTA, *Agonia e queda de Salazar*, in *Realidade*, Ano III, n.º 33, Dezembro de 1968, p. 149.

[265] Cfr. EDUARDO COELHO/ANTÓNIO MACIEIRA COELHO, *Salazar...*, pp. 28 e 127.

[266] Neste último sentido, cfr. FERNANDO DACOSTA, *A mentira da operação a Salazar*, in *Público – Magazine*, n.º 261, de 12 de Março de 1995, p. 22; IDEM, *Máscaras de Salazar*, p. 304.

[267] Cfr. AMÉRICO THOMAZ, *Últimas Décadas de Portugal*, III, p. 294.

[268] Cfr. FRANCO NOGUEIRA, *Salazar*, VI, p. 404.

[269] Cfr. HELENA SANCHES OSÓRIO, *O dia em que o regime caiu*, in *O Independente*, de 5 de Agosto de 1988, p. 15.

Considerando que a aparição de Marcello Caetano na Clínica, nesse mesmo dia, 16 de Setembro, era a de uma "ave de mau agoiro", cfr. MANUEL MARIA MÚRIAS, *De Salazar a Costa Gomes*, p. 143.

[270] Cfr. FRANCO NOGUEIRA, *Um Político Confessa-se*, p. 313.

2.6.4. Ninguém se apercebe que, nesse preciso momento, em que se pensa ter chegado o fim de Salazar, se está também a iniciar o fim do Estado Novo: nessa tarde de 16 de Setembro de 1968, assim como sucedia com Salazar no quarto da Casa de Saúde, igualmente o regime entra também em agonia. Trata-se, todavia, de uma agonia ainda invisível, imperceptível, silenciosa, deslizante e lenta: bem ao contrário da agonia de Salazar, a agonia do regime vai prolongar-se durante mais tempo.

Num certo sentido, nessa tarde de 16 de Setembro de 1968, no momento em que "o Verão invernava a anunciar o Outono"[271], começa a véspera da madrugada de 25 de Abril de 1974.

O Estado Novo inicia, nessa tarde, o seu desmoronamento: Salazar "consubstanciava o regime"[272], ele havia criado um regime "seu e só seu"[273], e, tal como o seu protagonista está moribundo, deixa também moribundo o regime sem a sua presença. Para ambos, tudo passa agora a ser uma questão de tempo: Salazar sobrevive quase dois anos e o regime pouco mais de cinco anos e meio.

2.7. Salazar: entre a morte e a incapacidade permanente

2.7.1. Durante a tarde desse mesmo dia 16 de Setembro, enquanto Salazar trava uma batalha de vida ou morte no seu quarto, os políticos do regime, instalados na própria Casa de Saúde, tecem cenários e tomam medidas: o Presidente da República determina a adopção de providências de segurança[274]; o Ministro da Educação Nacional, José Hermano Saraiva, lança a ideia de se erguer uma

---

[271] Cfr. MANUEL MARIA MÚRIAS, *De Salazar a Costa Gomes*, p. 143.

[272] Cfr. AMÉRICO THOMAZ, *Últimas Décadas de Portugal*, III, p. 295.

[273] Cfr. MARCELO REBELO DE SOUSA, *Baltazar Rebelo de Sousa*, p. 119.

[274] Cfr. FRANCO NOGUEIRA, *Salazar*, VI, p. 405.

68 | AGONIA E MORTE DE SALAZAR

estátua gigantesca a Salazar; há quem defenda a restauração da monarquia, quem se preocupe com os pormenores de preparação do funeral de Salazar e todos conjecturam sobre o provável sucessor na chefia do governo[275].

Tal como já antes havia sido combinado, na tarde de 16 de Setembro aparece também na clínica o Cardeal Cerejeira para ver o doente[276], acabando por lhe dar a extrema-unção[277], tendo primeiro, todavia, obtido o assentimento do Presidente da República e assumido o compromisso de manter segredo absoluto[278]. Na emoção do momento, o Cardeal-Patriarca diz ainda aos presentes, talvez até quebrando o sigilo da confissão, que Salazar "(...) tem sido sempre muito infeliz. Não, nunca foi feliz, sei-o bem"[279].

As orações são agora quase tudo o que resta para salvar Salazar[280].

O embaixador dos Estados Unidos da América telefona ao Embaixador Franco Nogueira e oferece-se para ajudar, enviando a Portugal a maior autoridade científica da especialidade – o Prof. Houston Merritt, neurologista[281], que havia operado o Presidente

---

[275] Cfr. MANUEL MARIA MÚRIAS, *De Salazar a Costa Gomes*, pp. 143-144.

[276] Cfr. *Vida Mundial*, n.º 1625, de 31 de Julho de 1970, p. 61.
Para um relato do ambiente que antecedeu a visita do Cardeal-Patriarca a Salazar e o propósito da mesma, na tarde de 16 de Setembro de 1968, cfr. JOSÉ PAULO RODRIGUES, *Salazar – Memórias Para Um Perfil*, pp. 177-178.

[277] Cfr. HELENA SANCHES OSÓRIO, *O dia em que o regime caiu*, in *O Independente*, de 5 de Agosto de 1988, p. 15.

[278] Cfr. FRANCO NOGUEIRA, *Salazar*, VI, pp. 404-405.

[279] Neste sentido, transcrevendo estas palavras, cfr. FRANCO NOGUEIRA, *Salazar*, VI, pp. 404-405.

[280] Há mesmo a notícia de homens que nunca frequentam a Igreja se dirigem aos párocos para lhes pedir que celebrem missas pela recuperação de Salazar, cfr. *Stella – Revista de Fátima*, n.º 373, Novembro de 1968, p. 21.

[281] Cfr. FRANCO NOGUEIRA, *Salazar*, VI, p. 405; JOSÉ PAULO RODRIGUES, *Salazar – Memórias Para Um Perfil*, pp. 255-256.

§2.º ANO DE 1968: O INÍCIO DA AGONIA | 69

Eisenhower[282]: o Presidente da República não suscita oposição à oferta e os médicos do doente consideram até bem-vindo o colega norte-americano[283].

Pelas vinte e três horas e quarenta e cinco minutos, um boletim médico informa o que todos já sabem: Salazar teve um "brusco e grave acidente vascular no hemisfério cerebral direito"[284]. O Dr. Vasconcelos Marques passa a noite junto do doente[285].

Cerca da meia-noite, o Presidente da República reúne-se em Belém com o Ministro de Estado Adjunto e com o Ministro da Defesa Nacional (v. *infra*, n.º 5.4.1.). É decidido convocar para esse dia, 17 de Setembro, pelas dezasseis horas, uma reunião urgente do Conselho de Estado (v. *infra*, n.º 5.4.2.)[286]. Está aberto o processo de substituição ou sucessão de Oliveira Salazar como Presidente do Conselho de Ministros (v. *infra*, n.º 5.4.): desde o assassínio de Sidónio Pais que não há em Portugal tamanho "berbicacho político"[287].

Na manhã de 17 de Setembro, o "milagreiro" Padre Gregório Waerdonk visita Salazar para o confessar[288]. E, cerca das onze horas, o Almirante Américo Thomaz passa pela Casa de Saúde da

---

[282] Cfr. ODYLO COSTA, *Agonia e queda de Salazar*, in *Realidade*, Ano III, n.º 33, Dezembro de 1968, p. 151.

[283] Cfr. *Notícias de Portugal*, Boletim Semanal do Secretariado Nacional da Informação, Ano XXII, n.º 1116, de 21 de Setembro de 1968, p. 4; FRANCO NOGUEIRA, *Salazar*, VI, p. 405; JOSÉ PAULO RODRIGUES, *Salazar – Memórias Para Um Perfil*, p. 256.

[284] Cfr. *A evolução clínica do Prof. Salazar*, in *O Século Ilustrado*, n.º 1603, de 21 de Setembro de 1968, pp. 8-9.

[285] Cfr. *O Século Ilustrado*, n.º 1700, de 1 de Agosto de 1970, p. 21.

[286] Cfr. AMÉRICO THOMAZ, *Últimas Décadas de Portugal*, III, p. 294.

[287] Neste último sentido, cfr. MANUEL MARIA MÚRIAS, *De Salazar a Costa Gomes*, p. 144.

[288] Cfr. *O Século Ilustrado*, n.º 1700, de 1 de Agosto de 1970, p. 21.

Cruz Vermelha, reunindo-se com os médicos[289]: o Dr. Vasconcelos Marques é categórico ao afirmar que Salazar, se sobreviver, ficará inválido e não poderá mais exercer funções políticas[290].

2.7.2. Em 18 de Setembro, ante boatos que Salazar já tinha morrido e que o seu corpo tinha sido removido da clínica[291], chega a Lisboa o Prof. Houston Merritt[292]: reúne-se com os médicos portugueses, examina Salazar e elabora um relatório – a situação do doente é grave, encontrando-se em perigo de vida; todavia, atendendo aos excelentes cuidados médicos que tem recebido e ao seu espírito indomável[293], "há ainda a esperança de que possa sobreviver"[294].

Nesse mesmo dia, à tarde, o Prof. Houston Merritt e os médicos portugueses são recebidos no Palácio de Belém pelo Presidente da República[295]: somente o Prof. Eduardo Coelho não é categórico quanto à irreversibilidade da doença de Salazar, se sobreviver, opinando o especialista norte-americano que, em caso de sobrevivên-

---

[289] Cfr. AMÉRICO THOMAZ, *Últimas Décadas de Portugal*, III, p. 294.

[290] Cfr. FRANCO NOGUEIRA, *Salazar*, VI, p. 406.

[291] Neste sentido, cfr. *O Século Ilustrado*, n.º 1700, de 1 de Agosto de 1970, p. 22.

[292] Cfr. *Notícias de Portugal*, Boletim Semanal do Secretariado Nacional da Informação, Ano XXII, n.º 1116, de 21 de Setembro de 1968, pp. 5 ss.

[293] Sublinhando o Prof. Houston Merrit que se podia dizer que um doente em coma pode ter um "espírito ou vontade indomável", cfr. JOSÉ PAULO RODRIGUES, *Salazar – Memórias Para Um Perfil*, p. 256.

[294] Para uma leitura integral deste primeiro relatório do Prof. Houston Merritt, cfr. *Notícias de Portugal*, Boletim Semanal do Secretariado Nacional da Informação, Ano XXII, n.º 1116, de 21 de Setembro de 1968, pp. 8 ss.; EDUARDO COELHO/ANTÓNIO MACIEIRA COELHO, *Salazar...*, pp. 28-29.

[295] Cfr. *Notícias de Portugal*, Boletim Semanal do Secretariado Nacional da Informação, Ano XXII, n.º 1116, de 21 de Setembro de 1968, p. 10; AMÉRICO THOMAZ, *Últimas Décadas de Portugal*, III, p. 296.

cia, nunca a recuperação poderia conduzir o doente à sua situação anterior.

Em 19 de Setembro, o Prof. Houston Merritt volta a examinar Salazar: "o prognóstico continua grave, mas mantêm-se probabilidades de melhoria"[296]. E o especialista regressa, nesse mesmo dia, aos Estados Unidos.

2.7.3. Concentra-se no exterior da Casa de Saúde da Cruz Vermelha, entretanto, a maior legião de jornalistas que há memória em Portugal[297] e organizam-se mesmo excursões de todo o país para fazer romaria ao local[298]. Os principais dirigentes internacionais enviam mensagens e votos de restabelecimento, registando-se o interesse da imprensa estrangeira pelo estado de saúde de Salazar[299].

Em 21 de Setembro, o estado do doente ainda se agrava mais: parece inevitável a sua morte a curto prazo[300].

No entanto, em 22 de Setembro, o doente manifestou, pela primeira vez, reacções sensoriais[301]. E, nesse mesmo dia, começa a constar que os médicos iriam ser chamados ao Palácio de Belém[302] para, no âmbito do processo de sucessão do Doutor Salazar e visando ultrapassar "quaisquer escrúpulos" que o Presidente da

---

[296] Cfr. FRANCO NOGUEIRA, *Salazar*, VI, p. 413.

[297] Neste sentido, cfr. *Diário de Lisboa*, de 27 de Julho de 1970, p. 13; *Notícias de Portugal*, Boletim Semanal do Secretariado Nacional da Informação, Ano XXII, n.º 1116, de 21 de Setembro de 1968, p. 7.

[298] Cfr. *O Século Ilustrado*, n.º 1700, de 1 de Agosto de 1970, p. 22.

[299] Cfr. *Notícias de Portugal*, Boletim Semanal do Secretariado Nacional da Informação, Ano XXII, n.º 1116, de 21 de Setembro de 1968, pp. 7 ss.

[300] Neste sentido, cfr. *Diário de Lisboa*, de 27 de Julho de 1970, p. 13.

[301] Cfr. *O Século Ilustrado*, n.º 1700, de 1 de Agosto de 1970, p. 22.

[302] Cfr. EDUARDO COELHO/ANTÓNIO MACIEIRA COELHO, *Salazar...*, p. 29.

República ainda tivesse na sua substituição na Presidência do Conselho[303], opinarem sobre a previsível evolução da doença.

Em 25 de Setembro, os médicos Eduardo Coelho, Almeida Lima, Vasconcelos Marques e Miranda Rodrigues são recebidos pelo Almirante Américo Thomaz. Há um clima de "mal-estar e desconfiança entre os médicos"[304]: o Prof. Eduardo Coelho não concorda que tudo se resuma à alternativa que Salazar não sobrevive ou fica com demência senil[305], adiantando, todavia, que "seja qual for o rumo que esta grave doença seguir, o Doutor Salazar não poderá jamais ocupar o lugar de Presidente do Conselho"[306].

Era o que para Américo Thomaz bastava ouvir: logo no dia seguinte, em 26 de Setembro, anuncia, ao início da noite, a exoneração do Doutor Oliveira Salazar do cargo de Presidente do Conselho de Ministros[307], nomeando o Professor Marcello Caetano como novo Chefe do Governo (v. *infra*, n.º 5.4.5.).

Num ápice, resolvida pelo Presidente da República a luta pelo poder, a Casa de Saúde da Cruz Vermelha fica deserta de políticos[308] e até os jornalistas se deslocam agora para o local da residência do novo Chefe do Governo[309]: é a lei da miséria do poder – se se tem poder ou a simples susceptibilidade de o vir a ter, há sempre um séquito de seguidores; se não se tem poder, nem a perspectiva de o vir a adquirir, só restam os genuínos amigos.

---

[303] Cfr. AMÉRICO THOMAZ, *Últimas Décadas de Portugal*, III, p. 298.

[304] Cfr. EDUARDO COELHO/ANTÓNIO MACIEIRA COELHO, *Salazar...*, pp. 30-31.

[305] Essa alternativa é adiantada pelo Dr. Vasconcelos Marques, cfr. FRANCO NOGUEIRA, *Salazar*, VI, p. 415.

[306] Cfr. EDUARDO COELHO/ANTÓNIO MACIEIRA COELHO, *Salazar...*, p. 31.

[307] Marcello Caetano esteve nesse dia, cerca das 19 horas, na Casa de Saúde da Cruz Vermelha, cfr. *O Século Ilustrado*, n.º 1700, de 1 de Agosto de 1970, p. 25.

[308] Neste último sentido, cfr. FRANCO NOGUEIRA, *Salazar*, VI, p. 420.

[309] Cfr. *O Século Ilustrado*, n.º 1700, de 1 de Agosto de 1970, p. 23.

Definido o Prof. Marcelo Caetano como novo homem forte do governo, Salazar passa agora apenas a contar com as visitas dos amigos e ainda com o povo anónimo que, apesar de tudo, não deixa de comparecer na Casa de Saúde[310].

Salazar era então, nas palavras do General Mário Silva, "verdadeiramente, uma vela que se estava a apagar"[311]: em 28 de Setembro, a imprensa noticiava que se receava, a qualquer momento, o desenlace fatal[312] e as edições com a notícia da morte já estarem preparadas[313].

2.7.4. Em 30 de Setembro, durante a sua primeira visita à Casa de Saúde da Cruz Vermelha na qualidade de Presidente do Conselho de Ministros, o Prof. Marcello Caetano terá afirmado: "não sacrifiquem os serviços hospitalares a que pertencem os médicos auxiliares que aqui fazem os turnos, na vigilância de complicações súbitas, quando o doente vai morrer, em prejuízo dos doentes de urgência que podem aparecer nos serviços hospitalares e que é preciso salvar"[314].

A sobrevivência de Salazar deixava intranquilos e nervosos os novos governantes: era "um ponto incómodo na euforia reinante"[315], um estorvo na nova ordem política. A simples presença física de Salazar, apesar de estar em estado de coma, sendo um verdadeiro fantasma vivo, representava um perigo iminente que poderia, a qualquer instante, recuperar e reassumir o poder,

---

[310] Neste último sentido, cfr. FRANCO NOGUEIRA, *Salazar*, VI, p. 420.

[311] Cfr. *O Século Ilustrado*, n.º 1700, de 1 de Agosto de 1970, p. 23.

[312] Cfr. *O Século Ilustrado*, n.º 1700, de 1 de Agosto de 1970, p. 23.

[313] Cfr. ANA MARGARIDA DE CARVALHO, *Queda sem tiro*, in *Visão História*, n.º 2, Julho de 2008, p. 46.

[314] Cfr. EDUARDO COELHO/ANTÓNIO MACIEIRA COELHO, *Salazar...*, p. 32.

[315] Cfr. JAIME NOGUEIRA PINTO, *O Fim do Estado Novo e as Origens do 25 de Abril*, 2ª ed., Lisboa, Difel, 1995, p. 176.

74 | AGONIA E MORTE DE SALAZAR

conferindo aos novos governantes uma desconfortável e permanente sensação de provisoriedade e transitoriedade.

2.8. Salazar teima em resistir: Novembro e Dezembro

2.8.1. Não obstante, em finais de Setembro, já se encontrar totalmente estabelecido o programa das cerimónias fúnebres de Salazar[316] – incluindo a constituição de uma "comissão do enterro"[317] –, de ter sido contactada a Agência Magno para se encarregar do funeral e dos respectivos panejamentos fúnebres da Assembleia Nacional e dos Jerónimos[318], chegando mesmo Moreira Baptista

---

[316] O "Esquema e procedimento a adoptar após a morte do Prof. Doutor Oliveira Salazar" encontra-se descrito em diversas cópias, de múltiplas folhas, existentes no Arquivo da Torre do Tombo (cfr. AOS/PRF – 1), tendo sido elaborado em 1968, pois assentava no pressuposto que Salazar morria na Casa de Saúde da Cruz Vermelha, dele resultando as seguintes principais sequências: o corpo de Salazar (vestido com o fato com que dera entrada na Casa de Saúde) sairia numa maca da Cruz Vermelha com destino ao Palácio de S. Bento, onde, na sala de espera da Assembleia Nacional, seria mudado para a urna, ficando em exposição no Salão Nobre; após as 24 horas do falecimento, o Salão Nobre seria evacuado e o corpo conduzido à sala de espera contígua, onde o Prof. Arsénio Nunes procederia à respectiva preparação médica, sendo depois o corpo revestido com as vestes universitárias e as insígnias doutorais; seguir-se-ia um cortejo e cerimónia no átrio da Assembleia Nacional, desfile do público e cortejo para o Mosteiro dos Jerónimos; após as cerimónias nos Jerónimos, um comboio especial levaria os restos mortais de Salazar para o Vimieiro.

[317] Essa "comissão do enterro" seria presidida por Canto Moniz, integrando ainda Henrique Tenreiro, Moreira Baptista e Caetano de Carvalho. Neste sentido, cfr. EDUARDO FREITAS DA COSTA, *Acuso Marcelo Caetano*, p. 66.

[318] Esses "preparativos para a anterior cerimónia", datados de 1968, referentes ao funeral preparado para Salazar, ascenderam a mais de 63.000$00 (cerca de trezentos e quinze euros) e foram debitados através de factura da Agência Magno, dirigida à Secretaria-Geral da Presidência do Conselho, em 15 de Outubro de 1970, cfr. documentação existente no Arquivo da Torre do Tombo, in AOS/PRF – 1 "Correspondência relacional com os funerais" 1970-1971.

a chamar um escultor para tomar o molde da máscara mortuária de Salazar – tendo sido o Prof. Bissaia Barreto que impediu esta última precipitação –[319], estando também já escrita a própria oração fúnebre[320], a verdade é que o doente, apesar de continuar em coma, ultrapassa o mês de Setembro.

No dia 1 de Outubro, Salazar sofre nova crise[321]: o seu estado agrava-se e tudo parece conduzir, uma vez mais, ao seu fim[322].

O doente, porém, resiste.

Nas sugestivas palavras do seu médico, Salazar "não queria morrer"[323], parecendo confirmar que "só morre quem quer" (v. *supra*, n.º 2.1.1).

2.8.2. Com data de 4 de Outubro, é publicado no jornal oficial um diploma agraciando o Doutor Oliveira Salazar com o grande colar de Ordem Nacional do Infante D. Henrique[324]: derroga-se, deste modo, o princípio da lei que reservava apenas a Chefes de Estado a concessão de uma tal distinção honorífica, conferindo-a o novo Governo a Salazar. Como salientará Franco Nogueira, ao escrever a biografia de Salazar, "na sua atribuição a um ex-chefe do governo está a honraria e a excepção"[325].

Também nesse momento, o Governo toma consciência de que Oliveira Salazar, tendo sido exonerado do cargo de Presidente do Conselho, se encontra privado do seu vencimento e sem quaisquer recursos financeiros que lhe permitam um mínimo de subsistên-

---

[319] Cfr. EDUARDO FREITAS DA COSTA, *Acuso Marcelo Caetano*, p. 66.

[320] Cfr. FERNANDO DACOSTA, *Máscaras de Salazar*, p. 315.

[321] Cfr. *Vida Mundial*, n.º 1625, de 31 de Julho de 1970, p. 62.

[322] Neste sentido, cfr. *Diário de Lisboa*, de 27 de Julho de 1970, p. 13,

[323] Cfr. EDUARDO COELHO/ANTÓNIO MACIEIRA COELHO, *Salazar...*, p. 72.

[324] Cfr. Decreto-Lei n.º 48 604, de 4 de Outubro de 1968, in *Diário do Governo*, I Série, n.º 235, p. 1531.

[325] Cfr. FRANCO NOGUEIRA, *Salazar*, VI, p. 419, nota n.º 2.

cia[326]: surge, neste contexto, o Decreto-Lei n.º 48 605, de 4 de Outubro[327], que, formulado em termos gerais, concede o direito a uma pensão vitalícia a todos aqueles que foram exonerados e durante dez anos seguidos, pelo menos, tenham exercido funções no Governo da Nação[328].

Paralelamente, o Estado assume a responsabilidade pelas despesas decorrentes do internamento hospitalar de Oliveira Salazar, respectivos honorários clínicos e todos os gastos inerentes[329].

2.8.3. No dia 8 de Outubro, de tarde, Salazar tem um colapso circulatório[330]: os médicos não têm dúvidas que é o fim, pois, afirma-se, "ninguém pode sobreviver em tais condições"[331].

De madrugada, porém, Salazar consegue vencer, uma vez mais, a morte. E, surpreendentemente, no dia 20 passa do estado de coma profundo para o estado de coma superficial[332]. O Prof. Bissaia Barreto afirma mesmo que Salazar, sentado na cama, o reconheceu[333] e o telejornal do dia 22 de Outubro fala, logo na sua abertura, em "melhoras espectaculares do Dr. Salazar", salientando que já fala, movimenta-se, vê e ouve[334].

---

[326] Cfr. FRANCO NOGUEIRA, *Salazar*, VI, p. 419.

[327] Cfr. *Diário do Governo*, I Série, n.º 235, pp. 1531-1532.

[328] Insurgindo-se contra estes diplomas, considerando-os fora da nossa tradição política e que os mesmos parecem ter sido redigidos mais "para alguns dos seus congeminantes do que para Salazar...", cfr. COSTA BROCHADO, *Memórias...*, p. 485.

[329] Cfr. FRANCO NOGUEIRA, *Salazar*, VI, pp. 419-420.

[330] Cfr. *Vida Mundial*, n.º 1625, de 31 de Julho de 1970, p. 62.

[331] Cfr. ODYLO COSTA, *Agonia e queda de Salazar*, in *Realidade*, Ano III, n.º 33, Dezembro de 1968, p. 153.

[332] Cfr. *Vida Mundial*, n.º 1625, de 31 de Julho de 1970, p. 62.

[333] Cfr. *O Século Ilustrado*, n.º 1700, de 1 de Agosto de 1970, p. 23.

[334] Cfr. FRANCISCO RUI CÁDIMA, *Salazar, Caetano e a Televisão Portuguesa*, p. 206.

No entanto, a 23 de Outubro, o Prof. Eduardo Coelho declarou que Salazar estava em coma, dela só saindo a 25 de Outubro[335]. E, nesse mesmo dia 25, o telejornal diz que "são espectaculares as melhoras do professor Salazar", sublinhando-se que readquiriu a consciência, vê, ouve, fala e já escreve legivelmente o seu nome[336].

Depois do coma, surgiram outras complicações graves: o doente mostrava desequilíbrio de ácido básico, alterações metabólicas e insuficiência renal[337].

Na tarde de 31 de Outubro dá-se um novo acidente: Salazar tem uma "crise taquicardia paroxística" e, no dia seguinte, a respiração volta a ser assistida permanentemente, dizendo os médicos que "a situação era extremamente grave"[338]. Intervêm Eduardo Coelho e Eduardo Macieira Coelho: o doente é salvo pelos cardiologistas[339].

Salazar tem "uma existência sub-humana, sustentada por fios, aparelhos e cuidados médicos"[340]. No entanto, contra tudo e contra quase todos os prognósticos e previsões, teima em resistir: "do ponto de vista clínico", diz o Dr. Vasconcelos Marques, "já deveria ter morrido mil vezes. Mas resiste: é só coração e força de vontade"[341].

---

[335] Cfr. *O Século Ilustrado*, n.º 1700, de 1 de Agosto de 1970, p. 23.

[336] Cfr. FRANCISCO RUI CÁDIMA, *Salazar, Caetano e a Televisão Portuguesa*, p. 206.

[337] Cfr. EDUARDO COELHO/ANTÓNIO MACIEIRA COELHO, *Salazar...*, p. 32.

[338] Cfr. *Vida Mundial*, n.º 1625, de 31 de Julho de 1970, p. 62.

[339] Cfr. EDUARDO COELHO/ANTÓNIO MACIEIRA COELHO, *Salazar...*, pp. 32 e 33.

[340] Cfr. FRANCO NOGUEIRA, *Salazar*, VI, p. 420.

[341] Neste sentido, transcrevendo as afirmações do médico, cfr. FRANCO NOGUEIRA, *Salazar*, VI, p. 421.

O Presidente da República refere-se à tristeza que lhe causara o Doutor Salazar, após a breve troca de palavras na sequência da sua visita à Casa de Saúde, em 27 de Novembro[342].

O boletim clínico de 29 de Novembro dá conta das melhoras que o doente experimentou durante essa semana[343]: deixou de ter respiração assistida, foi-lhe retirada a sonda gástrica, passando a alimentação a fazer-se normalmente, tem ficado sentado numa poltrona e responde a perguntas simples[344].

Em 6 de Dezembro, o Prof. Almeida Lima e o Dr. Miranda Rodrigues elaboram um boletim médico cujo parágrafo final é mandado cortar pelo Presidente da República e que tinha o seguinte teor: "o Presidente Salazar vai regressar à sua residência de S. Bento, onde será entregue aos cuidados do seu médico assistente"[345].

Só no dia 13 de Dezembro o boletim médico divulgado afirma que "o Presidente Salazar deverá regressar à sua residência de S. Bento no fim da próxima semana"[346].

2.8.4. Ainda em meados de Dezembro, Salazar recebe a visita de Jorge Jardim e conversam longamente, inquirindo sobre as relações entre Portugal e o Malawi.

O simples conhecimento de um tal facto gera agitação política, entre quem exulta com o possível regresso de Salazar à actividade

---

[342] Cfr. AMÉRICO THOMAZ, *Últimas Décadas de Portugal*, IV, p. 26.

[343] Tais melhoras começaram a verificar-se no dia 22 de Novembro, segundo informa o Presidente da República nas suas memórias, cfr. AMÉRICO THOMAZ, *Últimas Décadas de Portugal*, IV, p. 26.

[344] Cfr. EDUARDO COELHO/ANTÓNIO MACIEIRA COELHO, *Salazar...*, p. 34.

[345] Cfr. EDUARDO COELHO/ANTÓNIO MACIEIRA COELHO, *Salazar...*, pp. 34-35 e 127.

[346] Cfr. EDUARDO COELHO/ANTÓNIO MACIEIRA COELHO, *Salazar...*, p. 35.

§2.° ANO DE 1968: O INÍCIO DA AGONIA | 79

política e, por outro lado, os que "tremem de pavor" de só pensar nessa hipótese[347].

Fala-se mesmo, neste último sector, em verdadeiro "pânico nas hostes marcelistas"[348].

2.8.5. Entretanto, agudizam-se ainda mais as divergências insanáveis entre o Prof. Eduardo Coelho e o Dr. Vasconcelos Marques, envolvendo também o Presidente da República[349], acusado pelo primeiro médico de cumplicidade com este último[350]: a 20 de Dezembro, o Dr. Vasconcelos Marques e a sua equipa abandonam a assistência a Salazar[351], sendo o Prof. Eduardo Coelho disto informado, cerca das 23 horas da noite, pela inspectora da Casa de Saúde da Cruz Vermelha[352], tomando, de imediato, medidas tendentes a organizar uma equipa de médicos de emergência[353].

---

[347] Neste sentido, cfr. FRANCO NOGUEIRA, *Salazar*, VI, p. 422.

[348] Cfr. EDUARDO FREITAS DA COSTA, *Acuso Marcelo Caetano*, p. 66.

[349] Para um relato de um "incidente, muito desagradável" entre o Prof. Eduardo Coelho e o Dr. Vasconcelos Marques, presenciado pelo próprio Presidente da República, sublinhando este que "a razão esteve, totalmente, do lado do dr. António Marques", cfr. AMÉRICO THOMAZ, *Últimas Décadas de Portugal*, IV, pp. 26-27.

[350] Para um desenvolvimento de tais factos, cfr. EDUARDO COELHO/ANTÓNIO MACIEIRA COELHO, *Salazar...*, pp. 35 ss. e 127 e 128. O Prof. Eduardo Coelho refere-se mesmo a Américo Thomaz considerando-o um homem "medíocre e mau" (*ibidem*, p. 40).

Ainda sobre o assunto, segundo uma diferente óptica, salientando que Eduardo Coelho dava a impressão aos que o rodeavam "de despeito ou ciúmes científicos", cfr. FRANCO NOGUEIRA, *Salazar*, VI, p. 423.

[351] Considerando que este abandono foi feito "como evidente inconveniência para o doente", cfr. AMÉRICO THOMAZ, *Últimas Décadas de Portugal*, IV, p. 26.

[352] Cfr. EDUARDO COELHO/ANTÓNIO MACIEIRA COELHO, *Salazar...*, pp. 37 e 128.

[353] Cfr. JOSÉ PAULO RODRIGUES, *Salazar – Memórias Para Um Perfil*, p. 258.

A referida ruptura no seio da equipa médica viria, todavia, a adiar o regresso do doente à sua residência[354] ou, segundo outra versão, esse adiar deveu-se a razões decorrentes das baixas temperaturas invernais[355].

Por outro lado, apesar de o Prof. Eduardo Coelho escrever, em 27 de Dezembro, que Salazar "vai recuperando razoavelmente" e que "as melhoras são lentas mas fixam-se"[356], o certo é que o doente estava "extremamente inferiorizado, perdeu, por exemplo, os movimentos dos membros esquerdos e metade da visão nos dois olhos"[357]. E, na madrugada de 30 para 31 de Dezembro, tem uma crise violenta de fibrilhação auricular, chegando a atingir 244 pulsações por minuto, tendo levado quatro horas a normalizar[358].

Nesse mesmo mês de Dezembro, um repórter brasileiro em Lisboa afirmava, referindo-se a Salazar, "já não tem mais vida, apenas uma chama. Vive artificialmente – para a piedade dos íntimos"[359].

Não obstante tudo, a verdade é que Salazar consegue dobrar o ano de 1968.

---

[354] Neste sentido, cfr. AMÉRICO THOMAZ, *Últimas Décadas de Portugal*, IV, p. 27; FRANCO NOGUEIRA, *Salazar*, VI, p. 423.

[355] Cfr. EDUARDO COELHO/ANTÓNIO MACIEIRA COELHO, *Salazar...*, pp. 39 e 41.

[356] Cfr. EDUARDO COELHO/ANTÓNIO MACIEIRA COELHO, *Salazar...*, p. 39.

[357] Cfr. VASCONCELOS MARQUES, *Só eu fui responsável pela operação de Salazar*, in *O Jornal*, de 9 de Setembro de 1988, p. 26.

[358] Cfr. EDUARDO COELHO/ANTÓNIO MACIEIRA COELHO, *Salazar...*, p. 33.

[359] Cfr. ODYLO COSTA, *Agonia e queda de Salazar*, in *Realidade*, Ano III, n.º 33, Dezembro de 1968, p. 153.

§3.º

ANO DE 1969: O SEQUESTRO

3.1. O regresso a S. Bento: uma nova rotina

3.1.1. Nesse início de 1969, Salazar vive num estado de semi-lucidez e tem "uma vida precária e quase artificial", totalmente dependente dos cuidados de médicos e enfermeiros[360].

O Presidente da República, depois de, em 1 de Janeiro, visitar o doente[361], resolve, no dia 6, agraciar com a Ordem de Cristo o Dr. Vasconcelos Marques e com a comenda da mesma ordem a Drª. Cristina da Câmara de Castro[362], salientando, em breves palavras de circunstância, "pode, agora, dizer-se que o doente cinco vezes pareceu querer-nos deixar mas, cinco vezes, os cuidados de Vossas Excelências e da vossa equipa venceram a morte"[363]. Só a 10 de Junho, todavia, o verdadeiro operador de Salazar, o Dr. Álvaro de Athayde, seria condecorado[364].

No dia 11 de Janeiro, o Almirante Américo Thomaz visita Salazar, conversa com ele durante vários minutos e acha-o "muito caído e com a voz bastante fraca"[365].

---

[360] Cfr. FRANCO NOGUEIRA, *Salazar*, VI, p. 423.

[361] Cfr. AMÉRICO THOMAZ, *Últimas Décadas de Portugal*, IV, p. 29.

[362] Cfr. AMÉRICO THOMAZ, *Últimas Décadas de Portugal*, IV, p. 30.

[363] Cfr. *Vida Mundial*, n.º 1625, de 31 de Julho de 1970, p. 63.

[364] Cfr. EDUARDO COELHO/ANTÓNIO MACIEIRA COELHO, *Salazar...*, pp. 73, nota n.º 1, e 179.

[365] Cfr. AMÉRICO THOMAZ, *Últimas Décadas de Portugal*, IV, p. 31.

Perante um boletim médico que, visando informar a opinião pública da convalescença do doente, foi proibido pela Secretaria de Estado da Informação, o Prof. Eduardo Coelho interrogava-se, em 15 de Janeiro, perante o Ministro do Interior, Dr. António Gonçalves Rapazote, que visitava Salazar: "o governo não quer que se saiba que o Dr. Salazar tenha recuperado extraordinariamente, tanto da motricidade dos seus membros, como do seu cérebro e da sua mente?"[366].

Numa ironia do destino, Salazar era agora vítima da censura que havia ajudado a instituir: as novas autoridades não tinham interesse na divulgação de notícias que sublinhassem as melhoras ou a recuperação progressiva do "velho"[367], alimentando-se, por esta via, o mito do regresso. Na falta de notícias desesperadas sobre o estado de saúde de Salazar e ante um doente que teimava em superar todas as crises, só informações que revelassem a incapacidade de Salazar agora interessava divulgar: a censura filtrava as notícias que, envolvendo qualquer ideia de recuperação do doente, pudessem ser prejudiciais para o novo governo.

3.1.2. No final desse mês de Janeiro, Salazar sente-se curioso, inquieto e perplexo: quer saber efectivamente o que teve no cérebro[368], quer sair do hospital e ir para casa[369] e, afirmando não ter casa para onde ir[370], nem se encontrar a de Santa Comba em con-

---

[366] Cfr. EDUARDO COELHO/ANTÓNIO MACIEIRA COELHO, *Salazar...*, p. 41.

[367] "Velho" era o modo como alguns dos seus antigos ministros, agora integrados no governo do Prof. Marcello Caetano, se referiam ao ex-Presidente do Conselho.

[368] Cfr. EDUARDO COELHO/ANTÓNIO MACIEIRA COELHO, *Salazar...*, pp. 41-42.

[369] Cfr. EDUARDO COELHO/ANTÓNIO MACIEIRA COELHO, *Salazar...*, p. 42.

[370] Cfr. FRANCO NOGUEIRA, *Salazar*, VI, p. 424.

dições de ali viver[371], quer ir para uma casa nova que não seja provisória[372]. Tranquilizam-no todos: regressa à residência de S. Bento[373].

Parece, no entanto, que se deve à intervenção da governanta de Salazar a resolução do problema de saber para onde seria Salazar levado depois de sair da Casa de Saúde, pois a única casa que tinha em condições de o receber era a residência oficial[374]: o Presidente da República e o Presidente do Conselho são forçados a concordar – Salazar regressará à residência oficial.

E, nos primeiros dias de Fevereiro, além da visita do Presidente da República acompanhado da Drª. Cristina da Câmara Castro[375], Salazar recebe também Christine Garnier que, desde meados de Agosto, não o visitava: é a primeira vez após a doença que vê o doente e, apesar de ter apanhado um forte choque ao ver Salazar, saindo muito abalada do quarto[376], "achou normal a conversa"[377].

3.1.3. Em 5 de Fevereiro, aproveitando as condições meteorológicas favoráveis[378], o doente regressa à sua residência, nos jardins do Palácio de S. Bento, transportado numa ambulância da PSP[379]: nos dizeres da imprensa[380], estava ainda paralisado e incapaz de conversar claramente.

---

[371] Cfr. EDUARDO COELHO/ANTÓNIO MACIEIRA COELHO, *Salazar...*, p. 42.

[372] Cfr. EDUARDO COELHO/ANTÓNIO MACIEIRA COELHO, *Salazar...*, p. 42.

[373] Cfr. FRANCO NOGUEIRA, *Salazar*, VI, p. 424.

[374] Neste sentido, cfr. FERNANDO DACOSTA, *O dia em que Salazar morreu*, in *Visão*, n.º 385, de 27 de Julho a 2 de Agosto de 2000, pp. 55-56.

[375] Cfr. AMÉRICO THOMAZ, *Últimas Décadas de Portugal*, IV, p. 33.

[376] Cfr. MARIA DA CONCEIÇÃO DE MELO RITA/JOAQUIM VIEIRA, *Os Meus 35 Anos com Salazar*, p. 187.

[377] Cfr. FRANCO NOGUEIRA, *Salazar*, VI, p. 424.

[378] Cfr. EDUARDO COELHO/ANTÓNIO MACIEIRA COELHO, *Salazar...*, p. 42.

[379] Cfr. *Vida Mundial*, n.º 1625, de 31 de Julho de 1970, p. 63.

[380] Neste sentido, cfr. *Flama – Número extra*, 27 de Julho de 1970, p. 35.

84 | AGONIA E MORTE DE SALAZAR

Apesar de o Prof. Eduardo Coelho relatar que, nesse dia, "Salazar estava com uma disposição magnífica"[381], Franco Nogueira confirma os traços essenciais do doente no seu regresso a casa: estava "muito diminuído fisicamente, semilúcido, mesmo lúcido com intervalos, mergulhado em torpor durante longas horas"[382]. É um Salazar paralisado, diminuído e incapaz que regressa a S. Bento[383].

Na residência, o doente é aguardado por Gonçalves Rapazote e Silva Pais[384], pergunta pelo livro encarnado[385] e anda de cadeira de rodas pelo primeiro andar da casa, parecendo desconhecer a sua residência[386].

3.1.4. Readapta-se Salazar, sem grande demora, todavia, à sua residência e inicia-se uma nova rotina:

(i) Pela manhã, recebe a visita do médico e os inerentes cuidados de enfermagem, fazendo também exercícios de fisioterapia; se o tempo permite, pode ainda dar passeios de automóvel pelos arredores de Lisboa[387] ou, sempre auxiliado, anda (a custo) pelos jardins da residência[388];

---

[381] Cfr. EDUARDO COELHO/ANTÓNIO MACIEIRA COELHO, *Salazar...*, p. 42.

[382] Cfr. FRANCO NOGUEIRA, *Salazar*, VI, p. 424.

[383] Neste sentido, cfr. *Flama – Número extra*, 27 de Julho de 1970, p. 35.

[384] Cfr. FRANCO NOGUEIRA, *Salazar*, VI, p. 424.

[385] Essa pergunta, aparentemente sem sentido para a maioria daqueles que a ouviram, referia-se, todavia, à cor da capa do seu Diário que, desde o início dos anos 30, anotava, cuidadosamente, os seus afazeres ao longo do dia. Neste sentido, cfr. JOSÉ PAULO RODRIGUES, *Salazar – Memórias Para Um Perfil*, p. 261.

[386] Cfr. EDUARDO COELHO/ANTÓNIO MACIEIRA COELHO, *Salazar...*, p. 42.

[387] A primeira saída de Salazar depois do regresso a S. Bento foi ao Monsanto, em 15 de Maio de 1969, cfr. EDUARDO COELHO/ANTÓNIO MACIEIRA COELHO, *Salazar...*, p. 65.

[388] Cfr. FRANCO NOGUEIRA, *Salazar*, VI, p. 424.

O primeiro passeio no parque da residência de S. Bento ocorreu apenas em

(ii) De tarde, repousa numa poltrona articulada, pode ouvir a leitura de jornais – seleccionados, previamente, de modo a evitar o contacto com a nova realidade política nacional –[389], de textos clássicos e de literatura[390] ou ainda de música clássica através de um gira-discos[391] e, entre as 18h 30m e as 20 horas, recebe duas a três visitas[392]: passam a visitá-lo amigos, antigos colaboradores, ministros, embaixadores e o próprio Presidente da República – ninguém o informa, porém, que já não é Presidente do Conselho (v. *infra*, n.º 6.1.).

3.1.5. Dizia-se, a título de intriga, que o Prof. Eduardo Coelho sequestrava Salazar[393]; entende o médico assistente, porém, que é Salazar que se encontra sequestrado pelos políticos[394]: "as atitudes extramédicas consistiam em manter o doente isolado do mundo exterior"[395].

A reforçar esse último entendimento, a partir de 29 de Novembro, a Presidência da República ordena à polícia da residência de Salazar que só pode entrar na residência quem tenha autorização presidencial[396].

---

25 de Abril de 1969, cfr. EDUARDO COELHO/ANTÓNIO MACIEIRA COELHO, *Salazar...*, p. 59.

[389] Cfr. FRANCO NOGUEIRA, *Salazar*, VI, pp. 424 e 425.

[390] Neste contexto se insere a intervenção da Drª. Maria Teresa Múrias Soares Ribeiro, tarapeuta da fala do Centro de Reabilitação de Alcoitão, cfr. EDUARDO COELHO/ANTÓNIO MACIEIRA COELHO, *Salazar...*, p. 64.

[391] Cfr. MARIA DA CONCEIÇÃO DE MELO RITA/JOAQUIM VIEIRA, *Os Meus 35 Anos com Salazar*, p. 188.

[392] Cfr. EDUARDO COELHO/ANTÓNIO MACIEIRA COELHO, *Salazar...*, p. 47.

[393] Cfr. EDUARDO COELHO/ANTÓNIO MACIEIRA COELHO, *Salazar...*, p. 47.

[394] Cfr. EDUARDO COELHO/ANTÓNIO MACIEIRA COELHO, *Salazar...*, p. 76.

[395] Cfr. EDUARDO COELHO/ANTÓNIO MACIEIRA COELHO, *Salazar...*, p. 83.

[396] Cfr. EDUARDO COELHO/ANTÓNIO MACIEIRA COELHO, *Salazar...*, p. 75.

86 | AGONIA E MORTE DE SALAZAR

Há mesmo movimentações junto do Presidente da República visando substituir o Prof. Eduardo Coelho como médico assistente de Salazar[397], procurando o governo também convencer a família do doente dessa substituição[398]. Eduardo Coelho permanece como médico de Salazar, sabendo, todavia, que tem o telefone vigiado e os seus boletins médicos estão impedidos de serem publicados nos jornais[399].

A governanta, porém, cuida de Salazar, vela-lhe o sono, vigia quem dele se aproxima e cria ao seu redor um mundo próprio (v. *infra*, n.º 6.2.)[400].

3.2. Os três diferentes retratos de Salazar: o médico, o oficial e o real

A leitura das diversas fontes sobre a evolução do estado de saúde de Oliveira Salazar, após o seu regresso da Casa de Saúde da Cruz Vermelha para a residência oficial de S. Bento, permite recortar três diferentes retratos:

(a) Existe, por um lado, um retrato médico, transmitido pelos apontamentos do Prof. Eduardo Coelho, sublinhando um acentuado optimismo da evolução clínica do doente;

---

[397] O próprio Almirante Américo Thomaz confirma, por duas vezes, essas diligências, solicitando a sua intervenção para o Prof. Eduardo Coelho ser afastado e regressar a equipa do Dr. Vasconcelos Marques, solução que o Presidente da República reputa ser a mais certa, apesar de entender que não deve intervir nessa matéria, cfr. AMÉRICO THOMAZ, *Últimas Décadas de Portugal*, IV, pp. 27 e 30.

[398] Neste sentido, cfr. EDUARDO COELHO/ANTÓNIO MACIEIRA COELHO, *Salazar...*, pp. 49-50. Igualmente sobre o assunto, confirmando essa tentativa junto do Presidente da República, cfr. FRANCO NOGUEIRA, *Salazar*, VI, pp. 426-427.

[399] Cfr. EDUARDO COELHO/ANTÓNIO MACIEIRA COELHO, *Salazar...*, p. 73.

[400] Cfr. FERNANDO DACOSTA, *O dia em que Salazar morreu*, in *Visão*, n.º 385, de 27 de Julho a 2 de Agosto de 2000, p. 56.

(b) Observa-se, por outro lado, um retrato oficial, nos termos do qual o novo Governo pretende transmitir que Salazar se encontra definitiva e irremediavelmente incapacitado e, por isso, inexiste qualquer possibilidade de retomar o poder;

(c) Há, por último, um retrato real sobre a situação efectiva do estado de saúde de Salazar, algo escondido pelos amigos, segundo uma explicação radicada em razões de pura misericórdia ou na ilusória esperança de um retorno ao poder.

Analisemos, separadamente, cada um destes retratos de Salazar, procurando deles extrair uma ideia de conjunto sobre a verdadeira caracterização do estado de saúde (física e psíquica) do paciente.

3.3. Idem: (a) o retrato médico de Salazar

3.3.1. Os apontamentos do Prof. Eduardo Coelho revelam, segundo impressões emergentes da análise do próprio ou colhidas junto de visitantes do doente, uma progressiva evolução do estado de saúde de Salazar, desde que saiu da Casa de Saúde da Cruz Vermelha e durante todo o ano de 1969, sendo caracterizados por um marcado optimismo.

Sublinha-se a significativa diferença para melhor do doente[401], falando-se mesmo em "grandes progressos na recuperação, em diferentes sectores"[402]: os membros (superior e inferior) esquerdos

---

[401] Neste sentido é a impressão deixada pelo Cardeal-Patriarca de Lisboa quando, em 8 de Fevereiro, visita Salazar, cfr. EDUARDO COELHO/ANTÓNIO MACIEIRA COELHO, *Salazar...*, p. 43.

[402] Esse foi o sentido de uma nota divulgada à imprensa pelo Prof. Eduardo Coelho, em 4 de Abril, relativa ao estado de saúde de Salazar, cuja publicação não foi, porém, autorizada, cfr. EDUARDO COELHO/ANTÓNIO MACIEIRA COELHO, *Salazar...*, pp. 47 e 48.

retomam as suas funções e, auxiliado por duas varas metálicas, Salazar marcha "ligeiramente amparado", lê e escreve correctamente, "conversa animadamente", utilizando termos apropriados[403], humor e ironia, "o raciocínio, a lógica e o espírito crítico que põe na discussão de certos temas marcam o estado de maturidade da sua inteligência e o nível que atingiu a sua recuperação mental" e, por último, sublinha-se que o doente começa a retomar os seus hábitos de se sentar à mesa e repousar na poltrona[404].

Os progressos na recuperação de Salazar são tantos, segundo o Prof. Eduardo Coelho, que nem o Prof. Houston Merritt, visitando o doente, em 11 de Abril, o reconhece[405]: Salazar responde a diversas perguntas sobre a actualidade internacional e usa de ironia e humor, referindo-se aos Estados Unidos, quando o Prof. Merritt lhe manda fazer um movimento como se fosse dar um pontapé.

No relatório da visita que o Prof. Merritt fez e entregou ao Presidente da República, diz-se que não é possível a marcha sem auxílio, sendo a memória qualificada de boa quanto aos factos anteriores ao traumatismo craniano, inexistente quanto aos factos ocorridos durante o período mais grave da doença e deficiente quanto aos factos recentes. Conclui o Relatório, dizendo que Salazar pode melhorar nos próximos meses, "mas a sua idade é um factor que impede um completo regresso à normalidade"[406].

---

[403] Confirmando também isto, salientando que Salazar falava "sem lhe faltar as palavras mais adequadas a empregar", cfr. AMÉRICO THOMAZ, *Últimas Décadas de Portugal*, IV, p. 59.

[404] Cfr. EDUARDO COELHO/ANTÓNIO MACIEIRA COELHO, *Salazar...*, pp. 47-48.

[405] Cfr. EDUARDO COELHO/ANTÓNIO MACIEIRA COELHO, *Salazar...*, pp. 52-53.

[406] O Relatório da visita do Prof. Merritt, tendo sido publicado na imprensa de 12 de Abril, vem reproduzido, no entanto, em AMÉRICO THOMAZ, *Últimas Décadas de Portugal*, IV, p. 39; FRANCO NOGUEIRA, *Salazar*, VI, p. 429; EDUARDO COELHO/ANTÓNIO MACIEIRA COELHO, *Salazar...*, pp. 55-56.

O Prof. Eduardo Coelho discorda[407]: a memória até ao momento do coma é perfeita[408]; a memória recente, sendo normalmente deficiente num doente que sofre uma circulação cerebral diminuída, é em Salazar "pronta e ultimamente começa a ser surpreendente"[409] e raramente se repete.

No mês Junho, o médico fala em "franca recuperação da memória" de Salazar[410] e, em Outubro, salienta a notável lógica com que, dia a dia, o seu pensamento interpreta os fenómenos[411].

3.3.2. Salazar discorre com quase normalidade sobre diversos assuntos internacionais[412] e preocupa-se também com os honorários dos médicos que o assistem[413]. Nota-se, todavia, que as conversas revelam uma especial predilecção por assuntos do passado[414],

---

[407] Cfr. EDUARDO COELHO/ANTÓNIO MACIEIRA COELHO, *Salazar...*, p. 56.

[408] O Presidente da República confirma isso mesmo, dizendo que "a memória para o que tinha ocorrido antes de 16 de Setembro de 1968 era, não apenas boa, mas até excepcional", cfr. AMÉRICO THOMAZ, *Últimas Décadas de Portugal*, IV, p. 59.

[409] Em sentido contrário, considerando que quanto à memória posterior a 16 de Setembro de 1969, Salazar "nada ou quase nada retinha" ou, em igual direcção, que "nada a sua memória conservava com alguma demora", cfr. AMÉRICO THOMAZ, *Últimas Décadas de Portugal*, IV, p. 59.

[410] Cfr. EDUARDO COELHO/ANTÓNIO MACIEIRA COELHO, *Salazar...*, p. 68.

[411] Cfr. EDUARDO COELHO/ANTÓNIO MACIEIRA COELHO, *Salazar...*, p. 73.

[412] Neste âmbito, a título de exemplo, (i) os problemas actuais da Igreja, discute-os, em 8 de Fevereiro, com o Cardeal-Patriarca (cfr. EDUARDO COELHO/ANTÓNIO MACIEIRA COELHO, *Salazar...*, p. 43), (ii) o papel de De Gaulle (desde Março até Maio de 1969, especialmente atendendo ao facto de aquele ter renunciado à presidência da República, cfr. *ibidem*, pp. 44, 59 e 62), (iii) o valor estratégico de Gibraltar e a sua comparação com a situação de Olivença face à Espanha (em referência de 17 de Março, cfr. *ibidem*, p. 45), (iv) o caos gerado pela autonomia conferida à Guiné Espanhola (diálogo de 19 de Março, cfr. *ibidem*, p. 45).

[413] Conversa, nesse sentido, com a governanta, em 11 de Junho, cfr. EDUARDO COELHO/ANTÓNIO MACIEIRA COELHO, *Salazar...*, pp. 70-71.

[414] Assim, a título ilustrativo, (i) recorda o caso Béjart, em conversa com Azeredo Perdigão, datada de 13 de Fevereiro (cfr. EDUARDO COELHO/ANTÓNIO

continuando preocupado com a gestão dos assuntos públicos[415], especialmente com a situação ultramarina[416]. Chega mesmo a manifestar a vontade de participar em cerimónias públicas[417].

No entanto, apesar de reconhecer que precisa de recomeçar a trabalhar, Salazar está consciente que lhe falta vontade[418].

Apesar de tudo, participa nas eleições, em 26 de Outubro, exercendo o seu direito de voto[419]: com a concordância de todos

---

MACIEIRA COELHO, *Salazar...*, p. 43), (ii) discorre sobre o integralismo lusitano, em 11 de Março (cfr. *ibidem*, p. 44), (iii) sublinha, em 28 de Março, o papel de Theotónio Pereira durante a guerra civil espanhola e as relações com Franco (cfr. *ibidem*, p. 46), (iv) louva, em 10 de Maio, a obra de assistência desenvolvida pelo Prof. Bissaia Barreto no distrito de Coimbra (cfr. *ibidem*, p. 64) e (v) deixa bem sublinhado, em 11 de Maio, o sacrifício pessoal que representou assumir a pasta das Finanças e depois a chefia do governo (cfr. *ibidem*, p. 64).

[415] Neste sentido, (i) tece considerações sobre o perfil dos titulares do ministério da saúde, excluindo que, para evitar possíveis conflitos com outros médicos, deva ser um médico (cfr. EDUARDO COELHO/ANTÓNIO MACIEIRA COELHO, *Salazar...*, p. 63), (ii) manda chamar os ministros pedindo-lhes informações (cfr. *ibidem*, p.71) e (iii) queixa-se mesmo da obrigação, enquanto "dever do cargo", de receber certas pessoas (cfr. *ibidem*, p. 74).

[416] Mostra-se Salazar especialmente interessado e preocupado com a situação ultramarina: (i) tem presente, em 21 de Março, a necessidade de se garantir a paz em Moçambique (cfr. EDUARDO COELHO/ANTÓNIO MACIEIRA COELHO, *Salazar...*, p. 45), (ii) salienta as diferenças entre Portugal e os Estados Unidos quanto à política africana (cfr. *ibidem*, p. 57), (iii) conversa, em 12 de Maio, com o Eng. Arantes de Oliveira sobre a política sul-africana e os interesses portugueses no Sudoeste africano (cfr. *ibidem*, p. 64).

[417] Neste domínio, Salazar pretende estar presente no Terreiro do Paço, em 1969, no dia 10 de Junho, para proceder às condecorações dos militares (cfr. EDUARDO COELHO/ANTÓNIO MACIEIRA COELHO, *Salazar...*, p. 69). Perante a advertência de que o seu estado de saúde o não permite ainda, pede então que o Chefe de Estado seja avisado para providenciar a sua substituição nas cerimónias (cfr. *ibidem*, p. 70).

[418] Cfr. EDUARDO COELHO/ANTÓNIO MACIEIRA COELHO, *Salazar...*, p. 69.

[419] Cfr. FRANCO NOGUEIRA, *Salazar*, VI, p. 435.
O facto foi, aliás, objecto de reportagem no telejornal, cfr. FRANCISCO RUI CÁDIMA, *Salazar, Caetano e a Televisão Portuguesa*, p. 240.

os fiscais da oposição eleitoral e da União Nacional, a urna de voto deslocou-se ao carro para que Salazar, impedido pelos seus próprios meios de se deslocar ao interior da assembleia de voto, pudesse votar[420]. Os populares que avistam Salazar mostram-se surpreendidos e curiosos: não há, porém, qualquer manifestação ou sinal de agressividade contra o antigo Chefe de Governo[421].

Não obstante o cenário médico globalmente favorável ao doente, fica-se a saber, porém, que Salazar tem insónias e dorme aos bochechos[422], por vezes está triste[423] e tem consciência das suas limitações físicas, uma vez que, segundo as palavras do Prof. Eduardo Coelho, "observa o seu estado com uma clareza espantosa"[424].

3.4. Idem: (b) o retrato oficial de Salazar

3.4.1. Paralelamente à visão que o seu médico assistente tinha da evolução clínica do doente, os novos dirigentes políticos pretendiam também traçar um retrato de Salazar.

Sem prejuízo de o Prof. Marcello Caetano afirmar, já após a morte de Salazar, que "não foi a sua presença física neste mundo que me impediu, pois, a tomada de qualquer decisão política"[425],

---

[420] Criticando isto como "exagero evidente e até um disparate", cfr. AMÉRICO THOMAZ, *Últimas Décadas de Portugal*, IV, p. 72.

[421] Neste sentido, cfr. LUÍS FORJAZ TRIGUEIROS, *A última conversa*, in *O Independente – "Cem Anos de Solidão"*, de 28 de Abril de 1989, p. 5.

[422] Isto foi o que o próprio Salazar terá relatado ao Dr. Azeredo Perdigão quando este, em 13 de Fevereiro, o visitou, segundo aquele depois referiu ao Prof. Eduardo Coelho, cfr. EDUARDO COELHO/ANTÓNIO MACIEIRA COELHO, *Salazar...*, p. 43.

[423] Cfr. EDUARDO COELHO/ANTÓNIO MACIEIRA COELHO, *Salazar...*, p. 55.

[424] Neste sentido, cfr. EDUARDO COELHO/ANTÓNIO MACIEIRA COELHO, *Salazar...*, p. 62.

[425] Intervenção do Presidente do Conselho, Prof. Marcello Caetano, em 3 de Dezembro de 1970, na Assembleia Nacional, aquando da apresentação da proposta

o certo é que a simples presença física do antigo Presidente do Conselho era uma "sombra sempre ameaçadora"[426], um pesadelo que povoava os sonhos acordados da nova classe política, uma ameaça que pairava sobre o novo Governo e as consciências de alguns dos seus membros agora devotados à pretendida liberalização marcelista.

Apesar de todo o processo de "dessalazarização" em curso, havia o risco de alguém acreditar ou, pelo mesmo, sonhar que o "velho" voltaria ainda a recuperar e a intervir na vida política. E, por outro lado, alguns salazaristas petrificados acreditavam genuinamente nessa possibilidade, divulgando-a[427]. Em torno de um genuíno "cadáver adiado"[428] havia, deste modo, o risco de se formar a nostalgia popular de um novo sebastianismo ou, em alternativa, toda a aflição da nova classe política de uma reversão do marcelismo: o regresso triunfal de Salazar, recuperado da sua doença, tornava-se um mito que a censura tinha de combater.

Não é autorizada, por conseguinte, a publicação de notícias favoráveis à evolução do estado de saúde de Salazar[429], registando-se que essa censura aos comunicados do médico era conhecida e difundida pela imprensa estrangeira[430]. E, pouco a pouco, Salazar vai sendo esquecido junto dos principais meios de comunica-

---

de revisão constitucional que estaria na base da revisão de 1971, cfr. *Diário das Sessões*, 2.º suplemento ao n.º 50, de 3 de Dezembro de 1970, p. 1035.

[426] Cfr. JACQUES GEORGEL, *O Salazarismo*, Lisboa, Ed. Publicações Europa América, 1985, p. 89.

[427] Neste sentido, cfr. FRANCO NOGUEIRA, *Salazar*, VI, p. 427.

[428] Expressão, recorde-se, usada por JACINTO BAPTISTA, *Cair sim mas devagar*, in *A Queda de Salazar*, caderno destacável do *Diário Popular*, de 6 de Setembro de 1978, p. 2.

[429] Cfr. EDUARDO COELHO/ANTÓNIO MACIEIRA COELHO, *Salazar...*, p. 48.

[430] Cfr. EDUARDO COELHO/ANTÓNIO MACIEIRA COELHO, *Salazar...*, pp. 57-58.

ção social[431]: a partir dos finais de Março de 1969, o silêncio é a expressão da censura[432].

Como dizia a imprensa aquando da sua morte, "pouco se conhecia da evolução da doença ou da recuperação da saúde de Salazar, desde 5 de Fevereiro até Julho deste ano [1970]"[433].

Na realidade, só depois da sua morte se noticiou que "a recuperação espectacular do Presidente permitiu-lhe (ao que parece) viver normalmente durante meses"[434], acrescentando-se que "afirma-se que raciocinava com facilidade e em nada se distinguia de um cidadão saudável"[435]. Falava-se então, pela primeira vez na imprensa portuguesa, que Salazar reunia junto de si, em S. Bento, os seus mais fiéis seguidores, especulando-se que tais reuniões, expressando um "reforço de posições intransigentemente conservadoras", "teriam tido um efeito assaz moderador da anunciada política de «evolução na continuidade» do prof. Marcello Caetano"[436].

3.4.2. A Presidência da República, por outro lado, condiciona, a partir dos finais de Novembro de 1969, o acesso à residência de Salazar (v. *supra*, n.º 3.1.5.): importa, a todo o custo, evitar que se conheçam os progressos de saúde do antigo Presidente do Conselho, impedindo-se a difusão junto da opinião pública da impressão que o próprio Presidente da República confessou ter sobre a excepcional memória de Salazar – isto ainda que relativamente a

---

[431] Sublinhando especialmente a situação da televisão, cfr. EDUARDO FREITAS DA COSTA, *Acuso Marcelo Caetano*, p. 73.

[432] Inclinando-se para a hipótese de que esse silêncio noticioso sobre Salazar não se trata de um propósito ou de uma política deliberada, cfr. FRANCO NOGUEIRA, *Salazar*, VI, p. 428.

[433] Cfr. *Vida Mundial*, n.º 1625, de 31 de Julho de 1970, p. 63.

[434] Cfr. *O Século Ilustrado*, n.º 1700, de 1 de Agosto de 1970, p. 23.

[435] Cfr. *O Século Ilustrado*, n.º 1700, de 1 de Agosto de 1970, p. 23.

[436] Cfr. *Flama – Número extra*, 27 de Julho de 1970, p. 3.

factos anteriores a 16 de Setembro de 1968 (v. *supra*, n.º 3.3.1.) –, revelando que ele discorria agora "talvez até com maior velocidade de dicção do que a que lhe era anteriormente peculiar e sem lhe faltar as palavras mais adequadas a empregar"[437].

Ora, uma tal impressão sobre o restabelecimento das faculdades mentais de Salazar, envolvendo o risco de se fazer acreditar, tal como em 15 de Setembro de 1968 tinha sido prometido, que Salazar seria restituído "à Nação completamente curado" (v. *supra*, n.º 2.6.2.), levou a que, por necessidade de tranquilidade dos novos governantes, se procurasse deixar claro que Salazar não tinha quaisquer condições físicas e psíquicas para regressar ao poder: o Presidente da República, em 27 de Abril de 1969, num banquete na sede da União dos Grémios dos Comerciantes, brindou pelo Doutor Salazar, acrescentando que o fazia pelas suas melhoras "e só o não fazia pelo seu completo restabelecimento, por ele não ser infelizmente possível"[438].

Estava dada a primeira mensagem sobre o não retorno definitivo de Salazar. Importava, porém, que essa mesma mensagem fosse difundida para toda a opinião pública, afastando quaisquer dúvidas ou mitos do regresso de Salazar. Foi escolhido para esse propósito o dia seguinte: 28 de Abril, data do octogésimo aniversário de Salazar[439].

3.4.3. Sob o pretexto de agradecer ao País o interesse pela sua saúde, Salazar fala na Emissora Nacional, aparece na televisão e,

---

[437] Cfr. AMÉRICO THOMAZ, *Últimas Décadas de Portugal*, IV, p. 59.

[438] Cfr. AMÉRICO THOMAZ, *Últimas Décadas de Portugal*, IV, p. 44.

[439] Sobre as visitas nesse dia recebidas por Salazar e manifestações de homenagem, incluindo a referência ao "envio de cartões pelo Chefe de Estado, e esposa, e pelo Presidente do Conselho, assim como por membros do Governo", cfr. *Diário de Notícias*, de 29 de Abril de 1969, p. 7; *O Século*, de 29 de Abril de 1969, p. 8.

no dia seguinte, 29 de Abril, as suas fotografias são publicadas em todos os jornais: o discurso que lê, redigido pelo seu próprio punho[440], é curto[441] e a mensagem inócua[442].

Se aos microfones da rádio apenas se nota a debilidade de uma voz a gaguejar[443], "entrecortada de hesitações"[444], de quem fala quase para lá do mundo dos vivos[445], e as fotografias de Salazar à janela da sua residência mostram um "grande enfermo"[446], amparado para se erguer da cadeira de rodas[447], a imagem televisiva de Salazar, num filme de 1 minuto e 16 segundos subordinado à

---

[440] Neste sentido, cfr. EDUARDO COELHO/ANTÓNIO MACIEIRA COELHO, *Salazar...*, p. 60. Confirmando esse mesmo entendimento, salientando que o texto tem "a marca antiga do autor", cfr. FRANCO NOGUEIRA, *Salazar*, VI, p. 430, nota n.º 1.

[441] O texto da intervenção de Salazar (a última que pronunciaria publicamente) é o seguinte: *"O número de pessoas que se interessaram pela minha saúde e vida quando gravemente comprometidas, comoveu-me profundamente. É a primeira vez que me apresento em público e não podia deixar de ter no meu espírito toda essa manifestação de amizade, carinho e interesse para lhes render o tributo da minha gratidão. Deus foi infinitamente bom para com as nossas súplicas e demonstrações de aflição. Pedimos-lhe que nos continue a ajudar e a proteger"*.

[442] Não deixa de merecer reflexão a afirmação de Franco Nogueira, em nota de pé-de-página, tentando passar quase despercebida, em que, referindo-se a este discurso de Salazar, diz: "é a grande contradição: Salazar está lúcido para escrever aquele texto; mas não está lúcido para entender como se encontra" (cfr. FRANCO NOGUEIRA, *Salazar*, VI, p. 431, nota).

[443] Cfr. ALMEIDA SANTOS, *Quase Memórias*, I, s.l., Ed. Círculo dos Leitores, 2006, p. 164.

[444] Cfr. JAIME NOGUEIRA PINTO, *O Fim do Estado Novo e as Origens do 25 de Abril*, p. 179.

[445] Em sentido semelhante, cfr. FRANCO NOGUEIRA, *Salazar*, VI, p. 430.

[446] Cfr. FRANCO NOGUEIRA, *Salazar*, VI, p. 431.

[447] Cfr. *O Século*, de 29 de Abril de 1969, p. 8.
Para uma análise do "esforço tremendo" que Salazar terá feito, segundo a óptica de quem estava também dentro da residência de S. Bento, nesse momento, cfr. MARIA DA CONCEIÇÃO DE MELO RITA/JOAQUIM VIEIRA, *Os Meus 35 Anos com Salazar*, p. 190.

epigrafe "Aniversário do Presidente Salazar"[448], ilustra o princípio de que uma imagem vale mais do que mil palavras, não deixando ninguém indiferente sobre a precariedade da vida do antigo Presidente do Conselho: Salazar é um velho cadavérico[449] e caquético[450], inválido, revelando traços de senilidade, um verdadeiro "despojo humano"[451], balbuciando palavras de agradecimento que mal consegue ver numa folha de texto que acompanha com o dedo de uma mão trémula.

Não restam hoje dúvidas que, após o processo de "dessalazarização" desenvolvido por Marcello Caetano na Rádio Televisão Portuguesa[452], o filme televisivo foi propositadamente manipulado e adulterado para reforçar a imagem de um Salazar dotado de grande fraqueza[453]: a prova, se fosse necessária, é que existe um

---

[448] Cfr. FRANCISCO RUI CÁDIMA, *Salazar, Caetano e a Televisão Portuguesa*, p. 219.

[449] Há mesmo quem diga que se tratava de uma "espécie de cadáver empalhado" (cfr. MÁRIO SOARES, *Portugal Amordaçado*, p. 594) ou fale em "cadáver em pé" (cfr. RAUL RÊGO, *«Depoimento» ou Libelo – Reflexões sobre o livro de memórias de Marcelo Caetano*, Lisboa, Editorial República, 1975, p. 24).

[450] Neste sentido, cfr. JAIME NOGUEIRA PINTO, *O Fim do Estado Novo e as Origens do 25 de Abril*, p. 179.

[451] Cfr. FRANCO NOGUEIRA, *Salazar*, VI, p. 426.

[452] Sobre esse processo de "dessalazarização" da televisão e consequente controlo da RTP por pessoas afectas a Marcello Caetano e, neste sentido, consideradas como anti-salazaristas, cfr. JAIME NOGUEIRA PINTO, *O Fim do Estado Novo e as Origens do 25 de Abril*, pp. 177 ss.; FRANCISCO RUI CÁDIMA, *Salazar, Caetano e a Televisão Portuguesa*, pp. 219 ss.

[453] Neste sentido, cfr. EDUARDO COELHO/ANTÓNIO MACIEIRA COELHO, *Salazar...*, p. 61.

Em 1970, porém, após a morte de Salazar, a imprensa escrita, comentando esta última intervenção televisiva de Salazar, ainda denotava alguma ingenuidade, afirmando "jamais se apurou definitivamente qual o objectivo de base daqueles dois minutos e meio de gravação videotape, durante os quais foi visível a dificuldade do antigo Presidente do Conselho. Talvez que fosse, afinal, só esse – o de agradecer" (cfr. *Flama – Número extra*, 27 de Julho de 1970, p. 3).

outro filme da alocução de Salazar, feito pelo Dr. Sollari Allegro, realizado ao mesmo tempo que o filme para a televisão, em que é substancialmente diferente a imagem de Salazar[454].

Da imagem tradicional de Salazar que todos guardavam, enquanto "exemplo de determinação e energia"[455], restava agora, por efeito directo do filme televisivo projectado, apenas o nome e um invólucro exterior de aparência humana que ainda dá por esse nome: Salazar é somente uma "ruína física"[456], um "farrapo humano"[457].

Essa é agora a imagem oficial de Salazar: "um vulto já sem idade porque parece ter a idade dos séculos acumulados"[458].

Há neste gesto político de manipulação e exposição da imagem de um Salazar física e psiquicamente inválido uma manifestação de crueldade desumana: esse "espectáculo abominável"[459] que a televisão transmitiu não se tratou de um simples "disparate evidente, feito impensadamente"[460], ele representou um propósito cuidadosamente montado e orquestrado de, ao mais alto nível

---

[454] Neste sentido, cfr. EDUARDO COELHO/ANTÓNIO MACIEIRA COELHO, *Salazar...*, p. 70.

[455] Cfr. JAIME NOGUEIRA PINTO, *O Fim do Estado Novo e as Origens do 25 de Abril*, p. 179.

[456] Cfr. FRANCO NOGUEIRA, *Salazar*, VI, p. 430.

[457] Neste sentido, cfr. JAIME NOGUEIRA PINTO, *O Fim do Estado Novo e as Origens do 25 de Abril*, p. 179.

[458] Cfr. FRANCO NOGUEIRA, *Salazar*, VI, p. 426.

[459] Cfr. JAIME NOGUEIRA PINTO, *O Fim do Estado Novo e as Origens do 25 de Abril*, p. 179.

[460] Neste sentido, cfr. AMÉRICO THOMAZ, *Últimas Décadas de Portugal*, IV, p. 44.

98 | AGONIA E MORTE DE SALAZAR

governamental[461], liquidar o que restava de Salazar junto da opinião pública do País[462].

Importava a qualquer preço, segundo a lógica dos novos governantes, transmitir uma mensagem política: a difusão da imagem de Salazar tinha um propósito muito concreto – acabar com o mito[463], colocando um ponto final num certo surto de neo-sebastianismo em torno de um eventual regresso político de Salazar[464].

Nesse dia 28 de Abril de 1969, a decisão de difundir a intervenção televisiva de Salazar mata o restava de Salazar: todos compreendem, perante as imagens da televisão, e sem que ninguém necessite de dizer, que Salazar está morto.

Num certo sentido, a presença de Salazar perante a televisão teve o propósito de fazer o próprio Salazar dizer ao País, afastando quaisquer dúvidas que existissem junto dos seus adeptos e da opinião pública em geral, que estava morto: mais do que agradecer, Salazar revela-nos que se trata de um cadáver ainda vivo.

Pode bem dizer-se que a imagem de Salazar foi instrumentalizada pelos novos governantes – os únicos, sublinhe-se, que controlavam totalmente a manipulação e a difusão das imagens televisi-

---

[461] Atribuindo esse acto directamente a Marcello Caetano, enquanto necessidade de desmistificar um certo neo-sebastianismo em torno de Salazar junto da opinião pública, cfr. ALMEIDA SANTOS, *Quase Memórias*, I, p. 164.

[462] Neste sentido, apesar de Ramiro Valadão (novo homem forte da Rádio Televisão Portuguesa) ter afirmado que não tinha visto o filme "Aniversário do Presidente Salazar", o certo é que, segundo disse o então responsável pelo telejornal, tinha recebido ordens do Conselho de Administração da RTP, sabendo-se, por testemunho de um redactor do telejornal, que, numa situação como aquela, envolvendo a pessoa em causa, tinha sido consultado o Governo sobre a passagem do filme (cfr. JAIME NOGUEIRA PINTO, *O Fim do Estado Novo e as Origens do 25 de Abril*, p. 179 e 188). Ainda sobre Ramiro Valadão, presidente do Conselho de Administração da RTP, cfr. FRANCISCO RUI CÁDIMA, *Salazar, Caetano e a Televisão Portuguesa*, pp. 220 ss.

[463] Neste sentido, cfr. MÁRIO SOARES, *Portugal Amordaçado*, p. 594.

[464] Cfr. ALMEIDA SANTOS, *Quase Memórias*, I, p. 164.

vas[465] – para, desmistificando qualquer ideia nostálgica ou ilusória de regresso do "velho" ao poder, garantir a própria estabilidade política ao marcelismo: num novo mundo político do audiovisual[466], Salazar acabava de prestar o maior serviço ao seu sucessor – a partir desse momento, o poder de Marcello Caetano tornou-se indiscutível e politicamente definitivo face ao seu antecessor.

Estava realizada a última tarefa de interesse público de Salazar ao País: a sua vida neste mundo era agora totalmente indiferente em termos políticos.

Isso mesmo é confirmando, em Setembro de 1969, numa entrevista de Marcello Caetano ao jornal francês *L'Aurore*, onde, referindo-se a Salazar[467], transmite a ideia de que "é o poder morto, o político que é preciso enterrar e esquecer"[468].

3.5. Idem: (c) o retrato real de Salazar

3.5.1. Entre um retrato médico optimista e um retrato político manipulado, importa traçar, atendendo aos elementos documen-

---

[465] Há quem diga, no entanto, que se tratou da conjugação entre a vontade de salazaristas petrificados que, sem qualquer bom senso, pretendiam dar a imagem que Salazar estava vivo e capaz e, por outro lado, os novos responsáveis políticos que pretendiam difundir a imagem de grande inválido em que Salazar se havia tornado. Neste sentido, cfr. FRANCO NOGUEIRA, *Salazar*, VI, p. 430. Em igual sentido, admitindo que também possam ter existido pressões "da parte do grupo saudosista que então gravitava em torno de Salazar" para que essas imagens passassem na televisão, cfr. JAIME NOGUEIRA PINTO, *O Fim do Estado Novo e as Origens do 25 de Abril*, p. 180.

[466] Sublinhando o modo como Marcello Caetano "utilizou a arma incomparável da televisão", cfr. MÁRIO SOARES, *Portugal Amordaçado*, p. 594.

[467] A parte dessa entrevista de Marcello Caetano onde se refere a Salazar foi, cuidadosamente, omitida aos leitores dos jornais portugueses, sendo, todavia, revelada em RAUL RÊGO, *Diário Político*, edição do autor, Lisboa, s.d., p. 137.

[468] Cfr. JOSÉ ANTÓNIO SARAIVA, *Do Estado Novo à Segunda República – Crónica política de um tempo português*, Amadora, Liv. Bertrand, 1974, p. 45.

tais existentes, o retrato real de Salazar: como estava, efectivamente, em 1969, em termos físicos e psíquicos, Oliveira Salazar?

Em entrevista concedida por Salazar ao jornalista francês Roland
Faure[469], em Setembro de 1969, depois publicada no *L'Aurore*[470] e
objecto de censura total pelos jornais portugueses[471] e pela televisão[472] – só no dia da sua morte, em 27 de Julho de 1970, essa entrevista seria noticiada pela imprensa portuguesa[473] –, diz-se que o
antigo Presidente do Conselho, falando num "francês impecável",
"mantém o seu poder de raciocínio, mas não tem, seguramente, a
força de assumir o poder que ele crê, sem dúvida, manter ainda nas
suas mãos". Continua a acreditar que ainda é Chefe de Governo,
recebendo ministros e que não hesitaria em demitir aqueles que se
desviassem da sua política e, questionado sobre Marcello Caetano,
afirma que se encontra a ensinar Direito na Universidade, lamen-
tando que não tivesse no governo. Roland Faure termina o artigo
escrevendo que estivera como que num palco de um teatro, a entrevista a Salazar revelou uma situação "impregnada de grandeza irreal
deste personagem shakespeariano: o rei que não queria morrer".

---

[469] A essa entrevista é imposta, porém, uma condição: não ser revelada ao
doente a nova realidade política, isto é, o facto de Salazar já não ser Presidente do
Conselho. Neste sentido, cfr. FRANCO NOGUEIRA, *Salazar*, VI, p. 433. Para um
desenvolvimento dos termos como foi efectuada essa entrevista, incluindo uma
entrevista com o jornalista francês que a realizou, cfr. JOSÉ PEDRO CASTANHEIRA,
Goodbye Salazar, in *Expresso-Revista*, n.º 1866, de 2 de Agosto de 2008, pp. 62 ss.

[470] Para uma reprodução do texto da entrevista, publicada em 6 de Setembro
de 1969, cfr. RAUL RÊGO, *Diário Político*, pp. 137 ss.; FRANCO NOGUEIRA,
Salazar, VI, pp. 433 e 434.

[471] Essa entrevista viria a ser noticiada para Portugal através de telegrama da
France-Presse, o qual se pode ler, reproduzido em www.museudaimprensa.pt/
galeriavirtualdacensura/imagens/politica/entrevista.jpg

[472] Neste último sentido, cfr. FRANCISCO RUI CÁDIMA, *Salazar, Caetano e a
Televisão Portuguesa*, p. 230.

[473] Cfr. *Diário de Lisboa*, de 27 de Julho de 1970, p. 13; *Flama – Número
extra*, 27 de Julho de 1970, p. 36.

Permite essa entrevista, realizada um ano após a intervenção cirúrgica ao hematoma subdural, extrair quatro principais ilações para o retrato de Salazar:

(i) Salazar revela, em primeiro lugar, fluência da língua francesa e capacidade de resposta e coerência de discurso: as respostas são perfeitamente ajustadas às questões colocadas, denotam cuidado diplomático perante um jornalista estrangeiro e não há nelas nada de anómalo ou estranho;

(ii) Salazar mostra, em segundo lugar, uma excelente memória quanto a assuntos antigos, desde reconhecer o próprio jornalista, ao recordar anteriores encontros no Forte de Santo António do Estoril até às funções que Marcello Caetano exercia na universidade e ao seu relacionamento com o governo;

(iii) Salazar consegue transmitir, em terceiro lugar, um curioso domínio de assuntos recentes, desde a sua própria doença, reconhecendo que "não estou ainda completamente restabelecido", passando pelo indagar da situação em França decorrente da sucessão de Pompidou a De Gaulle, revelando até conhecer que o homem já tinha chegado à Lua – "quem pode afirmar que os russos, se se instalarem na Lua, não tentarão utilizá-la como base de agressão?";

(iv) Salazar demonstra, por último, uma permanente ligação e atenção aos assuntos públicos, dizendo que o seu "único cuidado é o de poupar forças para desempenhar as minhas funções", salientando o trabalho e o relacionamento com os ministros.

Há nestes contributos para o retrato de Salazar uma dimensão, porém, que não pode ser esquecida: é que Salazar vive num ambiente irreal e a entrevista a Roland Faure revela ao exterior esse mundo fora do mundo e do tempo que foi criado em torno do antigo governante[474].

O efectivo retrato de Salazar não pode esquecer essa dimensão de "ficção de tragédia posta em teatro"[475]: Salazar tem fluência nas respostas, tem memória – excelente para o passado[476], menos boa para o presente (v. *supra*, n.º 3.3.1.) –, tem preocupações de interesse público[477]; no entanto, nada disto tem que ver com a realidade efectiva do mundo exterior. A residência de Salazar alberga um mundo fora do tempo, um "mundo fantástico"[478], e Salazar é, nesse mundo, "um morto-vivo alucinante e alucinado"[479].

Empenhada na edificação e difusão deste mundo irreal encontra-se também a governanta de Salazar que se esforça por fazer constar no exterior que Salazar "estava bem e que tinha a percepção de todas as coisas"[480]. Poderá mesmo ter sido esse intento que justificou o consentimento da governanta à entrevista de Salazar ao *L'Aurore*[481].

---

[474] Neste último sentido, cfr. JOSÉ ANTÓNIO SARAIVA, *Do Estado Novo à Segunda República*, p. 43.

[475] Cfr. FRANCO NOGUEIRA, *Salazar*, VI, p. 434.

[476] Confirmando também isto mesmo, em conversa tida com Salazar no dia das eleições, em 26 de Outubro de 1969, cfr. LUÍS FORJAZ TRIGUEIROS, *A última conversa*, in *O Independente – "Cem Anos de Solidão"*, de 28 de Abril de 1989, p. 5.

[477] Essas preocupações são também confirmadas pela ideia de que Salazar procurava, durante esse tempo, estabelecer uma ponte para ligar a parte feita da sua obra com aquela que ainda faltava fazer, cfr. JOSÉ PAULO RODRIGUES, *Salazar – Memórias Para Um Perfil*, p. 261.

[478] Cfr. FRANCO NOGUEIRA, *Salazar*, VI, p. 437.

[479] Cfr. JAIME NOGUEIRA PINTO, *O Fim do Estado Novo e as Origens do 25 de Abril*, p. 179.

[480] Cfr. MARIA DA CONCEIÇÃO DE MELO RITA/JOAQUIM VIEIRA, *Os Meus 35 Anos com Salazar*, p. 188.

[481] Sublinhando que essa entrevista foi conseguida por intermédio da governanta de Salazar, cfr. FRANCO NOGUEIRA, *Salazar*, VI, p. 433. Para mais detalhes sobre a intervenção da governanta nessa entrevista (a última) de Salazar, cfr. JOSÉ

3.5.2. Paralelamente a este Salazar que concede a entrevista a Roland Faure nos jardins da sua residência oficial, "sentado por entre almofadas sob um toldo"[482], verdadeiro personagem de um mundo irreal, primorosamente encenado para ser difundido por um jornalista estrangeiro, há um outro Salazar:

(i) Um Salazar dotado de uma "lucidez intermitente"[483], afectado nas suas capacidades mentais quanto ao presente (v. *supra*, n.º 3.3.1.) e que, apesar de saber que esteve em coma e diversas vezes mesmo à beira da morte[484], se mostra mentalmente incapaz de ter noção do tempo e de perceber que, pelo menos atendendo à duração temporal da sua doença[485], não podia continuar o Estado sem um Chefe de Governo[486];

(ii) Um Salazar paralisado de todo o lado esquerdo[487], sem se poder levantar, sentar ou andar sozinho, e, muito provavelmente, em situação de incontinência[488];

PEDRO CASTANHEIRA, *Goodbye Salazar*, in *Expresso-Revista*, n.º 1866, de 2 de Agosto de 2008, pp. 64 e 65.

[482] Cfr. FRANCO NOGUEIRA, *Salazar*, VI, p. 433.

[483] Cfr. LUÍS FORJAZ TRIGUEIROS, *A última conversa*, in *O Independente – "Cem Anos de Solidão"*, de 28 de Abril de 1989, p. 5.

[484] Cfr. EDUARDO COELHO/ANTÓNIO MACIEIRA COELHO, *Salazar...*, p. 73.

[485] Cfr. FRANCO NOGUEIRA, *Salazar*, VI, p. 428, nota.

[486] Fala-se mesmo que a "enigmática atitude de não perguntar se ainda era chefe do Governo, nunca terão explicação", cfr. ADRIANO MOREIRA, *O entardecer*, in *O Independente – "Cem Anos de Solidão"*, de 28 de Abril de 1989, p. 3.

[487] Neste sentido, cfr. VASCONCELOS MARQUES, *Só eu fui responsável pela operação de Salazar*, in *O Jornal*, de 9 de Setembro de 1988, p. 26.

[488] Neste último sentido, quando Costa Brochado visitou Salazar, em 14 de Maio de 1969, num diálogo que travou com o motorista de Salazar, um tal Furtado, este, na sequência de o primeiro ter comentado que tinha achado Salazar muito melhor do que supunha, afirmou o seguinte: "não se iluda, senhor director! Ele mija na cama e borra-se todo!", cfr. COSTA BROCHADO, *Memórias...*, p. 484.

(iii) Um Salazar parcialmente cego, pois não tinha metade da visão nos dois olhos[489], afastado (também por essa razão) da leitura dos jornais e desinformado, pois encontrava-se limitado à leitura que lhe faziam de algumas notícias cuidadosamente seleccionadas, sem ouvir rádio, nem ver televisão[490];

(iv) Um Salazar que nem sempre reconhece as pessoas amigas que o visitam[491], que fala pouco[492], comunicando habitualmente por monossílabos, nem sempre perceptíveis[493], e incapaz de desenvolver por longo tempo uma conversa[494];

(v) Um Salazar que passa parte do dia com a cabeça "pendida para o peito, os olhos cerrados, parecendo atravessar um abismo de sonolência"[495], vivendo "longos períodos de silêncio e aparente alienação"[496], mergulhado num torpor de semilucidez que, prolongando-se por várias horas[497], o tornam ausente da vida real[498];

---

[489] Neste sentido, cfr. VASCONCELOS MARQUES, *Só eu fui responsável pela operação de Salazar*, in *O Jornal*, de 9 de Setembro de 1988, p. 26.

[490] Cfr. JOSÉ PEDRO CASTANHEIRA, *Goodbye Salazar*, in *Expresso-Revista*, n.º 1866, de 2 de Agosto de 2008, p. 65.

[491] Cfr. MARIA DA CONCEIÇÃO DE MELO RITA/JOAQUIM VIEIRA, *Os Meus 35 Anos com Salazar*, p. 189.

[492] Neste sentido é o testemunho do médico, Prof. Jacinto Simões, que fazia hemodiálise a Salazar, cfr. FERNANDO DACOSTA, *O dia em que Salazar morreu*, in *Visão*, n.º 385, de 27 de Julho a 2 de Agosto de 2000, p. 56; IDEM, *As Máscaras de Salazar*, p. 309.

[493] Cfr. MARIA DA CONCEIÇÃO DE MELO RITA/JOAQUIM VIEIRA, *Os Meus 35 Anos com Salazar*, p. 189.

[494] Cfr. MARIA DA CONCEIÇÃO DE MELO RITA/JOAQUIM VIEIRA, *Os Meus 35 Anos com Salazar*, p. 189.

[495] Cfr. FRANCO NOGUEIRA, *Salazar*, VI, p. 425.

[496] Cfr. MARIA DA CONCEIÇÃO DE MELO RITA/JOAQUIM VIEIRA, *Os Meus 35 Anos com Salazar*, p. 189.

[497] Cfr. FRANCO NOGUEIRA, *Salazar*, VI, p. 424.

[498] Cfr. MARIA DA CONCEIÇÃO DE MELO RITA/JOAQUIM VIEIRA, *Os Meus 35 Anos com Salazar*, p. 189.

(vi) Um Salazar de "face emagrecida e pálida"[499], que quase não se alimenta[500], sem forças e sem vontade[501] para trabalhar como desejava[502] e que, sem prejuízo de momentos de felicidade[503], se sente deprimido[504], cansado[505], triste[506] e consegue ainda perceber que tinha sido abandonado[507].

3.5.3. Regista-se assim, em boa verdade, um retrato de Salazar que se desdobra em duas diferentes visões, como se se tratasse de duas pessoas distintas[508]: há um Salazar ilusório, parecendo estar no uso de todas as faculdades, vivendo num mundo de ficção construído ao seu redor e retratado na entrevista ao jornal *L'Aurore*, em Setembro de 1969, e há, por outro lado, um Salazar real, apenas conhecido dos seus mais íntimos e parcialmente exposto na televisão, em Abril de 1969 (v. *supra*, n.º 3.4.3.).

Este último Salazar, o Salazar do retrato real, é, paradoxalmente, um Salazar que já não é Salazar: do antigo e verdadeiro Salazar, perdido o seu espírito e alquebrado o seu corpo pela doença que

---

[499] Cfr. FRANCO NOGUEIRA, *Salazar*, VI, p. 425.

[500] Cfr. FRANCO NOGUEIRA, *Salazar*, VI, p. 426.

[501] Cfr. EDUARDO COELHO/ANTÓNIO MACIEIRA COELHO, *Salazar...*, p. 69.

[502] Declaração de Salazar, em 14 de Abril de 1969, à enfermeira, cfr. EDUARDO COELHO/ANTÓNIO MACIEIRA COELHO, *Salazar...*, p. 55.

[503] Cfr. EDUARDO COELHO/ANTÓNIO MACIEIRA COELHO, *Salazar...*, p. 61.

[504] Neste sentido, segundo o relato do Presidente da República, em visita realizada a 10 de Novembro de 1969, a Salazar, cfr. AMÉRICO THOMAZ, *Últimas Décadas de Portugal*, IV, p. 72.

[505] Cfr. MARIA DA CONCEIÇÃO DE MELO RITA/JOAQUIM VIEIRA, *Os Meus 35 Anos com Salazar*, p. 188.

[506] Cfr. EDUARDO COELHO/ANTÓNIO MACIEIRA COELHO, *Salazar...*, p. 55.

[507] Declaração de Salazar, em 18 de Junho de 1969, à governanta, cfr. EDUARDO COELHO/ANTÓNIO MACIEIRA COELHO, *Salazar...*, p. 71.

[508] Neste sentido, referindo-se a Salazar, cfr. AMÉRICO THOMAZ, *Últimas Décadas de Portugal*, IV, p. 59.

o atingiu, resta agora apenas o invólucro exterior – é um Salazar sem Salazar.

O retrato real de Salazar torna-se, deste modo, também ele, uma pura ilusão: é Salazar, já sem ser Salazar – é ainda o que resta da aparência de Salazar, já sem ser o verdadeiro Salazar.

Nas sugestivas palavras de Miguel Torga, referindo-se a Salazar no dia da sua morte, escreve: "a doença desceu-o de super-homem a homem, e, a duração dela, de homem a farrapo humano"[509].

---

[509] Cfr. MIGUEL TORGA, *Diário*, XI, 2ª ed., Coimbra, 1991, p. 96.

§4.º

ANO DE 1970: O FIM

4.1. Da esperança à angústia: o sentimento de abandono

4.1.1. Tal como Salazar havia declarado na entrevista a Roland Faure, em Setembro de 1969, publicada no *L'Aurore*, *"o meu único cuidado é o de poupar forças para desempenhar as minhas funções"*[510].

E essa ideia de, num curto prazo, Salazar retomar o exercício das suas funções políticas como Presidente do Conselho confere-lhe uma esperança e uma força de viver que é, dia após dia, em cada dia, renovada: em 5 de Janeiro de 1970, Salazar esperava que o Prof. Eduardo Coelho lhe desse alta[511], permitindo-lhe reassumir o exercício efectivo das tarefas governativas.

Essa alta, porém, nunca veio.

Salazar viveu todos os seus últimos meses, desde o regresso à residência de S. Bento, em Fevereiro de 1969, na esperança do dia em que retomaria as suas funções e o poder[512]: "e assim se convenceu enquanto se não cerraram os seus olhos"[513].

---

[510] Cfr. FRANCO NOGUEIRA, *Salazar*, VI, p. 433.

[511] Cfr. EDUARDO COELHO/ANTÓNIO MACIEIRA COELHO, *Salazar...*, p. 77.

[512] Neste sentido, cfr. EDUARDO COELHO/ANTÓNIO MACIEIRA COELHO, *Salazar...*, p. 84.

[513] Cfr. EDUARDO COELHO/ANTÓNIO MACIEIRA COELHO, *Salazar...*, p. 84.

4.1.2. É certo que durante o ano de 1970, perante o espaçamento das visitas[514] – especialmente de antigos ministros que tudo lhe deviam e nunca o foram visitar[515] –, o decurso do tempo sem perspectiva de retomar funções e o progressivo abandono a que se sente votado, também a esperança que o animava se vai reduzindo: Salazar queixa-se que os ministros não aparecem[516], nem o procuram[517], sente-se triste, já sem ânimo para conversar[518], verdadeiramente abandonado, pois já não lhe falam de assuntos políticos, nem lhe dizem nada[519].

E as melhoras de saúde que experimentava, nestes primeiros meses do ano de 1970, aumentando os momentos de lucidez[520], tornavam mais dolorosa a realidade.

---

[514] Cfr. Franco Nogueira, *Salazar*, VI, p. 432.

[515] O arquivo de Salazar na Torre do Tombo guarda a lista das diversas pessoas que apresentaram cumprimentos a Salazar, visitando-o durante os meses que esteve na residência oficial (cfr. AOS/PP7). Mostra-se surpreendente, no entanto, o escasso número dos seus antigos ministros que o visitaram, sabendo-se, segundo o relato do Prof. Eduardo Coelho, que, apesar de ter insistido diversas vezes com alguns deles para visitarem Salazar, "muitos nunca puseram os pés em S. Bento" (cfr. Eduardo Coelho/António Macieira Coelho, *Salazar...*, p. 83).

[516] Um dos ministros que deixou de aparecer foi o Embaixador Franco Nogueira, uma vez que se tornou indisponível para participar na farsa da simulação ministerial. Salazar, porém, notou essa falta. Neste sentido, cfr. Luís Forjaz Trigueiros, *A última conversa*, in *O Independente – "Cem Anos de Solidão"*, de 28 de Abril de 1989, p. 5.

[517] Diálogo de Salazar, em 25 de Janeiro de 1970, com a governanta, cfr. Eduardo Coelho/António Macieira Coelho, *Salazar...*, p. 77.

[518] Nota, neste sentido, de 15 de Maio de 1970, do seu médico assistente, cfr. Eduardo Coelho/António Macieira Coelho, *Salazar...*, p. 81.

[519] Neste último sentido, diálogo de Salazar, em 26 de Junho de 1970, com a governanta, cfr. Eduardo Coelho/António Macieira Coelho, *Salazar...*, p. 82.

[520] Neste último sentido, referindo-se ao ano de 1970, cfr. Maria da Conceição de Melo Rita/Joaquim Vieira, *Os Meus 35 Anos com Salazar*, p. 190.

§ 4.º ANO DE 1970: O FIM | 109

Salazar sente agora, pela primeira vez, a inexorável força da lei da miséria do poder, a qual já antes, a partir de 27 de Setembro de 1968, se fizera sentir na Casa de Saúde onde estava internado em estado inconsciente (v. *supra*, n.º 2.7.3.): quem não tem o poder, nem a perspectiva de jamais o vir a readquirir, não tem à sua volta séquitos, bajuladores e parasitas ávidos de sabujar – só os amigos verdadeiros lhe restam. E Salazar apercebe-se, neste seu regresso doente a S. Bento, que já não tem uma corte como outrora, encontrando-se confinado a ter de conviver apenas com os seus genuínos amigos – esses são poucos e cada vez menos[521].

Salazar chega mesmo a tomar consciência, em 26 de Junho, que, aproveitando-se da sua doença, muitos dos seus "amigos" políticos se afastaram dele, repetindo diversas vezes: "correram comigo brutalmente"[522].

As visitas semanais que vai fazendo de carro distraem-no e ajudam-no a vencer a angústia que sente: em 1 de Janeiro vai ao Estoril, visitar um casal amigo[523]; em Março desloca-se à colónia de férias da FNAT, na Caparica; em Junho, vai a Alenquer[524] e, em 10 de Julho, naquele que seria o seu último passeio, regressa ao Estoril[525].

---

[521] Em 19 de Setembro de 1969, morreu Mário de Figueiredo e, em 26 de Setembro, José Soares da Fonseca. Salazar é, todavia, poupado a ambas as notícias (cfr. FRANCO NOGUEIRA, *Salazar*, VI, p. 435).

[522] Neste último sentido, diálogo de Salazar, em 26 de Junho de 1970, com a governanta, cfr. EDUARDO COELHO/ANTÓNIO MACIEIRA COELHO, *Salazar...*, p. 82.

[523] Cfr. MARIA DA CONCEIÇÃO DE MELO RITA/JOAQUIM VIEIRA, *Os Meus 35 Anos com Salazar*, p. 190.

[524] Cfr. *Vida Mundial*, n.º 1625, de 31 de Julho de 1970, p. 63.

[525] Cfr. *O Século Ilustrado*, n.º 1700, de 1 de Agosto de 1970, p. 25.

Há também a notícia, em sentido diferente, da última deslocação de Salazar ter sido ao Jardim Zoológico, cfr. *O Século*, de 28 de Julho de 1970, p. 7; *Notícias de Portugal*, Boletim Semanal da Direcção-Geral da Informação da Secretaria

No entanto, nas palavras do seu médico assistente, os últimos tempos de vida de Salazar são dominados pela angústia: "não foram apenas as complicações gravíssimas, de órgão a órgão, era a vida inteira do seu organismo, eram as dores de espírito, eram as dores da alma"[526].

É nessa angústia de quem se sente desiludido, inválido e sem forças, traído por antigos amigos políticos, abandonado por aqueles que antes lhe rendiam homenagem[527], sem poder terreno e sem esperança de o vir a reconquistar, que Salazar deixa de ter qualquer motivação para continuar a lutar: está resignado, sabe que "já não estava a fazer nada neste mundo"[528] e a sua réstia de vida – ou, talvez melhor, de sub-vida[529] – vai, lentamente, apagando-se.

A frase, poucos anos antes proferida por Salazar, "só morre quem quer!" (v. *supra*, n.º 2.1.1.), estava agora ultrapassada e mostrava-se desadequada a quem, vivendo numa angústia profunda, tinha perdido o interesse por viver: Salazar queria morrer. E vai "morrendo aos poucos"[530]: encaminha-se para morrer sem ninguém[531], esquecido pela censura dos meios de comunicação

---

de Estado da Informação e Turismo, Ano XXIV, n.º 1213, de 1 de Agosto de 1970, p. 31

[526] Cfr. EDUARDO COELHO/ANTÓNIO MACIEIRA COELHO, *Salazar...*, p. 83.

[527] Nas palavras de Costa Brochado, "Salazar foi abandonado e traído por aqueles que guindara aos píncaros da fama e do poder", cfr. COSTA BROCHADO, *Memórias...*, p. 456.

[528] Neste sentido, cfr. INÊS DENTINHO, *O meu tio* (entrevista a Maria Arminda Cértima de Lacerda), in *O Independente – "Cem Anos de Solidão"*, de 28 de Abril de 1989, p. 7.

[529] Expressão de FRANCO NOGUEIRA, *Salazar*, VI, p. 438.

[530] Cfr. MARIA DA CONCEIÇÃO DE MELO RITA/JOAQUIM VIEIRA, *Os Meus 35 Anos com Salazar*, p. 191.

[531] Nas palavras de Fernando Dacosta, Salazar era, quando morreu, "um dos homens mais sós que o Estado português gerou até hoje", cfr. FERNANDO DACOSTA, *Salazar – Fotobiografia*, p. 91.

social (v. *supra*, n.º 3.4.1.), céptico em relação a tudo e a todos[532], "esvaído de ternura, de compaixão"[533].

4.2. Os dias antes da morte: um relato cronológico

4.2.1. Em 14 de Julho de 1970, na véspera da partida em viagem oficial a S. Tomé e Príncipe[534], o Presidente da República e a esposa visitam Salazar: conversam sobre a viagem, pedindo Salazar que o Presidente no regresso lhe desse relato da mesma, e trocam impressões sobre a audiência que Paulo VI havia concedido a três líderes de movimentos de libertação de territórios ultramarinos portugueses. Nas palavras do Almirante Américo Thomaz, Salazar "pareceu bem disposto" e, pensando que Franco Nogueira ainda era Ministro dos Negócios Estrangeiros, fizera "comentários muito atilados e muito próprios"[535].

Logo no dia seguinte, porém, o estado de saúde de Salazar deteriorou-se, sofrendo uma grave "doença infecciosa" e surgem, simultaneamente, complicações gerais[536]: são chamados diversos

---

[532] Neste último sentido, cfr. COSTA BROCHADO, *Memórias...*, p. 456.

[533] Cfr. FERNANDO DACOSTA, *Salazar consultava videntes*, in *Visão*, n.º 180, 29 de Agosto a 4 de Setembro de 1996, p. 37.

[534] Sobre a viagem presidencial a S. Tomé e Príncipe, comemorativa do quinto centenário da descoberta do arquipélago, Marcello Caetano pede ao Presidente da República que, por razões da sua sobrecarga de trabalho, não se prolongue a mesma por mais de quinze dias, razão pela qual não foi contemplado o projecto inicial de também incluir uma deslocação presidencial a Angola. Para uma leitura da correspondência trocada entre ambos, cfr. JOSÉ FREIRE ANTUNES (org.), *Cartas Particulares a Marcello Caetano*, I, Lisboa, Publicações Dom Quixote, 1985, pp. 104 ss.

[535] Cfr. AMÉRICO THOMAZ, *Últimas Décadas de Portugal*, IV, p. 102.

[536] Cfr. FRANCO NOGUEIRA, *Salazar*, VI, pp. 438-439.

médicos especialistas e, em boletim médico assinado pelo Prof. Eduardo Coelho, afirma-se que o "prognóstico é reservado"[537].

Em 16 de Julho, a televisão[538] e os jornais vespertinos trasmitem ao país a notícia: existem agora graves complicações renais que, tendo provocado uma grande subida da ureia[539], determinaram uma paralisia total do aparelho urinário[540]. Entretanto, em paragem no Funchal, o Presidente da República é informado do agravamento do estado de saúde de Oliveira Salazar, interrogando-se sobre o motivo pelo qual não havia sido informado durante o próprio dia 15[541].

A debilidade do estado de saúde de Salazar é tão vasta que os médicos entendem que não vale a pena proceder ao seu internamento[542]: limitam-se os médicos a tentar atenuar-lhe o sofrimento, confessando mesmo um deles que, atendendo à artificialidade da vida do doente, "toda a gente desejava que morresse"[543].

4.2.2. Em 17 de Julho, Salazar sai do estado de semi-inconsciência em que tinha ficado, toma uma ligeira refeição, é visitado pelo Cardeal-Patriarca de Lisboa, mantendo-se o prognóstico médico

---

[537] Cfr. *Vida Mundial*, n.º 1625, de 31 de Julho de 1970, p. 63; *O Século Ilustrado*, n.º 1700, de 1 de Agosto de 1970, p. 25.

[538] Cfr. FRANCISCO RUI CÁDIMA, *Salazar, Caetano e a Televisão Portuguesa*, p. 252.

[539] Cfr. AMÉRICO THOMAZ, *Últimas Décadas de Portugal*, IV, p. 106.

[540] Cfr. *O Século Ilustrado*, n.º 1700, de 1 de Agosto de 1970, p. 25.

[541] Cfr. AMÉRICO THOMAZ, *Últimas Décadas de Portugal*, IV, pp. 106-107.

[542] Neste sentido é o testemunho do Dr. Macieira Coelho, filho do Prof. Eduardo Coelho, e que também assistiu Salazar, cfr. FERNANDO DACOSTA, *O dia em que Salazar morreu*, in *Visão*, n.º 385, de 27 de Julho a 2 de Agosto de 2000, p. 57.

[543] Cfr. ANA MARGARIDA DE CARVALHO, *Queda sem fim*, in *Visão História*, n.º 2, Julho de 2008, p. 51.

reservado[544]. No dia seguinte, o boletim médico diz que o doente não tem febre e, sem prejuízo das graves complicações existentes, a doença tende a melhorar[545].

Em 21 de Julho, depois de um primeiro momento de satisfação dos médicos pela evolução positiva da doença[546], as perturbações renais acentuam-se e o prognóstico é, uma vez mais, grave[547], verificando-se que os diversos órgãos vão entrando em colapso, decidindo os médicos submeter o doente a hemodiálise[548]. É então transportado para S. Bento o único aparelho de hemodiálise existente em Portugal e normalmente instalado no Hospital Curry Cabral, tendo o doente sido submetido a uma intervenção de cerca de sete horas[549, 550].

Salazar passa relativamente calmo o dia 22 de Julho[551], sendo visitado pelos Ministros do Interior e das Corporações e ainda, novamente, pelo Cardeal-Patriarca[552]. Este último e o primeiro repetem as visitas no dia seguinte[553].

---

[544] Cfr. *O Século Ilustrado*, n.º 1700, de 1 de Agosto de 1970, p. 26.

[545] Cfr. *O Século*, de 28 de Julho de 1970, p. 8; *O Século Ilustrado*, n.º 1700, de 1 de Agosto de 1970, p. 26.

[546] Cfr. *O Século Ilustrado*, n.º 1700, de 1 de Agosto de 1970, p. 26.

[547] Cfr. EDUARDO COELHO/ANTÓNIO MACIEIRA COELHO, *Salazar...*, p. 82.

[548] Cfr. FRANCO NOGUEIRA, *Salazar*, VI, p. 439.

[549] Cfr. *O Século Ilustrado*, n.º 1700, de 1 de Agosto de 1970, p. 26.

[550] No dizer de um dos médicos que assistiu Salazar nos últimos dias, eram tantos os fios a que o doente estava ligado que os médicos se referiam a Salazar como sendo "o nosso PBX", cfr. ANA MARGARIDA DE CARVALHO, *Queda sem tiro*, in *Visão História*, n.º 2, Julho de 2008, p. 51.

[551] O Almirante Américo Thomaz diz ter recebido nesse dia a informação de "melhoras sensíveis" de Salazar, cfr. AMÉRICO THOMAZ, *Últimas Décadas de Portugal*, IV, p. 107.

[552] Cfr. *O Século Ilustrado*, n.º 1700, de 1 de Agosto de 1970, p. 26.

[553] Cfr. *O Século Ilustrado*, n.º 1700, de 1 de Agosto de 1970, p. 27.

Depois de leves melhoras a 23 de Julho, sentindo-se os médicos "estupefactos com a tenacidade da sua vida"[554], o estado de saúde de Salazar volta a agravar-se a 24 de Julho[555], registam-se perturbações cardiovasculares[556] e torna-se presente que o doente, apesar de continuar com a função renal insuficiente, não pode suportar outra sessão de hemodiálise[557].

Ainda a 23 de Julho, o Prof. Eduardo Coelho escreve no seu diário da doença de Salazar: "tanto conviveu com Deus e Deus não se lembra dele!"[558]. E, nesse mesmo dia, há a notícia de que também o Prof. Marcello Caetano visita o doente[559], enquanto o Presidente da República, já em S. Tomé, é informado da evolução da situação[560].

Ao início da noite de 25 de Julho, um novo agravamento: os médicos perdem agora qualquer esperança de salvar Salazar[561]. Não consegue dormir, ora está agitado, ora está tranquilo[562]. No dia 26 de Julho, um domingo, depois de novo acidente cardíaco[563], forma-se um edema pulmonar e aparecem focos de pneumonia[564]:

---

[554] Cfr. FRANCO NOGUEIRA, *Salazar*, VI, p. 439.

[555] Cfr. EDUARDO COELHO/ANTÓNIO MACIEIRA COELHO, *Salazar...*, p. 82.

[556] Na noite de 23 para 24 de Julho, Salazar sofre novo acidente cardiovascular, cfr. *O Século*, de 28 de Julho de 1970, p. 8.

[557] Cfr. *Vida Mundial*, n.º 1625, de 31 de Julho de 1970, p. 63; *Flama*, n.º 1169, Ano XXVII, de 31 de Julho de 1970, p. 35; *O Século Ilustrado*, n.º 1700, de 1 de Agosto de 1970, p. 27.

[558] Cfr. EDUARDO COELHO/ANTÓNIO MACIEIRA COELHO, *Salazar...*, p. 82.

[559] Cfr. *O Século Ilustrado*, n.º 1700, de 1 de Agosto de 1970, p. 27.

[560] Cfr. AMÉRICO THOMAZ, *Últimas Décadas de Portugal*, IV, p. 107.

[561] Cfr. *O Século Ilustrado*, n.º 1700, de 1 de Agosto de 1970, p. 27.

[562] Cfr. MARIA DA CONCEIÇÃO DE MELO RITA/JOAQUIM VIEIRA, *Os Meus 35 Anos com Salazar*, p. 191.

[563] Cfr. *Diário de Lisboa*, de 27 de Julho de 1970, p. 13.

[564] Cfr. FRANCO NOGUEIRA, *Salazar*, VI, p. 439.

Salazar tem febre, a sua a respiração é ofegante e ruidosa e está imóvel, numa situação de aparente coma.

Passa a noite de domingo para segunda-feira relativamente tranquilo[565]. Não há, porém, ilusões: "é o fim, a ciência nada mais sabe fazer", diz Bissaia Barreto[566].

Já na madrugada do dia 27, verificam-se surpreendentes melhoras[567] e, após a chegada do Prof. Eduardo Coelho, Salazar, cerca das oito horas e meia, troca ainda algumas palavras com o Prof. Bissaia Barreto[568] que, despedindo-se[569], depois de ter passado a noite inteira de vigília[570], partia para Coimbra.

No entanto, pouco antes das nove horas, e apesar de já sacramentado dias atrás[571], é chamado, a toda a pressa, o Pároco da Estrela, Padre Tobias Gomes Duarte, ministrando a extrema-unção ao doente[572].

---

[565] Cfr. *O Século Ilustrado*, n.º 1700, de 1 de Agosto de 1970, p. 27.

[566] Cfr. FRANCO NOGUEIRA, *Salazar*, VI, p. 439.

[567] Cfr. FRANCO NOGUEIRA, *Salazar*, VI, p. 439.

[568] Neste sentido, cfr. *Diário Popular*, de 27 de Julho de 1970, p. 20; *O Século Ilustrado*, n.º 1700, de 1 de Agosto de 1970, p. 27.

[569] Diz-se que o Prof. Bissaia Barreto, depois de se despedir de Salazar, tendo este respondido "com um imperceptível movimento de lábios" , terá afirmando ao sair de S. Bento: "ainda tem um palminho de vida…" (cfr. *Diário de Notícias*, de 28 de Julho de 1970, p. 8; *Fatos e Fotos*, Ano X, n.º 497, Brasília, de 13 de Agosto de 1970, p. 6).

[570] Cfr. *O Século*, de 28 de Julho de 1970, p. 1.

[571] Cfr. *O Século Ilustrado*, n.º 1700, de 1 de Agosto de 1970, p. 27.

Salazar, estando ainda consciente, recebeu antes a extra-unção pela mão do Padre Gregório Verdonck (cfr. *Diário de Notícias*, de 28 de Julho de 1970, p. 8; *O Século*, de 28 de Julho de 1970, p. 10).

[572] Cfr. *Diário de Lisboa*, de 27 de Julho de 1970, p. 10; *Flama*, n.º 1169, Ano XXVII, de 31 de Julho de 1970, p. 35.

Uma enfermeira vai acordar o médico que esteve de serviço toda a noite[573]: Salazar já não respira e nada há a fazer.

Com o cessar de todas as funções vitais do doente[574], às nove horas e quinze minutos, de 27 de Julho, parecendo ainda estar a repousar[575], Salazar morreu[576], vítima de um novo acidente cardio-vascular[577]: estavam presentes, além da governanta[578], da sobrinha Maria Carlota Salazar Pais de Sousa[579], do Padre Tobias Gomes Duarte e de uma empregada doméstica[580], duas enfermeiras e os médicos que o assistiam[581].

---

[573] Note-se, a título de curiosidade, que esse médico de serviço já tinha estado preso por razões políticas, cfr. ANA MARGARIDA DE CARVALHO, *Queda sem tiro*, in *Visão História*, n.º 2, Julho de 2008, p. 51.

[574] Cfr. FRANCO NOGUEIRA, *Salazar*, VI, p. 439.

[575] Cfr. *Diário de Notícias*, de 28 de Julho de 1970, p. 8.

[576] Cfr. EDUARDO COELHO/ANTÓNIO MACIEIRA COELHO, *Salazar...*, p. 83.

[577] Cfr. *Diário Popular*, de 27 de Julho de 1970, p. 20.

[578] Destacando que a governanta não expressou qualquer gesto ou esboço de carícia ao moribundo, "não lhe pôs sequer a mão nas mãos ou no rosto", cfr. testemunho do Dr. Macieira Coelho, in FERNANDO DACOSTA, *Máscaras de Salazar*, p. 313.

[579] A sobrinha de Salazar, Maria Carlota Salazar Pais de Sousa (1910-2000), era filha da irmã Laura (1886-1985) e do marido desta, Abel Pais de Sousa (1887-1955). Este último, note-se, era irmão de Mário Pais de Sousa (1891-1949) que foi Ministro do Interior, primeiro do General Domingos de Oliveira (1931-1932) e depois de Salazar (1936-1944). Cfr. FERNANDO ROSAS/J.M BRANDÃO DE BRITO (Direcção), *Dicionário de História do Estado Novo*, II, Venda Nova, Bertrand Editora, 1996, p. 955.

[580] Cfr. *Diário de Notícias*, de 28 de Julho de 1970, p. 8; *Fatos e Fotos*, Ano X, n.º 497, Brasília, de 13 de Agosto de 1970, p. 6.

[581] Cfr. *O Século Ilustrado*, n.º 1700, de 1 de Agosto de 1970, p. 27.

§4.º ANO DE 1970: O FIM | 117

4.2.3. Apesar de uma "dolorosa agonia de mártir"[582], Salazar morreu serenamente[583], tal como viveu: era "sempre sereno, sem pressas"[584] – igualmente o foi na morte.

Para se certificar o óbito, os médicos presentes fizeram um electrocardiograma[585]. E a respectiva certidão, assinada pelo Ministro da Saúde, Baltazar Rebelo de Sousa[586], dirá que Salazar foi

---

[582] Cfr. MARIA DA CONCEIÇÃO DE MELO RITA/JOAQUIM VIEIRA, *Os Meus 35 Anos com Salazar*, p. 191.

[583] Nas palavras de uma empregada doméstica que estava presente, "o Sr. Presidente teve uma morte muito serena" (cfr. *Diário de Lisboa*, de 27 de Julho de 1970, p. 10; *Flama*, n.º 1169, Ano XXVII, de 31 de Julho de 1970, p. 35; *O Século Ilustrado*, n.º 1700, de 1 de Agosto de 1970, p. 27.). No mesmo sentido, cfr. *O Século*, de 28 de Julho de 1970, p. 1.

[584] Esse é o testemunho de um seu antigo aluno da Faculdade de Direito da Universidade de Coimbra, publicado no dia em que Salazar completou oitenta anos, cfr. SÁ TINÔCO, in *Correio do Minho*, de 29 de Abril de 1969, p. 1. No mesmo sentido, o testemunho de Emília Ferreira, secretária de Salazar durante anos, confirma que ele era uma pessoa muito calma e que nunca se irritava, mantendo sempre a serenidade, cfr. ISABEL OLIVEIRA, *Guardiões dos segredos*, in *O Independente – "Cem Anos de Solidão"*, de 28 de Abril de 1989, p. 11. Em igual sentido, Franco Nogueira confirma que Salazar "não se entusiasma, não se exalta"(cfr. FRANCO NOGUEIRA, *Salazar*, VI, p. 37), havendo mesmo quem afirme que "Salazar foi um campeão da imperturbabilidade, num País de susceptíveis e irritadiços" (cfr. RUI PEREIRA DE MELO, *Ídolos – S de Salazar*, in *K*, n.º 32, de Maio de 1993, p. 100). Ainda sobre o tema, convergindo no perfil de Salazar como sendo um homem calmo, cfr. BARRADAS DE OLIVEIRA, *O príncipe encarcerado*, pp. 71 ss.

[585] Testemunho, neste sentido, do Dr. Macieira Coelho, in FERNANDO DACOSTA, *O dia em que Salazar morreu*, in *Visão*, n.º 385, de 27 de Julho a 2 de Agosto de 2000, p. 57; IDEM, *Máscaras de Salazar*, p. 313.

[586] Neste sentido, cfr. MARCELO REBELO DE SOUSA, *Baltazar Rebelo de Sousa*, p. 319.

vítima "de uma embolia fulminante, em consequência de uma flebotrombose"[587]. Não foi feita autópsia ao cadáver[588].

O rosto do cadáver revela, todavia, traços marcados pelo sofrimento e pela exaustão de uma vida e de uma longa doença[589]. Como então foi escrito, "Salazar sucumbiu, por fim, ao cabo de uma lenta agonia que a sua grande resistência física prolongou para além dos limites vulgares"[590].

Salazar, tendo expirado "sem angústia, quase esquecido"[591], também morreu tarde e sem glória: morreu, usando as palavras de um seu opositor, "numa preservada agonia amolecida, a meter dó"[592].

4.3. Os momentos subsequentes à morte

4.3.1. Imediatamente após a morte de Salazar, seguindo instruções escritas previamente, o médico que esteve de serviço toda a noite abriu um envelope guardado numa gaveta da secretária de Salazar: estava escrito apenas um número de telefone; o médico ligou-o e informou quem estava do outro lado da morte do doente[593].

---

[587] Testemunho, neste sentido, do Dr. Macieira Coelho, in FERNANDO DACOSTA, *O dia em que Salazar morreu*, in *Visão*, n.º 385, de 27 de Julho a 2 de Agosto de 2000, p. 57; IDEM, *Máscaras de Salazar*, p. 313.

[588] Neste sentido, cfr. declaração do Dr. Macieira Coelho, in FERNANDO DACOSTA, *O dia em que Salazar morreu*, in *Visão*, n.º 385, de 27 de Julho a 2 de Agosto de 2000, p. 58; IDEM, *Máscaras de Salazar*, p. 313; IDEM, *Salazar – Fotobiografia*, p.155.

[589] Cfr. JOÃO FALCATO, *A máscara de Salazar*, in *Diário de Notícias*, de 28 de Julho de 1970, p. 9.

[590] Cfr. *Flama*, n.º 1169, Ano XXVII, de 31 de Julho de 1970, p. 33.

[591] Cfr. FERNANDO DACOSTA, *O dia em que Salazar morreu*, in *Visão*, n.º 385, de 27 de Julho a 2 de Agosto de 2000, p. 57; IDEM, *Máscaras de Salazar*, p. 314.

[592] Cfr. MIGUEL TORGA, *Diário*, XI, p. 96.

[593] Cfr. ANA MARGARIDA DE CARVALHO, *Queda sem tiro*, in *Visão História*, n.º2, Julho de 2008, p. 51.

§4.º ANO DE 1970: O FIM | 119

A notícia da morte de Salazar correu rápida pelos meios oficiais e é o próprio director-geral da segurança, o Major Silva Pais, que, ao telefone da residência de Salazar, confirma a informação[594].

Há agora que amortalhar o corpo e, perante a emoção incapacitante da governanta, são os amigos pessoais de Salazar que tomam as decisões[595]: uma vez que não se encontram a capa e a batina de professor de Coimbra, nem as insígnias doutorais – ou, talvez mesmo, Salazar as não possuísse –, é o Prof. Francisco Leite Pinto que cede a sua capa e batina e o Prof. Lumbrales que dá a sua borla e o seu capelo de doutor em Direito. Nas palavras de Franco Nogueira, "é assim vestido, com trajes e insígnias alheias, o cadáver do antigo chefe do governo"[596].

Pouco tempo depois, cerca das dez horas e quarenta minutos, o Prof. Marcello Caetano e o Ministro do Interior, Dr. Gonçalves Rapazote, dirigem-se à residência de S. Bento[597], trocando impressões com os médicos[598]. E, de um momento para o outro, um extenso elenco de individualidades acorre a S. Bento[599], visando prestar uma última homenagem a Salazar. O Cardeal-Patriarca

---

[594] Cfr. *Flama*, n.º 1169, Ano XXVII, de 31 de Julho de 1970, p. 35.

[595] Cfr. FRANCO NOGUEIRA, *Salazar*, VI, p. 440.

[596] Cfr. FRANCO NOGUEIRA, *Salazar*, VI, p. 440.

[597] Cfr. *Diário de Notícias*, edição especial das 12 horas, de 27 de Julho de 1970, p. 1; *Diário de Lisboa*, de 27 de Julho de 1970, p. 10; *Diário de Notícias*, de 28 de Julho de 1970, p. 8; *Flama*, n.º 1169, Ano XXVII, de 31 de Julho de 1970, p. 35; *O Século Ilustrado*, n.º 1700, de 1 de Agosto de 1970, p. 27.

[598] Cfr. *Diário Popular*, de 27 de Julho de 1970, p. 20.

[599] Para um elenco das pessoas que passaram, nesse dia, 27 de Julho, pela residência de Salazar, cfr. *Diário de Notícias*, edição especial das 12 horas, de 27 de Julho de 1970, p. 1; *Diário de Lisboa*, de 27 de Julho de 1970, p. 10; *Diário de Notícias*, de 28 de Julho de 1970, p. 8; *O Século*, de 28 de Julho de 1970, p. 7; *Flama*, n.º 1169, Ano XXVII, de 31 de Julho de 1970, p. 35; *O Século Ilustrado*, n.º 1700, de 1 de Agosto de 1970, p. 27.

também aparece[600], pelas doze horas, e assiste a uma missa de corpo presente celebrada pelo Padre João Rocha[601].

Além de todo um conjunto de indefectíveis amigos que acompanharam o doente nos últimos tempos de vida, aparecem também agora, durante todo o dia 27 de Julho, segundo se pode ver pelas folhas de presenças assinadas nesse dia[602] e pelos elencos de pessoas referidos pelos jornais[603], muitas individualidades que antes, esquecendo quem os projectou politicamente (v. *supra*, n.º 4.1.2.) e num cuidado oportunista de não desagradar ao novo titular do poder, nunca visitaram Salazar em vida: abandonado na doença, desde que deixou de ter poder, Salazar era agora, depois de morto, objecto de hipócrita homenagem por aqueles que, rapidamente convertidos ao marcelismo, nos mais puros termos da lei da miséria do poder (v. *supra*, n.º 2.7.3.), eram seus devedores políticos.

Pelas onze horas e vinte minutos, o edifício da Assembleia Nacional coloca a bandeira portuguesa a meia-haste[604]: seguem-se, pouco tempo depois, todos os edifícios de organismos públicos.

É, entretanto, divulgada a notícia da morte pelos meios de comunicação social: às onze horas e quarenta e três minutos, a Emissora

---

[600] Segundo o testemunho de D. José Policarpo, o Cardeal Cerejeira sentiu profundamente a morte de Salazar, "vi-o chorar no dia em que o Doutor Salazar morreu", cfr. D. José da Cruz Policarpo, *Cardeal Cerejeira – Fotobiografia*, Lisboa, Editorial Notícias, 2002, p. 119.

[601] Cfr. *Diário de Lisboa*, de 27 de Julho de 1970, p. 10; *Diário de Notícias*, de 28 de Julho de 1970, p. 8; *Flama*, n.º 1169, Ano XXVII, de 31 de Julho de 1970, p. 35.

[602] Cfr. "Lista de cumprimentos durante a doença, 1968-1970", in AOS/PP7.

[603] Cfr., por todos, *Diário de Notícias*, de 28 de Julho de 1970, p. 8.

[604] Cfr. *Diário de Notícias*, edição especial das 12 horas, de 27 de Julho de 1970, p. 1; *Diário de Lisboa*, de 27 de Julho de 1970, p. 10; *Diário Popular*, de 27 de Julho de 1970, p. 20; *Diário de Notícias*, de 28 de Julho de 1970, p. 8; *Flama*, n.º 1169, Ano XXVII, de 31 de Julho de 1970, p. 35.

Nacional, precedendo e terminando a notícia com o hino nacional, comunica o falecimento de Salazar[605]. Às doze horas, o "Diário de Notícias", em edição especial, publica em primeira página, acompanhada de uma fotografia de grandes dimensões de Salazar, que "Portugal está de luto. Morreu o Presidente Salazar". A televisão, por sua vez, anunciará a morte de Salazar, às doze horas e quarenta e cinco minutos, em telejornal especial[606].

Verifica-se, sem grande surpresa pela sua inevitabilidade, que a morte de Salazar não provocou estremecimento no país[607]: "nem o dos partidários, nem o dos adversários", não se vislumbraram, continuando a transcrever Miguel Torga, "quaisquer sinais de tristeza aterrada, e, menos ainda, de euforia redentora"[608].

Tal como durante a vida procurou vivê-la sem grandes emoções, também na morte de Salazar há uma serenidade que se transmite a um país que, desde Setembro de 1968, estava preparado para dela tomar conhecimento[609]: não há sobressalto, há um respeito silencioso, "para uns, a sombra definitiva do cadáver sobrepôs-se apenas à bruxuleante luz do ídolo; para outros, o sentimento de piedade cobriu cristãmente o ressentimento sectário"[610].

---

[605] Cfr. *Diário de Lisboa*, de 27 de Julho de 1970, p. 10; *Diário Popular*, de 27 de Julho de 1970, p. 20.; *Flama*, n.º 1169, Ano XXVII, de 31 de Julho de 1970, p. 35; *O Século Ilustrado*, n.º 1700, de 1 de Agosto de 1970, p. 27.

[606] Cfr. FRANCISCO RUI CÁDIMA, *Salazar, Caetano e a Televisão Portuguesa*, p. 253.

[607] Cfr. MIGUEL TORGA, *Diário*, XI, p. 96.

[608] Cfr. MIGUEL TORGA, *Diário*, XI, pp. 96 e 97.

[609] Em sentido diferente, afirmando que "foi profunda a emoção que a morte do doutor Salazar causou em todo o País" e que "a consternação foi geral em todo o território nacional", cfr. AMÉRICO THOMAZ, *Últimas Décadas de Portugal*, IV, p. 119. No mesmo sentido, sublinhando a "profunda emoção em todo o País", cfr. *Notícias de Portugal*, Boletim Semanal da Direcção-Geral da Informação da Secretaria de Estado da Informação e Turismo, Ano XXIV, n.º 1213, de 1 de Agosto de 1970, p. 6.

[610] Cfr. MIGUEL TORGA, *Diário*, XI, p. 96.

122 | AGONIA E MORTE DE SALAZAR

4.3.2. Enquanto na residência de S. Bento se recebiam as primeiras flores e começam as arrumações preparativas dos serviços fúnebres[611], às doze horas reúne-se, extraordinariamente, o Conselho de Ministros, o qual durou pouco mais de uma hora[612]: é decretado luto geral, o encerramento dos estabelecimentos públicos no dia do funeral, a suspensão dos espectáculos públicos, as demonstrações de luto nacional por falecimento de um Chefe de Estado e, por último, determina-se que "os funerais do Doutor António de Oliveira Salazar serão nacionais e feitos pelo Estado"[613].

Depois do Conselho de Ministros, o Prof. Marcello Caetano dirige-se aos estúdios da Rádio Televisão Portuguesa[614] e, pelas catorze horas e trinta minutos, fala ao País[615]: faz um curto resumo do percurso de Salazar, salientando que, apesar de quarenta anos de governo não poderem decorrer sem sombras, "o saldo positivo é enorme. Salazar foi um grande governante", concluindo que "ele foi, em toda a dimensão da palavra e em toda a dignidade da espécie – um Homem"[616].

---

[611] Cfr. *O Século Ilustrado*, n.º 1700, de 1 de Agosto de 1970, p. 27.

[612] Cfr. *O Século*, de 28 de Julho de 1970, p. 1; *Notícias de Portugal*, Boletim Semanal da Direcção-Geral da Informação da Secretaria de Estado da Informação e Turismo, Ano XXIV, n.º 1213, de 1 de Agosto de 1970, p. 6.

[613] Cfr. Decreto-Lei n.º 353/70, de 27 de Julho, in *Diário do Governo*, I Série, n.º 173, 2.º Suplemento, de 27 de Julho de 1970. Note-se a particularidade de este diploma ter sido promulgado pelo próprio Marcello Caetano uma vez que, encontrando-se o Presidente da República em viagem oficial, exercia aquele as funções deste a título substitutivo.

[614] Cfr. *O Século*, de 28 de Julho de 1970, p. 1; *Flama*, n.º 1169, Ano XXVII, de 31 de Julho de 1970, p. 35.

[615] Cfr. FRANCISCO RUI CÁDIMA, *Salazar, Caetano e a Televisão Portuguesa*, pp. 253-254.

[616] Para uma leitura integral da intervenção de Marcello Caetano, cfr. *Diário de Lisboa*, de 27 de Julho de 1970, p. 16; *Diário de Notícias*, de 28 de Julho de 1970, pp. 16 e 8; *O Século*, de 28 de Julho de 1970, pp. 1 e 7; *Notícias de Portugal*, Boletim Semanal da Direcção-Geral da Informação da Secretaria de

O Presidente da República, nesse dia em visita à Ilha do Príncipe, é informado, por telegrama, e após o seu discurso nos Paços do Concelho[617], da morte de Salazar[618]: decide então regressar a S. Tomé, cancelando as cerimónias ainda previstas, e, falando por via telefónica com Marcello Caetano, comunica-lhe a decisão de regressar a Lisboa, por via aérea, para assistir ao funeral de Salazar, razão pela qual o funeral teria que ser adiado por vinte e quatro horas.

Em Lisboa, perto das quinze horas, alegadamente por iniciativa do Prof. Eduardo Coelho[619], o escultor António Duarte aparece na residência de Salazar para efectuar a reprodução da máscara do rosto e da mão direita do antigo Presidente do Conselho[620], trabalho esse que, sendo difícil[621], se prolonga para além das dezassete horas[622].

Estado da Informação e Turismo, Ano XXIV, n.º 1213, de 1 de Agosto de 1970, pp. 2 ss.

[617] Para uma detalhada descrição da recepção e divulgação da notícia da morte de Salazar junto da comitiva presidencial em S. Tomé e Príncipe, cfr. *O Século*, de 28 de Julho de 1970, p. 5.

[618] Cfr. AMÉRICO THOMAZ, *Últimas Décadas de Portugal*, IV, pp. 111 e 112.

[619] Testemunho, neste sentido, do Dr. Macieira Coelho, in FERNANDO DACOSTA, *O dia em que Salazar morreu*, in *Visão*, n.º 385, de 27 de Julho a 2 de Agosto de 2000, p. 57; IDEM, *Máscaras de Salazar*, p. 313.

Refira-se, no entanto, que, segundo resulta do "Procedimento a adoptar após a morte do Prof. Doutor Oliveira Salazar", elaborado em finais de Setembro 1968, existente na Torre do Tombo (cfr. AOS/PRF – 1), já aí se previa a moldagem do rosto e das mãos de Salazar.

[620] Refira-se, a título de curiosidade, que um jornalista se conseguiu infiltrar como ajudante do escultor António Duarte no quarto onde jazia Salazar. Perante o cenário que encontrou, arrependeu-se e retirou-se do local. Cfr. JOÃO FALCATO, *A máscara de Salazar*, in *Diário de Notícias*, de 28 de Julho de 1970, p. 9.

[621] Essa dificuldade, envolvendo "o risco de a pele e os cabelos do cadáver se deteriorarem ao tirar os moldes", foi objecto de testemunho pelo próprio escultor António Duarte, in FERNANDO DACOSTA, *O dia em que Salazar morreu*, in *Visão*, n.º 385, de 27 de Julho a 2 de Agosto de 2000, p. 57; IDEM, *Máscaras de Salazar*, p. 313.

[622] Cfr. *Diário de Notícias*, de 28 de Julho de 1970, p. 8.

124 | AGONIA E MORTE DE SALAZAR

O velório prossegue, transformado que estava o quarto da residência de S. Bento em câmara-ardente, envolvendo apenas as pessoas mais próximas[623], tendo sido rezado um ofício de corpo presente pelo Padre Manuel Rocha[624].

Na sequência da sugestão oficial de embalsamar o corpo de Salazar[625] e depois de obtida a respectiva autorização familiar através da irmã de Salazar, Marta do Resgate[626], o Prof. Arsénio Nunes, director do Instituto de Medicina Legal, acompanhado de diversos colaboradores, procede ao embalsamamento do defunto[627]: a operação dura cerca de três horas, sendo o corpo depois colocado numa urna de madeira escura.

4.3.3. No dia 28 de Julho, pela manhã, o Prior da Estrela celebra missa numa sala contígua à câmara-ardente improvisada[628] e, cerca das dez horas e trinta e cinco minutos, chega o Prof. Marcello Cae-

---

Manda a verdade que se diga, segundo testemunho do próprio escultor António Duarte, que depois ninguém veio buscar ou efectuou o pagamento das peças em bronze, in FERNANDO DACOSTA, *Máscaras de Salazar*, p. 313; IDEM, *Salazar – Fotobiografia*, p. 156.

[623] Cfr. *O Século Ilustrado*, n.º 1700, de 1 de Agosto de 1970, p. 28.

[624] Cfr. *Diário de Notícias*, de 28 de Julho de 1970, p. 8.

[625] Cfr. *Diário de Lisboa*, de 28 de Julho de 1970, p. 8.
Essa sugestão de se proceder ao embalsamamento de Salazar tem a sua fonte histórica no "Procedimento a adoptar após a morte do Prof. Doutor Oliveira Salazar", elaborado em finais de Setembro 1968, e existente na Torre do Tombo (cfr. AOS/PRF – 1).

[626] Cfr. *Diário de Notícias*, de 28 de Julho de 1970, p.11.

[627] Uns localizam essa intervenção cerca das dezoito horas do dia 27 de Julho (cfr. *O Século Ilustrado*, n.º 1700, de 1 de Agosto de 1970, p. 28), enquanto outros a situam às seis horas da madrugada do dia 28 de Julho (cfr. *Diário de Notícias*, de 28 de Julho de 1970, p. 11). A segunda hipótese parece, no entanto, mais verosímil, atendendo a que a irmã de Salazar só chegou a Lisboa já passava das duas horas da madrugada do dia 28 de Julho (cfr. *Diário de Notícias*, de 28 de Julho de 1970, p. 11) e surge confirmada, nesta última versão, por outras fontes da imprensa diária (cfr. *Diário de Lisboa*, de 28 de Julho de 1970, p. 8).

[628] Para uma descrição do ambiente então vivido, segundo o relato de um

tano[629]: a urna, contendo os restos mortais de Salazar e envolvida pela bandeira nacional, é então transportada pelo jardim para o átrio da Assembleia Nacional[630][631].

Depois de uma breve paragem no átrio da Assembleia Nacional segue-se, sem grandes desvios[632], o procedimento do cerimonial já antes, desde 1968 (v. *supra*, n.º 2.8.1.), estabelecido para o funeral de Salazar: a urna desce, ao som da marcha fúnebre, a escadaria do Palácio de S. Bento, e forma-se um cortejo que, numa viatura do exército, a transporta, uma vez mais coberta com a bandeira nacional, precedida por dois esquadrões de cavalaria da Guarda Nacional Republicana, até ao Mosteiro dos Jerónimos[633]. Há muita

---

jornalista que esteve presente, cfr. *Fatos e Fotos*, Ano X, n.º 497, Brasília, de 13 de Agosto de 1970, p. 9.

[629] Cfr. *Diário de Notícias*, de 29 de Julho de 1970, p. 8; *Diário de Lisboa*, de 28 de Julho de 1970, p. 9; *O Século Ilustrado*, n.º 1700, de 1 de Agosto de 1970, pp. 28 ss.; *Notícias de Portugal*, Boletim Semanal da Direcção-Geral da Informação da Secretaria de Estado da Informação e Turismo, Ano XXIV, n.º 1213, de 1 de Agosto de 1970, pp. 8 ss.

[630] Franco Nogueira engana-se aqui, uma vez que coloca na tarde do dia 27 de Julho a transferência da urna com o corpo de Salazar para o átrio do Palácio de S. Bento, cfr. FRANCO NOGUEIRA, *Salazar*, VI, p. 441.

[631] A urna é levada aos ombros por oito praças do Regimento de Lanceiros 2, seguida pelo Chefe do Governo e pelos Prof. Lumbrales, General Gomes de Araújo e o Dr. Paulo Rodrigues, transportando, respectivamente, a borla de catedrático e as insígnias da Torre e Espada e da Ordem do Império. Neste sentido e para mais desenvolvimentos, cfr. *Diário de Notícias*, de 29 de Julho de 1970, p. 8; *Diário de Lisboa*, de 28 de Julho de 1970, p. 9.

[632] Para um primeiro elenco público das diversas fases do programa das cerimónias fúnebres de Salazar, cfr. *Diário de Lisboa*, de 27 de Julho de 1970, p. 15. E para um desenvolvimento mais substancial desse mesmo programa, cfr. *Diário de Notícias*, de 28 de Julho de 1970, p. 9.

[633] Cfr. *Diário de Notícias*, de 29 de Julho de 1970, p. 8; *Flama*, n.º 1169, Ano XXVII, de 31 de Julho de 1970, p. 43; *O Século Ilustrado*, n.º 1700, de 1 de Agosto de 1970, pp. 28 ss.; *Notícias de Portugal*, Boletim Semanal da Direcção--Geral da Informação da Secretaria de Estado da Informação e Turismo, Ano XXIV, n.º 1213, de 1 de Agosto de 1970, pp. 8 ss.

gente anónima aglomerada pelas ruas durante todo o trajecto[634], desde a Avenida D. Carlos, passando pelas Avenidas 24 de Julho e da Índia[635]: impera um silêncio respeitoso[636] e algumas mulheres mais idosas choram[637].

No Mosteiro dos Jerónimos, formam-se sucessivos turnos de vigia aos restos mortais de Salazar[638], o primeiro feito, a partir das doze horas e trinta minutos, durante meia hora, pelos próprios membros do Governo[639]. E, ao longo de todo o dia e toda a noite dos dias 28 e 29 de Julho, sucessivas filas compactas de gente anónima, visando prestar homenagem ao antigo Chefe do Governo, desfilam junto ao seu ataúde[640].

No dia 29 de Julho, pelas vinte e uma horas e trinta minutos, chega a Lisboa o Presidente da República[641] e, ao contrário do inicialmente divulgado, não se desloca, nesse dia, aos Jerónimos[642].

---

[634] Cfr. *Notícias de Portugal*, Boletim Semanal da Direcção-Geral da Informação da Secretaria de Estado da Informação e Turismo, Ano XXIV, n.º 1213, de 1 de Agosto de 1970, pp. 10 ss.

[635] Cfr. *Diário de Notícias*, de 29 de Julho de 1970, p. 8; *Diário de Lisboa*, de 28 de Julho de 1970, p. 16; FRANCO NOGUEIRA, *Salazar*, VI, p. 441.

[636] Cfr. *Diário de Notícias*, de 29 de Julho de 1970, p. 8.

[637] Cfr. *Fatos e Fotos*, Ano X, n.º 497, Brasília, de 13 de Agosto de 1970, p. 9.

[638] Para um elenco completo desses turnos de vigia, cfr. *Diário de Notícias*, de 28 de Julho de 1970, p. 9; *O Século*, de 28 de Julho de 1970, p. 9.

[639] Cfr. *Diário de Notícias*, de 29 de Julho de 1970, p. 8; *Diário de Lisboa*, de 28 de Julho de 1970, p. 8; *Flama*, n.º 1169, Ano XXVII, de 31 de Julho de 1970, p. 46; *O Século Ilustrado*, n.º 1700, de 1 de Agosto de 1970, p. 29.

[640] Cfr. *Diário de Notícias*, de 29 de Julho de 1970, p. 8; *Diário de Notícias*, de 30 de Julho de 1970, p. 8; *Notícias de Portugal*, Boletim Semanal da Direcção-Geral da Informação da Secretaria de Estado da Informação e Turismo, Ano XXIV, n.º 1213, de 1 de Agosto de 1970, pp. 13 ss.

[641] Cfr. AMÉRICO THOMAZ, *Últimas Décadas de Portugal*, IV, p. 116. Para uma narração pormenorizada da chegada do Presidente da República, cfr. *Diário de Notícias*, de 30 de Julho de 1970, p. 2.

[642] Cfr. *O Século Ilustrado*, n.º 1700, de 1 de Agosto de 1970, p. 29.

4.3.4. Nada mais há a fazer, em Salazar tudo está consumado: as homenagens oficiais revelam um misto de reconhecimento pelo passado e de alívio para o futuro.

Marcello Caetano pensa ter agora, exclusivamente para si, o palco inteiro, finalmente livre de quaisquer sombras do passado.

Viverá, também aqui, mais uma ilusão: ao contrário do que pensava, Marcello Caetano estava refém (v. *infra*, n.º 5.5.). E, menos de quatro anos depois, escreverá, referindo-se à sua própria experiência como Presidente do Conselho, "quão pouco se consideram os vencidos no nosso País e como nele têm nula valia o esforço, a dedicação, o sacrifício para o servir"[643].

4.4. O enterro de Salazar: (a) os detalhes

4.4.1. Em 30 de Julho, pelas dez horas e trinta minutos, encontrando-se a urna já fechada e coberta com a bandeira nacional, é rezada missa solene de corpo presente[644], presidida pela Cardeal-Patriarca e tendo como principal celebrante o cónego D. João de Castro (Nova Goa)[645], ficando a homilia a cargo de Monsenhor Moreira das Neves[646], diz-se que aproveitando, sem prejuízo de pon-

---

[643] Cfr. MARCELLO CAETANO, *Depoimento*, p. 206.

[644] O serviço religioso foi ainda acompanhado pela orquestra sinfónica da Emissora Nacional e pelo coro de São Carlos, cfr. *Diário de Notícias*, de 31 de Julho de 1970, p. 8; *O Século Ilustrado*, n.º 1700, de 1 de Agosto de 1970, p. 31.

[645] Cfr. *Diário de Notícias*, de 31 de Julho de 1970, p. 8; *O Século Ilustrado*, n.º 1700, de 1 de Agosto de 1970, p. 31.

[646] Parece que o Cardeal-Patriarca tinha antes sondado os bispos D. António Reis Rodrigues e D. Manuel de Almeida Trindade, tendo ambos se escusado, cfr. FRANCO NOGUEIRA, *Salazar*, VI, p. 442, nota n.º 2.

Para uma leitura integral da homilia proferida por Monsenhor Moreira das Neves, cfr. *Diário de Notícias*, de 31 de Julho de 1970, p. 8; *O Século*, de 31 de Julho de 1970, p. 8.

128 | AGONIA E MORTE DE SALAZAR

tuais alterações, o texto da homilia que já havia escrito, em 1968, para o então previsto funeral de Salazar (v. *supra*, n.º 2.8.1.)[647].

Depois da intervenção do Cardeal D. Manuel Gonçalves Cerejeira, dando a absolvição final e fazendo a encomendação do corpo, sai o funeral dos Jerónimos, cerca das onze horas e cinquenta minutos[648], e, num comboio especial estacionado em frente à Praça do Império, vão os restos mortais de Salazar para o cemitério do Vimieiro[649], cumprindo-se, deste modo, o seu desejo de ser sepultado junto da campa dos pais[650].

No percurso do comboio[651], uma vez mais, o povo aglomera-se e agitam-se lenços brancos em sinal de adeus[652]: passa primeiro por Coimbra onde faz uma paragem breve, chega a Santa Comba Dão pelas dezassete horas e trinta minutos. Da estação para o cemitério do Vimieiro, numa distância de cerca de dois quilómetros,

---

[647] Cfr. FERNANDO DACOSTA, *Máscaras de Salazar*, p. 317.

[648] Cfr. *Diário de Notícias*, de 31 de Julho de 1970, p. 8; *O Século*, de 31 de Julho de 1970, p. 9; *Flama*, n.º 1170, Ano XXVII, de 7 de Agosto de 1970, p. 32.

[649] Cfr. *Diário de Notícias*, de 31 de Julho de 1970, p. 9; *O Século*, de 31 de Julho de 1970, pp. 9-10; *O Século Ilustrado*, n.º 1700, de 1 de Agosto de 1970, pp. 33 ss.

[650] Cfr. *Diário de Notícias*, edição especial das 12 horas, de 27 de Julho de 1970, p. 1; *Diário de Notícias*, de 31 de Julho de 1970, p. 1.

Refira-se, no entanto, que, por iniciativa do deputado Cazal Ribeiro, formulou--se a sugestão de Salazar ficar sepultado no Panteão Nacional, cfr. *Diário de Notícias*, de 28 de Julho de 1970, p. 9.

[651] Nesse longo percurso, Franco Nogueira confidenciará, anos depois, que tomou a resolução de terminar a sua vida política, dizendo: "o meu tempo, o meu mundo desceram à terra com o corpo, com a memória de Salazar", cfr. FERNANDO DACOSTA, *O dia em que Salazar morreu*, in *Visão*, n.º 385, de 27 de Julho a 2 de Agosto de 2000, p. 55.

[652] Cfr. *O Século Ilustrado*, n.º 1700, de 1 de Agosto de 1970, p. 41; AMÉRICO THOMAZ, *Últimas Décadas de Portugal*, IV, p. 121; FRANCO NOGUEIRA, *Salazar*, VI, p. 443; MARIA DA CONCEIÇÃO DE MELO RITA/JOAQUIM VIEIRA, *Os Meus 35 Anos com Salazar*, p. 192.

o cortejo segue a pé, durante mais de uma hora, atrás do armão do exército contendo a urna que passa junto à casa onde Salazar nasceu e, por breves instantes, aí se deteve[653]: de dentro da casa, a irmã Leopoldina, doente e impossibilitada de se deslocar, espreita pela janela o último regresso de Salazar[654]. Segue depois o cortejo, entre relâmpagos e trovões de uma quente tarde de verão, rumo ao cemitério, sendo antes celebrado breve ofício religioso dentro da pequena Igreja de Santa Cruz do Vimieiro[655].

Já no cemitério, junto à campa rasa que irá aguardar os restos mortais de Salazar, o Prof. Afonso Queiró, Director da Faculdade de Direito da Universidade de Coimbra, cumpre a tradição coimbrã, fazendo a leitura do elogio fúnebre de antigo professor da casa e do estadista: Salazar tinha sido o professor que servia "de paradigma de universitários, de exemplo a estudantes, de modelo a todos" e, nesse sentido, "esse homem não morreu. Vive, e viverá, porque subiu e passou definitivamente a pertencer ao mundo imperecível do espírito"[656].

A urna contendo o corpo de Salazar desce então lentamente à cova, toda forrada de cimento[657], registando-se a curiosidade de já antes nela terem sido lançados alguns cravos vermelhos[658]: são

---

[653] Cfr. *Diário de Notícias*, de 31 de Julho de 1970, p. 9; *O Século*, de 31 de Julho de 1970, p. 11; *O Século Ilustrado*, n.º 1700, de 1 de Agosto de 1970, pp. 42 e 43; *Flama*, n.º 1170, Ano XXVII, de 7 de Agosto de 1970, pp. 36 ss.

[654] Cfr. *Diário de Notícias*, de 31 de Julho de 1970, p. 9; *Flama*, n.º 1170, Ano XXVII, de 7 de Agosto de 1970, p. 46.

[655] Cfr. *Diário de Notícias*, de 31 de Julho de 1970, p. 9; *O Século*, de 31 de Julho de 1970, p. 11; *Flama*, n.º 1170, Ano XXVII, de 7 de Agosto de 1970, p. 41.

[656] Para uma leitura integral do discurso do Prof. Afonso Queiró, cfr. *Diário de Notícias*, de 31 de Julho de 1970, pp. 9 e 10; *O Século*, de 31 de Julho de 1970, pp. 11-12.

[657] Cfr. *O Século*, de 31 de Julho de 1970, p. 11.

[658] Cfr. *Diário de Notícias*, de 31 de Julho de 1970, p. 10.

dezanove horas e cinco minutos[659]. A campa rasa é depois coberta com uma pedra tumular simples, mandada cortar e preparar pelo próprio Salazar, usando pedra da sua propriedade[660], sem qualquer epitáfio[661]: tem apenas uma grande cruz e foram agravadas no fundo três letras e uma data – "A.O.S. 1970".

O Presidente da República a tudo assiste pessoalmente[662] e a televisão confere ampla cobertura às "solenes exéquias de Salazar"[663]: afinal, usando palavras então escritas, "com a morte de Salazar, é um ciclo que se fecha"[664].

4.4.2. Os funerais nacionais de Salazar[665] pretendem ser, segundo a óptica dos novos governantes, além de uma homenagem a um homem que era já em vida a encarnação política do passado, o enterro irreversível do salazarismo[666]: visa-se transmitir a ideia que o funeral de Salazar traduz o virar de uma página da História.

A realidade política era, porém, outra: só em ilusão o funeral de Salazar representaria o enterro do salazarismo – Marcello Caetano

---

Sublinhando também o pormenor de populares terem lançado cravos vermelhos dentro da sepultura de Salazar, cfr. FERNANDO DACOSTA, *O dia em que Salazar morreu*, in *Visão*, n.º 385, de 27 de Julho a 2 de Agosto de 2000, p. 58.

[659] Cfr. *O Século*, de 31 de Julho de 1970, p. 1.

[660] Cfr. FRANCO NOGUEIRA, *Salazar*, VI, p. 444.

[661] Cfr. *Diário de Notícias*, de 31 de Julho de 1970, p. 10.

[662] Cfr. AMÉRICO THOMAZ, *Últimas Décadas de Portugal*, IV, p. 121.

[663] Cfr. FRANCISCO RUI CÁDIMA, *Salazar, Caetano e a Televisão Portuguesa*, p. 256.

[664] Cfr. *O Século Ilustrado*, n.º 1700, de 1 de Agosto de 1970, p. 45.

[665] Considerando esses funerais como "modestos, senão obscuros", encontrando neles "tudo com uma nota de pobreza, de miserabilismo, de improvisação, a que nem faltavam as falhas do protocolo", cfr. JAIME NOGUEIRA PINTO, *O Fim do Estado Novo e as Origens do 25 de Abril*, p. 323.

[666] Nas palavras de Raul Rêgo, referindo-se ao enterro de Salazar, fala em "espectáculo degradante (...), no meio da indiferença até dos acompanhantes", e, acrescenta, "emoção verdadeira só a mulher que o servira durante dezenas de anos", cfr. RAUL RÊGO, *«Depoimento» ou Libelo*, p. 23.

assegurava já e na sua essência (sem pensar ainda que nunca se libertaria) um "salazarismo sem Salazar"[667].

4.5. Idem: (b) o início da véspera do Outono marcelista

4.5.1. Salazar está agora, definitivamente, enterrado: morto politicamente desde Setembro de 1968, tendo essa morte sido certificada pela televisão, em Abril de 1969, o novo poder político pode agora, finalmente, respirar sem a sombra viva do fantasma político de Salazar – para alguns, só agora iria começar a plenitude do marcelismo[668].

Sintomaticamente, Marcello Caetano sente a necessidade de, cerca de quatro meses após a morte de Salazar, ir à Assembleia Nacional, esclarecer que nunca foi a presença física de Salazar que o impediu de tomar qualquer decisão política (v. *supra*, n.º 3.4.1.), "enganam-se os que pensam o contrário e supuseram que a morte do grande homem removera algum obstáculo à realização dos projectos do novo Governo"[669].

Marcello Caetano pretenderá aqui convencer-se a si próprio ou, ao invés, apenas tenta convencer ou justificar-se perante os "que pensam o contrário"?

---

[667] Neste último sentido, cfr. MÁRIO SOARES, *Escritos Políticos*, 2ª ed., Edição do Autor, Lisboa, 1969, em especial, pp. 165 ss. e 200 ss.

[668] Negando qualquer fundamento a quem via em Salazar uma sombra ao poder político de Marcello Caetano, cfr. MARCELO REBELO DE SOUSA, *Baltazar Rebelo de Sousa*, p. 319.

[669] Intervenção do Prof. Marcello Caetano, ao apresentar junto da Assembleia Nacional a proposta de revisão constitucional que esteve na base da revisão de 1971, cfr. *Diário das Sessões*, 2.º suplemento ao n.º 50, de 3 de Dezembro de 1970, p. 1035.

132 | AGONIA E MORTE DE SALAZAR

Na revisão constitucional de 1971, especialmente no que diz respeito ao modelo organizativo ultramarino[670], assente numa proposta governamental curiosamente apresentada em Dezembro de 1970, dizendo-se que visava "actualizar e revitalizar o texto constitucional"[671], parece encontrar-se a resposta à interrogação colocada: sem a presença física de Salazar, o Governo de Marcello Caetano respira um novo ar.

Com efeito, já em Abril de 1969, Marcello Caetano diz que a mudança da linha adoptada nas questões ultramarinas "tem de ser preparada cuidadosamente, lentamente"[672]. Espera, no entanto, até ao final de 1970 para apresentar a proposta de revisão constitucional.

Trata-se, porém, de uma proposta de revisão constitucional que tem duas leituras radicalmente opostas:

- No Parecer da Câmara Corporativa, a proposta não envolvia "nenhuma quebra no regime": "a proposta mantém-no. Há continuidade"[673];
- Para os defensores da tese da integração, alerta-se para o facto de com esta proposta de revisão se mudar "radical-

---

[670] Para mais desenvolvimentos sobre o tema, cfr. PAULO OTERO, *A concepção unitarista do Estado na Constituição de 1933*, in *Revista da Faculdade de Direito da Universidade de Lisboa*, 1990, pp. 411 ss., em especial, pp. 458 ss.

[671] Cfr. Proposta de Lei n.º 14/X, "Revisão Constitucional", n.º 2, in *Diário das Sessões*, 2.º suplemento ao n.º 50, de 3 de Dezembro de 1970. Sobre o parecer da Câmara Corporativa sobre a proposta de revisão da Constituição, cfr. AFONSO RODRIGUES QUEIRÓ, *Revisão Constitucional de 1971 – Pareceres da Câmara Corporativa*, sep. *Boletim da Faculdade de Direito da Universidade de Coimbra*, vols. XLVII (1971) e XLVIII (1972), Coimbra, 1972, em especial, pp. 175 ss.

[672] Neste sentido, cfr. carta de Marcello Caetano ao General Santos Costa, em 13 de Abril de 1969, in MANUEL BRAGA DA CRUZ (org.), *Correspondência de Santos Costa – 1936-1982*, Lisboa, Ed. Verbo, 2004, p. 99.

[673] Cfr. AFONSO RODRIGUES QUEIRÓ, *Revisão Constitucional de 1971*, p. 13.

mente o rumo tradicional da nossa política ultramarina"[674]: "uma autonomia em expansão tem como termo inevitável a independência"[675].

Uma tal leitura do sentido da proposta de revisão constitucional, reforçando o entendimento de que Marcello Caetano sobre os problemas ultramarinos "exprimia-se sempre de maneira a que as suas palavras pudessem ser interpretadas pelos seus leitores em diversos sentidos"[676], marca a ambiguidade política e decisória do seu Governo: dar a ideia de que algo muda para que quase tudo fique igual[677] ou, em alternativa, transmitir que tudo fica igual para que algo vá mudando.

O tempo, porém, exigia clareza na mudança[678] ou continuidade inequívoca – em vez disso, Marcello Caetano procurava conciliar o inconciliável e acabou por alienar a esquerda e nunca conquistar a direita do regime.

Ninguém ainda compreende, todavia, em finais de 1970, que a primavera marcelista subjacente à proposta de revisão constitucional de Dezembro de 1970, afastando a introdução de efectivas reformas estruturais, permitirá acelerar o trajecto que vai levar ao caminho do Outono marcelista: o enterro de Salazar marca, aten-

---

[674] Cfr. FERNANDO PACHECO DE AMORIM, *Na Hora da Verdade*, Coimbra, Edição do Autor, 1971, p. 65.

[675] Cfr. FERNANDO PACHECO DE AMORIM, *Na Hora da Verdade*, p. 65.

[676] Cfr. FERNANDO PACHECO DE AMORIM, *Na Hora da Verdade*, p. 68.

[677] Nas palavras de Mário Soares, referindo-se a Marcello Caetano, "ele queria mudar a aparência das coisas sem mexer em nada do essencial", cfr. MÁRIO SOARES, *Como vivi a queda de Salazar e a primavera invernosa de Caetano*, in *Visão História*, n.º 2, Julho de 2008, p. 87.

[678] Nas palavras do Marechal Craveiro Lopes, em 1962, referindo-se ao problema ultramarino, "não há um minuto a perder: pena é terem-se já perdido alguns anos!", in *prefácio*, MANUEL JOSÉ HOMEM DE MELO, *Portugal, o Ultramar e o Futuro*, s.l., Edição do Autor, 1962, p. 17.

134 | AGONIA E MORTE DE SALAZAR

dendo aos seus efeitos político-constitucionais indirectos, mais um passo da agonia do Estado Novo[679].

4.5.2. Os cravos vermelhos sobre os quais assentou a urna de Salazar criaram raízes e – desatentos os novos governantes à putrefacção que germinava e iludidos pela visão exterior da lápide tumular colocada sobre o próprio País –, apesar de plantados em Julho de 1970, esses cravos vieram a dar novos cravos vermelhos: era tudo uma questão de tempo político germinativo – a Revolução dos Cravos só demorou pouco mais de três anos e meio a eclodir.

Visto de diferente ângulo: se com a agonia de Salazar começa também a agonia do Estado Novo (v. *supra*, n.º 2.6.4.), o funeral de Salazar, precipitando o início do Outono marcelista, deixa plantados os cravos que farão o enterro ao Estado Novo – cumpre-se, igualmente aqui, a afirmação de que "não há regimes eternos"[680] ou, numa outra acepção, que "os sistemas propriamente ditos, na sua inteireza, nascem, vivem e morrem com os homens"[681]. Por isso mesmo, o "salazarismo sem Salazar" estava, irremediavelmente, condenado: tudo seria (e foi) uma questão de tempo – Salazar levou consigo o Estado Novo para a cova[682].

---

[679] Há mesmo quem fale no "canto-do-cisne do Estado Novo", cfr. FERNANDO DACOSTA, *O dia em que Salazar morreu*, in *Visão*, n.º 385, de 27 de Julho a 2 de Agosto de 2000, p. 55.

[680] Esta afirmação foi feita em discurso proferido no Palácio da Bolsa, no Porto, em 1949, sob a epígrafe "o meu depoimento", cfr. OLIVEIRA SALAZAR, *Discursos e Notas Políticas*, IV, Coimbra, Coimbra Editora, 1951, p. 378.

[681] Cfr. ANTÓNIO FERRO, *Salazar*, s.l., Edições do Templo, 1978, p. 108.

[682] Neste último sentido, cfr. FILIPE LUÍS, *Salazar – o ditador infeliz*, in *Visão História*, n.º 2, Julho de 2008, p. 21.

4.6. Os problemas jurídicos da herança

4.6.1. Não obstante Salazar ser uma pessoa sem ambições de bens materiais[683], considerando-se um homem pobre, tendo mesmo dito, em 1949, "devo à Providência a graça de ser pobre: sem bens que valham, por muito pouco estou preso à roda da fortuna"[684], o certo é que a sua morte suscitou, apesar da escassez dos haveres patrimoniais à data[685], um delicado problema jurídico e político em torno da respectiva herança.

Perante as notícias que davam como certo que o Prof. Lumbrales havia sido designado testamenteiro de Salazar[686] e a certeza que não fora feito qualquer testamento[687], a verdade é que o antigo Presidente do Conselho tinha como únicas herdeiras as suas irmãs Marta, Maria Leopoldina e Laura.

Isso permite compreender que, logo em 7 de Agosto de 1970, isto é, oito dias após o funeral de Salazar[688], o Secretário-Geral

---

[683] Neste sentido, cfr. ADRIANO MOREIRA, *O entardecer*, in *O Independente – "Cem Anos de Solidão"*, de 28 de Abril de 1989, p. 2.

[684] Cfr. OLIVEIRA SALAZAR, *Discursos e Notas Políticas*, IV, p. 351.

[685] Esses bens que Salazar possuía à data da sua morte, incluindo os valores de uma conta bancária (ao que parece com um saldo que "não deveria exceder os 50.000$00", correspondendo hoje a duzentos e cinquenta euros) perfaziam um total patrimonial que "deveria oscilar entre cento e cinquenta a duzentos contos" (cfr. FRANCO NOGUEIRA, *Salazar*, VI, p. 445, nota n.º 1), o que traduz um valor equivalente a uma herança patrimonial entre os setecentos e cinquenta e os mil euros.

[686] Cfr. *O Século*, de 28 de Julho de 1970, p. 10.

[687] Cfr. FRANCO NOGUEIRA, *Salazar*, VI, p. 445, nota n.º 1.

[688] Note-se, importa esclarecer, que a governanta havia recebido uma comunicação do Prof. Marcello Caetano para, numa semana, abandonar a residência de S. Bento que tinha sido ocupada por Oliveira Salazar. E, não obstante se ter queixado do pouco tempo para arrumar as coisas, Marcello Caetano foi inflexível, e, no dia 8 de Agosto de 1970, a governanta abandonou a casa (cfr. MARIA DA CONCEIÇÃO DE MELO RITA/JOAQUIM VIEIRA, *Os Meus 35 Anos com Salazar*, pp. 195-196).

da Presidência do Conselho de Ministros, em carta dirigida a Dª. Marta do Resgate Oliveira Salazar[689], lhe solicite que, na qualidade de primeira herdeira de António de Oliveira Salazar, indique quem deverá representar as herdeiras nos contactos a estabelecer para, na residência que foi habitada por Salazar, se proceder "à identificação e separação dos bens e objectos que devem considerar-se propriedade do Estado e os que devam ser tidos como pertencentes às referidas herdeiras", encontrando-se ainda aditado ao rascunho existente no Arquivo da Torre do Tombo, em letra que parece ser do próprio punho do Prof. Marcello Caetano, "bem como tomar as disposições convenientes sobre o destino a dar-lhes"[690].

4.6.2. A intervenção governamental ao mais alto nível na questão em torno da herança de Salazar, especialmente quanto à repartição dos bens que se encontravam na residência de S. Bento e que entendiam ser propriedade do Estado e aqueles que, pelo contrário, poderiam ser entregues aos herdeiros, suscita ainda a intervenção do então Ministro da Justiça, Prof. Mário Júlio de Almeida Costa, e do Procurador-Geral da República, Dr. António Furtado dos Santos.

Em Parecer da Procuradoria-Geral da República, de 12 de Agosto de 1970, emitido a pedido do Ministro da Justiça e assinado pelo próprio Procurador-Geral, sobre o destino dos bens de António de Oliveira Salazar que ficaram no edifício que lhe serviu de moradia e gabinete de trabalho, são formuladas as seguintes conclusões[691]: "o regime vigente mostra-se insuficiente para imediatamente acautelar aqueles interesses gerais e até para evitar perseguição ou prejuízos morais para os autores de certos documentos ou para

---

[689] Cfr. "Papeis relativos à herança", in AOS/PRF – 1.
[690] Cfr. "Papeis relativos à herança", in AOS/PRF – 1.
[691] Cfr. "Papeis relativos à herança", in AOS/PRF – 1.

§4.º ANO DE 1970: O FIM | 137

as pessoas neles visadas", recomendando-se, por conseguinte, a adopção de "providência legislativa que discipline casos futuros, abarcando a do Prof. Doutor Oliveira Salazar, sobre o destino dos espólios de chefes de Estado e do Governo e de quaisquer membros do Governo".

Habilitado com esse parecer da Procuradoria-Geral da República, o Ministro da Justiça envia, em 17 de Agosto de 1970, uma carta ao Presidente do Conselho, onde são formuladas diversas sugestões, salientando-se as seguintes principais[692]:

- As cartas-missivas e demais papéis existentes nos arquivos ou fora deles constituem propriedade do Estado, enquanto revelam íntima conexão com as funções governativas exercidas pelo destinatário[693], salientando-se que o destino último da documentação com interesse histórico poderá ser um dia o Arquivo Nacional da Torre do Tombo;
- Quanto a livros e outros objectos pessoais, que não tenham sido adquiridos com dinheiros públicos ou oferecidos ao Estado, devem considerar-se, em princípio, como bens e valores pessoais do doutor Salazar, integrando a respectiva herança. Admite-se, todavia, que alguns deles possam ter interesse para serem reunidos numa eventual sala-museu[694] e,

---

[692] Cfr. "Papeis relativos à herança", in AOS/PRF – 1.

[693] Não deixa de se mostrar surpreendente, apesar desta orientação na divisão dos bens, que as cartas dirigidas por Marcello Caetano a Salazar se encontrassem na posse de Marcello Caetano, uma vez que, "em princípio, deveriam encontrar--se no arquivo do seu antecessor na Presidência do Conselho", cfr. JOSÉ FREIRE ANTUNES, *Salazar e Caetano – Cartas Secretas 1932-1968*, Lisboa, Ed. Difusão Cultural, 1994, p. 8.

[694] Diga-se, a título complementar, que a ideia de ser criada uma casa-museu e um centro de estudos relativos a Salazar viria também a ser defendida em artigo de opinião por H. MARTINS DE CARVALHO, in *Diário Popular*, de 5 de Março de 1973 (cfr. AOS/PRF – 1).

neste sentido, pode o direito de propriedade dos particulares ser objecto de restrição;

– Julga-se dispensável, pelo menos de momento, a providência legislativa que o Procurador-Geral da República preconiza.

Acolhidas as sugestões pelo Presidente do Conselho, representado pelo Dr. Paiva Brandão, e mandatado o filho da irmã Laura, o Dr. António de Oliveira Pais de Sousa, em representação de todas as herdeiras[695], procedeu-se a um longo processo de divisão[696], inventariação e transporte dos bens existentes na residência de S. Bento[697], tudo isto pressionado pela urgência de Marcello Caetano em tomar posse do edifício.

4.6.3. Uma nota final ainda sobre a herança de Salazar: ao longo destes últimos anos, parte significativa dos bens pessoais integrantes da herança têm sido alienados pelos sucessivos herdeiros das irmãs a antiquários e, por essa via, vendidos e dispersos por diversos particulares coleccionadores e estudiosos.

---

[695] Neste sentido, as três irmãs de Oliveira Salazar constituem-no, em 10 de Agosto de 1970, como seu procurador, segundo fotocópia do respectivo documento existente na Torre do Tombo, cfr. AOS/PRF – 1.

[696] Cumpre referir, todavia, que, segundo declarações do Dr. António de Oliveira Pais de Sousa, após a morte de Salazar, "durante semanas não lhe foi permitido o acesso à residência" de S. Bento, cfr. JOSÉ FREIRE ANTUNES, *Salazar e Caetano*, p. 8, nota n.º 1.

[697] O mobiliário foi transportado para Santa Comba Dão (cfr. carta do Dr. Paiva Brandão para o Dr. Quesada Pastor, de 28 de Agosto de 1970, in AOS/PRF – 1), outros bens foram retirados a 30 de Setembro de 1970, existindo notícia que a significativa parte restante deles só seria removida entre 1 e 6 de Fevereiro de 1971 (cfr. documentação existente em AOS/PRF – 1). Note-se, a título complementar, existir a notícia que Salazar havia prometido doar as mobílias que possuía em S. Bento à sua protegida Micas e ao marido desta, segundo a mesma revela, cfr. MARIA DA CONCEIÇÃO DE MELO RITA/JOAQUIM VIEIRA, *Os Meus 35 Anos com Salazar*, p. 199.

O espólio do Arquivo de Oliveira Salazar existente na Torre do Tombo representa, por isso, uma parcela do acervo documental pertencente a Salazar.

II

SUCESSÃO POLÍTICA DE SALAZAR

§5.º

O PROBLEMA DA SUCESSÃO DE SALAZAR

5.1. Sucessão e sobrevivência do regime: as primeiras abordagens

5.1.1. O regime alimentava a já mencionada ilusão de imortalidade de Salazar (v. *supra*, n.º 2.1.1.), transformando isso em "facto insofismável"[698], especialmente visível durante a década de sessenta, e traduzido em diversas manifestações: as notícias sobre as suas doenças eram censuradas, publicavam-se apenas as fotografias seleccionadas e qualquer afloramento dos assuntos respeitantes à sua morte e sucessão era visto quase como uma questão subversiva[699].

Sabe-se, no entanto, que, antes de 1968, algumas individualidades políticas tinham abordado, numa postura de inequívoca ressonância pública, assumindo uma feição mais ou menos subversiva, o problema político da sucessão de Salazar:

(i) Em 1947, Marcello Caetano, procurando "empurrar" Salazar para a Presidência da República[700], voltando, em 1951, a insistir nessa solução perante a vagatura da chefia do Estado

---

[698] Cfr. MANUEL MARIA MÚRIAS, *De Salazar a Costa Gomes*, p. 139.

[699] Neste último sentido, cfr. MANUEL MARIA MÚRIAS, *De Salazar a Costa Gomes*, pp. 138 e 139.

[700] Cfr. MARCELLO CAETANO, *Minhas Memórias de Salazar*, 3ª ed., Lisboa, Ed. Verbo, 1985, pp. 319-320.

produzida pela morte do Presidente Carmona[701], retoma ainda, nesse mesmo ano, o tema da sucessão, agora num cenário hipotético de morte de Salazar[702];

(ii) Em 1957, o Presidente da República Craveiro Lopes – atendendo a que Salazar repetidas vezes lhe manifestara a intenção de não querer continuar por muito mais tempo na chefia do Governo –, numa conversa informal com o Prof. Mário de Figueiredo, discute a hipótese de Salazar tomar a iniciativa de se retirar do Governo[703] e, colocando a questão "quem deverá ou poderá substitui-lo?", dá também a resposta – o doutor Marcello Caetano[704]: a conversa, transformada numa pretensa conspiração contra Salazar[705], valeu a não recandidatura do Marechal Craveiro Lopes à presidência da República[706];

---

[701] Cfr. MARCELLO CAETANO, *Minhas Memórias de Salazar*, p. 377.

[702] Cfr. MARCELLO CAETANO, *Discurso de Coimbra* (proferido na sessão plenária de abertura dos trabalhos do III Congresso da União Nacional, em Coimbra, em 23 de Novembro de 1951), in JOSÉ-PEDRO GONÇALVES (org.), *O Presidencialismo Português*, Lisboa, Iniciativas Editoriais, 1971.

[703] Para mais desenvolvimentos, cfr. MARCELLO CAETANO, *Minhas Memórias de Salazar*, pp. 537 ss.

[704] Cfr. MANUEL JOSÉ HOMEM DE MELLO, *Cartas de Salazar a Craveiro Lopes (1951-1958)*, Lisboa, Ed. Morais, 1983, pp. 44 e 45. Parece que se deve ao próprio Salazar a sugestão do nome de Marcello Caetano ao Presidente Craveiro Lopes ou, pelo menos, é o que Marcello Caetano diz de uma conversa que teve com Salazar, cfr. MARCELLO CAETANO, *Minhas Memórias de Salazar*, p. 581.

[705] Cfr. JOSÉ PEDRO CASTANHEIRA, *Chantagem ao Presidente*, in *Revista Expresso*, n.ºs 1390 e 1391, de 19 de Junho e 26 de Junho de 1999, respectivamente, pp. 50 ss. e 80 ss.

[706] Neste sentido, cfr. MANUEL JOSÉ HOMEM DE MELLO, *Cartas de Salazar a Craveiro Lopes*, p. 43.

Especificamente sobre o ambiente em torno do Presidente Craveiro Lopes e da sua possível recandidatura à Presidência da República, cfr. MARCELLO CAETANO, *Minhas Memórias de Salazar*, pp. 546 ss.; FRANCO NOGUEIRA, *Salazar – O Ataque (1945-1958)*, IV, 3ª ed., Porto, Ed. Livraria Civilização, 1986, pp.

§5.º O PROBLEMA DA SUCESSÃO DE SALAZAR | 145

(iii) Em 1958, o candidato presidencial da oposição, General Humberto Delgado[707], interrogado por um jornalista sobre as intenções em relação ao Dr. Salazar, caso fosse eleito Presidente da República, utiliza a célebre frase "obviamente demiti-lo-ei"[708], abrindo, por essa via, a temática da sucessão de Salazar por iniciativa política do Chefe de Estado;

(iv) Em 1961, o General Botelho Moniz, Ministro da Defesa, na sequência de instigação norte-americana[709], e tendo como pretexto a necessidade de uma solução política para o problema militar ultramarino[710], desencadeia, primeiro uma acção legalista de sensibilização junto de Salazar[711], e, num segundo momento, uma tentativa de golpe de Estado, visando obter do Presidente Américo Thomaz a exoneração

---

444 ss.; SANTOS COSTA, in MANUEL BRAGA DA CRUZ (org.), *Correspondência de Santos Costa*, pp. 415 ss.

[707] Há a notícia, segundo fontes próximas de Craveiro Lopes, que Humberto Delgado teria afirmado ao ainda Presidente Craveiro Lopes que, se este se candidatasse fora do quadro do regime, Humberto Delgado retiraria a sua candidatura, cfr. JOSÉ PEDRO CASTANHEIRA, *Chantagem ao Presidente*, in *Revista Expresso*, n.º 1390, de 19 de Junho de 1999, p. 62.

[708] Cfr. HUMBERTO DELGADO, *Memórias*, Lisboa, Edições Delfos, 1974, p. 176.

[709] Para mais desenvolvimentos, cfr. JOSÉ FREIRE ANTUNES, *Kennedy e Salazar – O leão e a raposa*, 9ª ed., Lisboa, Ed. Difusão Cultural, 1991, pp. 153 ss., 196 ss. e, em especial, 207 ss.

[710] O propósito de Botelho Moniz desdobrar-se-ia em três objectivos "dar a Salazar descanso compulsório, iniciar conversações em Angola, transitar pacificamente para a democracia, numa abertura liberal", isto segundo um relato jornalístico brasileiro que foi, segundo o próprio, a primeira versão em língua portuguesa do golpe, pois pretendia-se evitar, em Portugal, a revelação pública do envolvimento do ex-Presidente da República Craveiro Lopes, cfr. ODYLO COSTA, *Agonia e queda de Salazar*, in *Realidade*, Ano III, n.º 33, Dezembro de 1968, p. 157.

[711] Sobre essa acção, tendo expressão numa carta dirigida por Botelho Moniz a Salazar, cfr. FRANCO NOGUEIRA, *Salazar*, V, pp. 226 ss.

de Salazar[712] ou, em alternativa, a demissão de ambos[713]: perante o reiterar da confiança do Presidente da República em Salazar[714], as forças armadas foram neutralizadas e Salazar demite Botelho Moniz do Governo, deixando inoperacionais os cabecilhas da intentona;

(v) Em 1966, Daniel Barbosa, em conferência, suscita o problema político que a Nação enfrentará no dia em que Salazar abandonar o poder, uma vez que o regime está institucionalizado na sua pessoa[715];

(vi) Também em 1966, o deputado Melo e Castro, em plena sessão da Assembleia Nacional, durante o encerramento das comemorações do 40.º aniversário do Estado Novo, coloca a questão da retirada política de Salazar[716].

---

[712] Dizia-se que o propósito de Botelho Moniz era substituir Salazar por Marcello Caetano na chefia do Governo, cfr. JOSÉ FREIRE ANTUNES, *Kennedy e Salazar*, p. 210; JOSÉ PEDRO CASTANHEIRA, *Chantagem ao Presidente*, in *Revista Expresso*, n.º 1391, de 26 de Junho de 1999, pp. 82 ss.
Sabe-se, por outro lado, que estava um avião preparado para levar Salazar para a Suiça (cfr. JOSÉ FREIRE ANTUNES, *idem*, p. 223), tendo mesmo circulando boatos que, em 12 de Abril de 1961, davam já Salazar a caminho da Suiça, encontrando-se o Presidente da República a negociar com Botelho Moniz (cfr. FRANCO NOGUEIRA, *Um Político Confessa-se*, p. 13).

[713] Para mais desenvolvimentos sobre o designado "golpe de Botelho Moniz", cfr. FRANCO NOGUEIRA, *Salazar*, V, pp. 232 e 236 ss.; SILVINO SILVÉRIO MARQUES, *Salazar, o Ultramar e o 25 de Abril*, Lisboa, Ed. Nova Arrancada, 2001, pp. 146 ss.
Especificamente sobre o envolvimento do Marechal Craveiro Lopes no golpe de Botelho Moniz, cfr. JOSÉ PEDRO CASTANHEIRA, *Chantagem ao Presidente*, in *Revista Expresso*, n.º 1391, de 26 de Junho de 1999, pp. 82 ss.

[714] Segundo se sabe, parece que Salazar antes de o Presidente da República lhe reiterar a confiança política como Presidente do Conselho, estava muito sereno, "fora de tudo", tendo dito apenas a Luís Supico Pinto "por mim, estou incerto quanto a um ponto: não sei se voltarei para Coimbra ou se irei para Santa Comba", cfr. FRANCO NOGUEIRA, *Salazar*, V, p. 239.

[715] Cfr. FRANCO NOGUEIRA, *Salazar*, VI, pp. 225-226.

[716] Cfr. FRANCO NOGUEIRA, *Um Político Confessa-se*, p. 210; IDEM, *Salazar*, VI, p. 239.

Em qualquer destas hipóteses, salvo se o General Humberto Delgado tivesse ganho a eleição presidencial, a substituição de Salazar era ainda vista como uma forma de sobrevivência e evolução do regime[717]: tratava-se de garantir a sucessão de Salazar dentro do espírito do Estado Novo.

Diferente era, todavia, a concepção dos salazaristas mais petrificados: a simples colocação do problema da substituição de Salazar em vida tinha uma clara ressonância subversiva e só servia para abrir, extemporaneamente, a corrida ao poder.

5.1.2. De todas as hipóteses expostas de repercussão pública de abordagem da sucessão de Salazar, a que tinha sido formulada por Marcello Caetano era cronologicamente a primeira, a que revelava maior subtileza e aquela que permitiria ainda a Oliveira Salazar garantir uma "evolução na continuidade".

Além disso, Marcello Caetano tinha sido de todos o único que, tendo colocado o problema da sucessão de Salazar relacionado com a sua morte, haveria politicamente de lhe sobreviver, continuando a exercer funções governativas até 1958, e acabando por lhe suceder na Presidência do Conselho.

Os termos como Marcello Caetano coloca, em 23 de Novembro de 1951, o tema da sucessão de Salazar mostram-se integrados num processo recorrente e, neste sentido, podem ser vistos como uma insistência e teimosia de intervenção na esfera reservada de decisão de Salazar[718]. Marcello Caetano confessará depois que esse discurso – vulgarmente conhecido como sendo o "Discurso

---

[717] Mesmo a intentona de golpe de Botelho Moniz visava, tal como o próprio escreveu a Salazar, "renovar «dentro da continuidade» o espírito que inspirou o 28 de Maio", cfr. FRANCO NOGUEIRA, *Salazar*, V, p. 226.

[718] Neste sentido, cfr. JOSÉ ANTÓNIO SARAIVA, *Do Estado Novo à Segunda República*, p. 47.

de Coimbra" – foi um dos seus mais felizes[719], tendo sido escrito depois de longas conversas com Salazar, imediatamente após a morte do Presidente Carmona[720].

Observemos a estratégica discursiva de Marcello Caetano.

Começa Caetano por recordar no seu discurso, em primeiro lugar, que, já em 1947, se tinha batido para que Salazar fosse eleito Presidente da República[721], permitindo-lhe, deste modo, presidir à sua própria substituição na chefia do Governo "e assim habituasse o País a ver na Presidência do Conselho um homem vulgar, ainda que experiente, sabedor e devotado ao bem público"[722].

Salazar, sabe-se, rejeitou, em 1947, essa hipótese[723]: foi reeleito, para um terceiro mandato, o Marechal Carmona.

---

[719] Cfr. MARCELLO CAETANO, *Minhas Memórias de Salazar*, p. 387.

[720] Cfr. MARCELLO CAETANO, *Minhas Memórias de Salazar*, p. 386.

[721] Idêntica posição diz também ter assumido o Embaixador Marcello Mathias, em carta que dirige, em 29 de Setembro de 1968, ao Prof. Marcello Caetano, então já Presidente do Conselho de Ministros, cfr. MARCELLO MATHIAS, *Correspondência...*, p. 606.

Especificamente sobre a manobra marcelista de lançar a candidatura de Salazar à Presidência da República, cfr. EDUARDO FREITAS DA COSTA, *Acuso Marcelo Caetano*, p. 37.

[722] Cfr. MARCELLO CAETANO, *Discurso de Coimbra*, in JOSÉ-PEDRO GONÇALVES (org.), *O Presidencialismo Português*, pp. 17 e 18.

[723] Salazar advogava a recandidatura presidencial do Marechal Carmona e, numa célebre reunião da União Nacional, perante o resultado de uma votação em que a candidatura de Salazar reúne dezasseis votos e a recandidatura de Carmona apenas quatro votos, Salazar resume o sentido decisório final: "como a única solução apresentada em alternativa é inviável, concluo que a Comissão aprovou por unanimidade a reeleição do Marechal Carmona". Neste sentido, cfr. MARCELLO CAETANO, *Minhas Memórias de Salazar*, pp. 320 e 321.

Referiu Marcello Caetano, todavia, em conversa pessoal posterior, que Salazar, em 1947, tinha rejeitado a ideia de ser Presidente da República com o argumento de que a Constituição consagrava um dualismo de poderes entre o Chefe de Estado e o Chefe de Governo que nunca poderia funcionar bem se ambos os titulares fossem fortes ou fracos. E, ao que parece, Marcello Caetano terá retorquido: "Mas, Sr. Presidente, o senhor tem toda a razão: dois homens fortes à cabeça do Estado é

§5.º O PROBLEMA DA SUCESSÃO DE SALAZAR | 149

Em 1951, tendo ocorrido a morte de Presidente Carmona, Marcello Caetano volta a insistir que Salazar se candidate à Presidência da República[724].

Salazar, uma vez mais, recusa candidatar-se. Sente agora necessidade, todavia, de publicamente se pronunciar sobre o tema, emanando, em 5 de Junho de 1951, uma nota da Presidência do Conselho[725].

Apesar de tudo isto, Marcello Caetano entendeu, em 23 de Novembro do mesmo ano (1951), na sessão de abertura do III Congresso da União Nacional, e sendo já Presidente da República Craveiro Lopes, abordar a "questão capital" do regime[726]: "o que sucederá ao Estado Novo no dia em que Salazar deixar de exercer a Presidência do Conselho?".

Imediatamente, sublinhando o desagrado que suscita, recorda o óbvio, chamando-lhe "a hipótese inevitável": "Salazar não é imortal"[727].

---

impossível. Não cabem dois galos no mesmo poleiro. Mas neste regime o que mais há são colaboradores obedientes e disciplinados; não lhe faltará por onde escolher" (cfr. DIOGO FREITAS DO AMARAL, *O Antigo Regime e a Revolução – Memórias Políticas (1941-1975)*, Lisboa, Ed. Círculo dos Leitores, 1995, pp. 67 e 68).

[724] Cfr. MARCELLO CAETANO, *Minhas Memórias de Salazar*, p. 377.

[725] Nessa nota, subordinada à epígrafe "O problema da sucessão presidencial", Salazar, apesar de considerar essa "solução de comodidade" como lógica, simples e segura (cfr. OLIVEIRA SALAZAR, *Discursos e Notas Políticas (1951-1958)*, V, Coimbra, Coimbra Editora, 1959, pp. 19 e 20), entende que se trata de "um caso em que a consciência de um só tem de sobrepor-se ao pensar e ao desejo de muitos" (cfr. *ibidem*, 20), confessando não ter "já resistência moral, nem possivelmente resistência física para começar vida nova e fazer outra magistratura" (cfr. *ibidem*, 20) e, reconduzindo o assunto a um verdadeiro problema de consciência, entende, ser "uma questão fechada pela própria natureza das coisas" (cfr. *ibidem*, 20).

Sublinhando a perplexidade que Salazar então lançou no meio político, cfr. FRANCO NOGUEIRA, *Salazar*, IV, p. 223.

[726] Cfr. MARCELLO CAETANO, *Minhas Memórias de Salazar*, p. 388.

[727] Cfr. MARCELLO CAETANO, *Discurso de Coimbra*, in JOSÉ-PEDRO GONÇALVES (org.), *O Presidencialismo Português*, p. 17.

E, neste exacto momento, talvez pela primeira vez no Estado Novo, num gesto de inequívoca coragem – e talvez também de algum interesse político pessoal[728] –, Marcello Caetano, procurando sintetizar "as dúvidas que temos visto formuladas por muitos e que mais ou menos pairam no espírito de todos"[729], lança publicamente a desmistificação da imortalidade de Salazar e a questão da sucessão.

Vai, porém, ainda mais longe: relaciona directamente a sucessão de Salazar com a própria sobrevivência do Estado Novo.

Destacando o papel de Salazar como Chefe e Mestre do regime, verdadeira "personificação da autoridade do Estado Novo"[730], Caetano, considerando que todas as instituições do Estado passaram a gravitar em redor de Salazar, sendo "o árbitro de todas as dúvidas e o oráculo de todas as soluções"[731], interroga-se se "o Estado Novo será verdadeiramente um regime (...) ou não será mais do que o conjunto das condições adequadas ao exercício do Poder por um homem de excepcional capacidade governativa?"[732].

Independentemente da resposta que, poucos anos depois, Marcello Caetano encontrará para essa interrogação[733], os elogios do

---

[728] Em sentido contrário, segundo o próprio confessa, na tentativa que protagonizou junto de Salazar para o convencer a aceitar candidatar-se à Presidência da República, após a morte do Marechal Carmona, terá dito que se Salazar "fosse eleito Presidente da República eu não aceitaria nenhum lugar no Governo", cfr. MARCELLO CAETANO, *Minhas Memórias de Salazar*, p. 377.

[729] Cfr. MARCELLO CAETANO, *Minhas Memórias de Salazar*, p. 388.

[730] Cfr. MARCELLO CAETANO, *Discurso de Coimbra*, in JOSÉ-PEDRO GONÇALVES (org.), *O Presidencialismo Português*, p. 17.

[731] Cfr. MARCELLO CAETANO, *Discurso de Coimbra*, in JOSÉ-PEDRO GONÇALVES (org.), *O Presidencialismo Português*, p. 17.

[732] Cfr. MARCELLO CAETANO, *Discurso de Coimbra*, in JOSÉ-PEDRO GONÇALVES (org.), *O Presidencialismo Português*, p. 17.

[733] Segundo resulta de uma carta de Marcello Caetano para o General Santos Costa, datada de 12 de Agosto de 1965, o abandono da vida política pelo Prof. Marcello Caetano, em 1958, resulta de um dia se ter apercebido da "ingenuidade

discurso a Salazar não escondem a dúvida que desagrada duplamente aos salazaristas e aos monárquicos: desaparecido Salazar, será que o Estado Novo lhe sobrevive?

Não estranha, por isso, que Marcello Caetano tenha, imediatamente, sido alvo de duras críticas[734]: Salazar, porém, escreveu-lhe, e, sem prejuízo de notar que existem duas frases cuja generalidade de uma interpretação de posição definitiva poderia ter sido limitada, gosta muito, considerando-o um dos discursos "melhores, dos mais claros e objectivos" feitos por Marcello Caetano[735].

A verdade, porém, é que, politicamente, Marcello Caetano, fazendo uma associação directa entre a permanência de Salazar nas funções de Presidente do Conselho e a sobrevivência do próprio Estado Novo, volta a chamar a atenção para o problema da sucessão de Salazar e, por essa via, avisa.

Mais do que avisar, Marcello Caetano exorta a que se verifique se o Estado Novo é um genuíno regime, sendo capaz de sobreviver sem Salazar. Para isso, naturalmente, tudo assenta num pressuposto: a substituição de Salazar em vida de Salazar[736].

E o que se mostra mais curioso é que, nesse momento do discurso de Marcello Caetano, em 21 de Novembro de 1951, tendo sido eleito um novo Presidente da República, em 22 de Julho de 1951, já nem era possível a hipótese defendida em 1947 e no início de 1951, após a morte de Carmona, de Salazar se candida-

---

do meu procedimento e que o Dr. Salazar não queria instaurar um regime mas sustentar um equívoco que lhe permitisse governar, dividindo", in MANUEL BRAGA DA CRUZ (org.), *Correspondência de Santos Costa*, p. 98.

[734] Para um relato das manifestações posteriores a esse discurso, cfr. MARCELLO CAETANO, *Minhas Memórias de Salazar*, pp. 389 ss.

[735] Para uma leitura do texto da carta de Salazar a Marcello Caetano, de 26 de Novembro de 1951, cfr. MARCELLO CAETANO, *Minhas Memórias de Salazar*, pp. 391-392; JOSÉ FREIRE ANTUNES, *Salazar e Caetano*, pp. 303-304.

[736] Neste último sentido, cfr. JOSÉ ANTÓNIO SARAIVA, *Do Estado Novo à Segunda República*, p. 51.

tar a Presidente da República e, neste contexto, preparar a sua própria substituição. O que agora se tratava era, pura e simplesmente, de ensaiar uma hipótese que envolvia a substituição de Salazar em vida, aferindo-se, como pretexto, se o Estado Novo lhe sobreviveria.

Ninguém escutou o aviso e poucos entenderam a exortação de Marcello Caetano, salvo o Presidente Craveiro Lopes que, em 1957, resolveu debater com Mário de Figueiredo a hipótese de Salazar, por iniciativa própria, abandonar a chefia do Governo, permitindo-lhe ainda intervir na escolha e apoiar um novo Presidente do Conselho[737]. Essa conversa informal viria a custar a recandidatura de Craveiro Lopes a um segundo mandato como Presidente da República (v. *supra*, n.º 5.1.1.). E, em 1958, colocada em causa a recandidatura de Craveiro Lopes, voltar-se-ia a insistir, pela última vez, no nome de Salazar para se candidatar à Presidência da República[738]: em vão, uma vez mais[739].

É certo que Salazar, em 1 de Junho de 1965, haveria de confessar a Franco Nogueira a necessidade de se "treinar outro" chefe de Governo, devendo isso ser feito enquanto o próprio Salazar estivesse válido, permitindo-se, deste modo, que o novo governante ainda pudesse contar, numa hipótese de grave crise, com o conselho e a experiência do antigo Presidente do Conselho[740]. Tratou-

---

[737] Cfr. MARCELLO CAETANO, *Minhas Memórias de Salazar*, pp. 538 ss.

[738] Neste sentido, cfr. FRANCO NOGUEIRA, *Salazar*, IV, pp. 448, 488 e 489; MARCELLO MATHIAS, *Correspondência...*, p. 85, nota n.º 36.

[739] Importa referir ainda, no entanto, que, em 1965, aquando da eleição do Almirante Américo Thomaz para um segundo mandato como Presidente da República, tendo-se reunido o colégio eleitoral para o efeito, Salazar (que não era candidato) recolheu ainda treze votos, tendo os mesmos sido considerados nulos, cfr. FRANCO NOGUEIRA, *Salazar*, VI, p. 58 e nota n.º 2.

[740] Cfr. FRANCO NOGUEIRA, *Um Político Confessa-se*, pp. 127-128.

-se, no entanto, de mais uma hipótese de sucessão cujo "momento oportuno" nunca chegaria.

Seria preciso esperar alguns anos, até 1968, para se testar a "hipótese inevitável" que Marcello Caetano havia colocado: Salazar não era imortal. E, igualmente, se começar a responder à interrogação, formulada em Novembro de 1951, se o Estado Novo sobreviveria a Salazar, sendo um verdadeiro regime institucionalizado.

A História reservaria a Marcello Caetano – depois de, em 1958, verificar que "o Dr. Salazar não queria instaurar um regime"[741] – a irónica comprovação de que o Estado Novo não era um verdadeiro regime que sobrevivesse muito tempo sem Salazar: Marcello Caetano, aceitando suceder a Salazar, em Setembro de 1968, já não tinha presente o aviso que fizera no seu discurso de 23 de Novembro de 1951, nem a certeza adquirida em 1958 – esquecera as interrogações e, carregando uma herança com um débito superior ao poder que adquiria, tornava-se a vítima da própria dúvida que havia suscitado.

5.2. O que pensava Salazar da sua sucessão?

5.2.1. A questão em torno de o regime depender de um só homem, apontada como a principal fraqueza do Estado Novo, foi colocada a Salazar, logo em 1938, por António Ferro, remetendo Salazar a resposta para o processo de formação das instituições ainda em curso e cuja conclusão garantiria a estabilidade e continuidade do regime[742].

---

[741] Cfr. carta de Marcello Caetano a Santos Costa, de 12 de Agosto de 1965, in MANUEL BRAGA DA CRUZ (org.), *Correspondência de Santos Costa*, p. 98.
[742] Cfr. ANTÓNIO FERRO, *Salazar*, p. 299.

A hipótese de abandono do poder por Salazar, enquanto Presidente do Conselho de Ministros, colocando a inerente questão da sua substituição, suscitou-se, num primeiro momento, em 1945, na sequência de um discurso pronunciado pelo próprio[743].

Com efeito, em 7 de Outubro de 1945, a propósito das eleições para a Assembleia Nacional, Salazar tem uma intervenção pública que permitiu especular sobre o seu abandono das funções governativas e o preparar o terreno para ser substituído[744]: diz não ter "ambições nem interesse em governar"[745], sublinha que a estabilidade governativa pode ter criado uma sensação de que a renovação se encontra barrada[746] e afirma que "a força e o interesse do País não estão em apresentar um exemplo de longevidade governamental"[747]. Fala-se então numa próxima renúncia de Salazar[748]; há mesmo quem afirme que, em finais de 1945 e princípios de 1946, atendendo ao modo como se processou a campanha eleitoral, Salazar pretende apresentar a demissão ao Presidente da República[749].

Neste final da década de quarenta, sabe-se, por diversas fontes, que Salazar se queixa de falta de saúde, tem perturbações circu-

---

[743] Cfr. OLIVEIRA SALAZAR, *Discursos e Notas Políticas*, IV, pp. 169 ss.

[744] Neste último sentido, cfr. FRANCO NOGUEIRA, *Salazar,* IV, p. 17.

[745] Cfr. OLIVEIRA SALAZAR, *Discursos e Notas Políticas*, IV, p. 190.
Salazar retoma aqui um discurso já remoto, procurando sublinhar o seu desapego ao poder: "Este homem que é governo, não queria ser governo" (cfr. OLIVEIRA SALAZAR, *Prefácio*, in ANTÓNIO FERRO, *Salazar*, p. 42) ou, em igual sentido, em entrevista, "nunca pensei ser governo (...), nunca o quis mesmo" (cfr. ANTÓNIO FERRO, *Salazar*, p. 163), a ideia de que "há todos os dias comboios para Coimbra ou para Santa Comba" (*ibidem*, p. 170) ou, por último, o reafirmar de que "nem sou dos que têm a ambição de mandar" (*ibidem*, p. 306).

[746] Cfr. OLIVEIRA SALAZAR, *Discursos e Notas Políticas*, IV, p. 188.

[747] Cfr. OLIVEIRA SALAZAR, *Discursos e Notas Políticas*, IV, p. 190.

[748] Cfr. MARCELLO CAETANO, *Minhas Memórias de Salazar,* p. 238.

[749] Neste sentido, cfr. FRANCO NOGUEIRA, *Salazar*, IV, p. 37.

latórias que lhe causam tonturas[750] e, por outro lado, abate-se-lhe uma tristeza e uma desilusão que o conduzem a uma depressão[751] e ao vivo desejo de abandonar, logo que fosse possível, a chefia do governo[752]. Salazar chega mesmo a adiantar, em 1947, a hipótese de um nome para o substituir na Presidência do Conselho: o Embaixador Pedro Theotónio Pereira[753].

É neste contexto que, em 1949, Salazar aborda, expressamente e em público, o problema da sua sucessão: "entendo que no momento oportuno deve outrem vir ocupar o meu lugar, para oferecer ao serviço da Nação maior capacidade de trabalho, rasgar novos horizontes e experimentar novas ideias ou métodos"[754].

É certo que, até à sua efectiva exoneração, em Setembro de 1968, Salazar nunca entendeu ter chegado esse "momento oportuno" de sucessão.

E, curiosamente, mesmo durante a doença, entre os meses de 1969 e 1970 em que estava inválido na residência oficial de S. Bento, tudo indica que ainda considerava não ser esse o "momento oportuno": Salazar já não tinha agora capacidade mental para aferir a sua própria incapacidade, nem condições para avaliar que tinha chegado o momento oportuno da sua sucessão (v. *supra*, n.º 3.5.2.),

---

[750] Neste sentido, referindo-se ao ano de 1947, cfr. MARCELLO MATHIAS, *Correspondência...*, p. 84.

[751] Cfr. MARCELLO CAETANO, *Minhas Memórias de Salazar*, pp. 252 e 271; MARCELLO MATHIAS, *Correspondência...*, p. 84.

[752] Neste sentido, cfr. MARCELLO CAETANO, *Minhas Memórias de Salazar*, p. 272; MARCELLO MATHIAS, *Correspondência...*, p. 84.
Esse desejo de abandonar o Governo era revelado por Salazar em diversas confidências aos íntimos, durante o final da década de quarenta e mesmo até ao momento da morte do Presidente Carmona (1951), cfr. MARCELLO CAETANO, *Minhas Memórias de Salazar*, pp. 319 e 377.

[753] Neste sentido, cfr. MARCELLO MATHIAS, *Correspondência...*, p. 84.

[754] Cfr. OLIVEIRA SALAZAR, *Discursos e Notas Políticas*, IV, p. 353

alimentando a esperança de retomar o poder e sofrendo por considerar que tinham corrido brutalmente com ele (v. *supra*, n.º 4.1.).

Salazar até aqui revela, neste instante de parcial lucidez sobre o abandono a que tinha sido votado, que ainda não era o "momento oportuno" para ser substituído. É essa falta de consciência da sua própria situação física e mental que justifica, em última análise, que, nos seus últimos meses de vida, nunca tenha tomado a iniciativa de pedir a sua demissão ao Presidente da República.

Se fosse necessária prova da incapacidade mental de Salazar após o acidente vascular cerebral, de 16 de Setembro de 1968, basta verificar que, segundo o seu exigente critério de serviço aos interesses da Nação, nunca reconheceu – nem sequer parece, segundo as informações existentes, que tenha equacionado a possibilidade – que já não tinha condições pessoais para continuar a exercer as funções de chefe do Governo e, por isso, nunca admitiu como hipótese pedir a sua exoneração como Presidente do Conselho: a esperança que alimentava de retomar o exercício efectivo do poder, a angústia de sentir que tinha sido corrido, nunca discernindo ou admitindo que havia chegado o "momento oportuno" da sucessão, é a melhor prova da falta de lucidez de Salazar sobre a sua própria incapacidade.

Admitir que se pode estar já incapaz é ainda uma manifestação de lucidez: Salazar, em 1969 e 1970, apesar de se poder achar sem vontade de trabalhar como desejava (v. *supra*, n.º 3.5.2.), a verdade é que já não tinha discernimento para se achar incapaz e, por isso, carecendo de lucidez, nunca considerou que tinha chegado o "momento" de colocar ao Presidente da República a sua sucessão.

5.2.2. Se, em 1949, Salazar aborda a temática da sua sucessão, remetendo-a para o "momento oportuno", o certo é que vai sendo ao longo da década de sessenta que o problema ganha dimensão no pensamento do Presidente do Conselho.

§5.º O PROBLEMA DA SUCESSÃO DE SALAZAR | 157

Manda a verdade que se diga, no entanto, que já durante a década de cinquenta, Salazar, repetidas vezes, utilizando razões de saúde e cansaço, manifesta a intenção ou o desejo de se retirar do Governo[755], induzindo mesmo o Presidente Craveiro Lopes a encarar isso como hipótese credível (v. *supra*, n.º 5.1.1.), posteriormente confirmada por Salazar[756], e geradora de um vendaval político que vitimaria a recandidatura presidencial do Chefe de Estado. Não seria ainda nessa década, com efeito, que se manifestaria o "momento oportuno", anunciado em 1949, de Salazar abandonar o poder[757].

Reconhece Salazar, todavia, em 1960, numa entrevista a um jornal italiano, que a sua permanência no Governo se pode, em verdade, considerar excessiva[758]: estar-se-á aqui, muito provavelmente, perante uma mera declaração com meros propósitos internacionais.

Já nos anos seguintes, contudo, os elementos documentais disponíveis permitem recortar um Salazar profundamente dividido entre um desejo de partir, desencadeando ele próprio o seu pro-

---

[755] Declarações essas mesmo feitas, repetidas vezes, ao Presidente Craveiro Lopes, cfr., neste sentido, MARCELLO CAETANO, *Minhas Memórias de Salazar*, pp. 538 ss.; MANUEL JOSÉ HOMEM DE MELLO, *Cartas de Salazar a Craveiro Lopes*, p. 42.

[756] Cfr. MARCELLO CAETANO, *Minhas Memórias de Salazar*, pp. 539-540.

[757] Há ainda a notícia de que, em Agosto de 1957, Salazar solicita informações sobre as suas diuturnidades como professor, considerando isso uma questão importante para a sua aposentação – note-se que, nessa data, Salazar se encontra a dois anos da idade de se jubilar como professor universitário –, revelando também que mantém aberta a possibilidade de, abandonando o poder, viver da respectiva pensão. Neste último sentido, cfr. MARCELO REBELO DE SOUSA, *Baltazar Rebelo de Sousa*, p. 101.

[758] Cfr. OLIVEIRA SALAZAR, *Entrevistas (1960-1966)*, Coimbra, Coimbra Editora, 1967, p. 13.

cesso de sucessão, e, por outro lado, o sentimento de um dever de ficar, continuando a exercer as funções de Presidente do Conselho.

Mostra-se elucidativo desta angustiosa divisão em que, a partir de certo momento, Salazar vive, entre continuar ou abandonar as funções governativas, o texto do rascunho, manuscrito pelo próprio, da carta que, em 13 de Abril de 1961, estando já abortado o golpe de Estado, comunica ao General Botelho Moniz a sua demissão de Ministro da Defesa[759]: diz a certa altura o rascunho "o Chefe de Estado porém encarregou-me de remodelar o governo e de continuar por algum tempo mais à sua frente", aparecendo a expressão "por algum tempo mais" riscada e omitida da versão enviada.

Advirta-se, no entanto, que mesmo a quem Salazar suscita o problema da sua sucessão, especialmente na sequência da sua voluntária retirada da vida pública, levantam-se dúvidas sobre a sinceridade do Chefe do Governo[760], razão pela qual se pode questionar a existência de um genuíno e permanente conflito interno entre "partir" e "ficar" na Presidência do Conselho. E mesmo que, por vezes, existisse em Salazar esse desejo de ir viver a sua própria vida, afastando-se do poder, a História regista como facto que Salazar sempre encontrou argumentos para, adiando a sua saída voluntária das funções governativas, ficar "por algum tempo mais", acabando por permanecer até ao fim.

Independentemente desta última advertência, importa, no entanto, elencar as linhas argumentativas usadas por Salazar no sentido de fundamentar essas duas opções políticas alternativas: o abandono da vida política ou a continuação como Presidente do Conselho.

---

[759] Cfr. FRANCO NOGUEIRA, *Salazar*, V, p. 242 e nota n.º 1.
[760] Neste sentido, cfr. FRANCO NOGUEIRA, *Um Político Confessa-se*, p. 92.

§5.º O PROBLEMA DA SUCESSÃO DE SALAZAR | 159

5.2.3. Comecemos por referenciar os indícios reveladores do desejo de Salazar, ao longo da década de sessenta, em abandonar as funções governativas, abrindo o problema da sua sucessão:

– Em 1961, fala em "sacrifício por vezes insuportável" que representa continuar a exercer funções governativas, sente-se cansado e afirma estar sempre pronto para tomar o comboio para Coimbra e Santa Comba[761];

– Em 1962, diz ter pressa de se ir embora, sente-se desambientado face à nova mentalidade[762], confessa não querer morrer no exercício das funções de Chefe do Governo[763], nunca as tendo ambicionado, que continua a não as desejar e que o poder não o seduz[764], estando "farto de dizer ao Chefe de Estado que me demita"[765] e considera, quase no final de ano, que "agora era o momento ideal"[766];

– Em 1964, sente que se aproxima a morte[767], que chegou o fim[768] e acha, uma vez mais, que se deveria ir embora[769];

---

[761] Cfr. afirmações de Salazar, em 16 de Abril, in FRANCO NOGUEIRA, *Um Político Confessa-se*, p. 15.

[762] Cfr. afirmações de Salazar, em 20 de Fevereiro, in FRANCO NOGUEIRA, *Um Político Confessa-se*, p. 24.

[763] Cfr. afirmação de Salazar, em 26 de Julho, in FRANCO NOGUEIRA, *Um Político Confessa-se*, p. 35.

[764] Neste último sentido se pronúncia Salazar, em entrevista ao jornal italiano "Il Tempo", em Junho de 1962, cfr. OLIVEIRA SALAZAR, *Entrevistas*, p. 102.

[765] Cfr. afirmação de Salazar, em 3 de Novembro, in FRANCO NOGUEIRA, *Um Político Confessa-se*, p. 46.

[766] Cfr. afirmação de Salazar, em 3 de Novembro, in FRANCO NOGUEIRA, *Um Político Confessa-se*, p. 46.

[767] Cfr. afirmação de Salazar, em 1 de Maio, in FRANCO NOGUEIRA, *Um Político Confessa-se*, p. 92.

[768] Cfr. afirmação de Salazar, em 17 de Setembro, in FRANCO NOGUEIRA, *Um Político Confessa-se*, p. 99.

[769] Cfr. afirmação de Salazar, em 1 de Maio, in FRANCO NOGUEIRA, *Um Político Confessa-se*, p. 92.

– Em 1965, entende que já não tem capacidade de trabalho[770], sente-se vencido e amargo[771], confessa que desejava ir para casa e morrer em paz[772], que não viverá para sempre e que não sabe como aconselhar o Chefe de Estado a escolher alguém mais novo para o exercício das funções de Chefe do Governo[773];

– Em 1966, reconhece que está a perder faculdades, confirma que já não pode trabalhar como estava habituado e confidencia querer ir morrer a Santa Comba[774], pois entende que chegou ao fim, "mais dia, menos dia"[775]: "isto não é vida", chama-lhe tortura[776], "agora é a altura de sair, não se pode esperar que eu fique inválido"[777], "quero, pelo menos, viver um ano em paz na minha quinta"[778], descansando e lendo livros antes de morrer[779];

---

[770] Cfr. afirmação de Salazar, em 13 de Janeiro, in FRANCO NOGUEIRA, *Um Político Confessa-se*, p. 111.

[771] Cfr. FRANCO NOGUEIRA, *Um Político Confessa-se*, p. 115.

[772] Na realidade, quando se coloca, em 1965, a questão da recandidatura do Presidente Américo Thomaz e este pede para ser dispensado de um segundo mandato, Salazar diz-lhe "que eu também desejava ir para casa, morrer em paz", cfr. DAVID NASSER, *Meu último encontro com Salazar*, in *Manchete*, n.º 858, Rio de Janeiro, 28 de Setembro de 1968, p. 7.

[773] Cfr. afirmação de Salazar, em 13 de Janeiro, in FRANCO NOGUEIRA, *Um Político Confessa-se*, p. 111.

[774] Cfr. afirmações de Salazar, em 12 de Abril, in FRANCO NOGUEIRA, *Um Político Confessa-se*, p. 174.

[775] Cfr. afirmações de Salazar, em 17 Junho, in FRANCO NOGUEIRA, *Um Político Confessa-se*, p. 182.

[776] Cfr. afirmação de Salazar, em 12 de Abril, in FRANCO NOGUEIRA, *Um Político Confessa-se*, p. 174.

[777] Cfr. afirmação de Salazar, em 12 de Abril, in FRANCO NOGUEIRA, *Um Político Confessa-se*, p. 174.

[778] Cfr. afirmação de Salazar, em 12 de Abril, in FRANCO NOGUEIRA, *Um Político Confessa-se*, p. 174.

[779] Cfr. afirmação de Salazar, em 11 de Dezembro, in FRANCO NOGUEIRA, *Um Político Confessa-se*, p. 209.

§5.º O PROBLEMA DA SUCESSÃO DE SALAZAR | 161

- Em 1967, sente que, cada vez mais, caminha para a morte e manifesta a sua profunda preocupação com a sucessão[780], repete que não quer morrer no exercício de funções[781] e que também não quer viver muito tempo depois[782], promete mesmo que vai suscitar o problema da sua sucessão junto do Presidente da República e refere que todos deviam ajudar a proceder a uma "transição sem solavancos"[783];
- Em 1968, confessa que se sente cansado e, se não fosse o problema ultramarino e as suas implicações internacionais, em termos puramente internos, a sua saída não causaria mal, tanto mais que "há muitos que fariam mais e melhor do que eu"[784].

Em todas estas alegadas afirmações de Salazar presenciadas pelo Embaixador Franco Nogueira, vocacionadas a transmitir o propósito de que pretendia abandonar o poder, restará para sempre, todavia, uma dúvida: onde começava a sinceridade de um homem velho e onde termina a esperteza de um velho político?

---

[780] Cfr. afirmações de Salazar, em 15 de Janeiro, in FRANCO NOGUEIRA, *Um Político Confessa-se*, p. 214.

[781] Esse argumento viria também a ser utilizado pelo próprio Presidente da República na sua mensagem ao País, em 26 de Setembro de 1968, e no Decreto que exonerou Salazar do cargo de Presidente do Conselho de Ministros, cfr. Decreto n.º 48597, de 27 de Setembro de 1968.

Isso mesmo é igualmente confirmando pelo seu médico, Prof. Eduardo Coelho, adiantando que Salazar disse, várias vezes, ao Chefe de Estado que não queria morrer Presidente do Conselho, cfr. EDUARDO COELHO/ANTÓNIO MACIEIRA COELHO, *Salazar...*, p. 95.

[782] Cfr. afirmações de Salazar, em 5 de Dezembro, in FRANCO NOGUEIRA, *Um Político Confessa-se*, p. 268.

[783] Cfr. afirmações de Salazar, em 5 de Dezembro, in FRANCO NOGUEIRA, *Um Político Confessa-se*, p. 268.

[784] Cfr. afirmação de Salazar, em 17 de Maio de 1968, in FRANCO NOGUEIRA, *Um Político Confessa-se*, p. 296.

É plausível que existisse um Salazar que sentisse, no exacto momento em que proferia cada uma dessas declarações, exactamente aquilo que confidenciava ao seu interlocutor.

Porém, ao lado desse Salazar velho, cansado e nostálgico de regressar à sua terra, existia um outro Salazar: matreiro, desconfiado e descrente, cioso da sua obra, indisponível para entregar o poder a quem a arruinasse, compenetrado da sua missão de serviço à Pátria, pretendendo levar a "cruz até ao calvário" e que mantém o sentido de honra de não desertar a meio do combate. Este último é o Salazar que vai ficando, adiantando a partida e que permanece no poder até cair do poder, em Setembro de 1968, continuando a pensar que ainda lhe é exigível o esforço de permanecer: "a felicidade atinge-se pela renúncia do que se deseja, não pela sua posse"[785].

É um Salazar como homem que, numa "renúncia de si mesmo"[786], se anula perante um Salazar político: "não nos pertencemos", é a frase de Salazar referindo-se aos políticos[787] ou, falando de si

---

[785] Frase de Salazar, citada por FERNANDO DACOSTA, *Salazar – Fotobiografia*, p. 91, sem indicar, todavia, a fonte. Em sentido semelhante, segundo relata a jornalista Christine Garnier, Salazar, questionado sobre o que representava para si a felicidade, disse: "(...) julgo mais simples atingir a felicidade pela renúncia do que pela procura e satisfação de necessidades sempre mais numerosas e intensas. A busca da felicidade exige, com efeito, supomos nós, um contínuo estado de insatisfação", cfr. CHRISTINE GARNIER, *Férias com Salazar*, p. 124.

Para mais desenvolvimentos do entendimento de Salazar da vida como serviço, cfr. BARRADAS DE OLIVEIRA, *O príncipe encarcerado*, pp. 78 ss.

[786] Utilizando essa expressão, referindo-se a Salazar, veja-se a opinião do seu antigo Ministro dos Negócios Estrangeiros, PAULO CUNHA, *Príncipe Perfeito*, in *O Século*, de 28 de Julho de 1970, p. 2 (texto republicado, sem indicação de fonte, in *Salazar, Antologia de Depoimentos*, Lisboa, Ed. Nova Arrancada, 2000, p. 238).

[787] Essa frase de Salazar é relatada por DAVID NASSER, *Meu último encontro com Salazar*, in *Manchete*, n.º 858, Rio de Janeiro, 28 de Setembro de 1968, p. 7.

próprio, "sou um prisioneiro"[788]. Há aqui uma linha de conduta de Salazar que ainda assenta numa visão transpersonalista de raiz hegeliana[789] em que o poder e as razões de interesse colectivo absorvem o homem político[790], criando-lhe deveres: "a função do poder é assegurar o bem comum"[791] e, por isso mesmo, os governantes não pertencem a si próprios, segundo um postulado, formulado em 1924, "não aspirar ao *poder* como um direito, mas aceitá-lo e exercê-lo como um dever"[792].

Diversas dúvidas, porém, persistem: será que as referidas confidências de Salazar sobre a sua sucessão deveriam ter sido interpretadas como um apelo à "libertação" do dever de exercer as funções governativas através da intervenção do Chefe de Estado? Terá Salazar pretendido, a partir de 1965, que alguém – talvez à semelhança do que tentou fazer o General Botelho Moniz, em 1961, assumindo um verdadeiro papel de Simão de Cirene – diligenciasse junto do Presidente da República para, respeitando-se a integridade territorial da Pátria, proceder à sua substituição como Chefe de Governo? Será que Salazar estaria a instrumentalizar o

---

[788] Cfr. Christine Garnier, *Férias com Salazar*, p. 215.

[789] Essa visão é, aliás, muito evidente no conceito de nação que defende e nas relações que traça entre os interesses individuais e o interesse nacional, cfr. Oliveira Salazar, *Prefácio*, in António Ferro, *Salazar*, p. 47.

[790] Considerando Salazar dotado de um "sentido profundo do nacionalismo católico de estirpe universalista ou transpersonalista", cfr. António José de Brito, *O pensamento político de Salazar – Breves apontamentos*, in *Salazar Sem Máscaras*, 3ª ed., Lisboa, Ed. Nova Arrancada, 1998, p. 21.

[791] Cfr. David Nasser, *Meu último encontro com Salazar*, in *Manchete*, n.º 858, Rio de Janeiro, 28 de Setembro de 1968, p. 7.

[792] Cfr. Oliveira Salazar, *A paz de Cristo na classe operária pela Santíssima Eucaristia*, in António de Oliveira Salazar, *Inéditos e Dispersos*, I, Venda Nova, Bertrand Editora, 1997, p. 337; IDEM, *Principes D'Action*, Paris, Ed. Librairie Arthème Fayard, 1956, p. 145.

seu Ministro dos Negócios Estrangeiros para ser ele a exercer esse papel junto do Presidente da República?

Eis um conjunto de interrogações que jamais encontrarão resposta e que se resumem numa única questão: era Salazar dono do poder ou escravo do poder?

As linhas argumentativas justificativas da manutenção de Salazar no poder, a partir de meados da década de sessenta, permitem ajudar a esclarecer um sentido possível de resposta à questão suscitada.

5.2.4. Olhando agora para a linha argumentativa que permite encontrar as razões pelas quais Oliveira Salazar, apesar de alegadamente pretender abandonar o poder (v. *supra*, n.º 5.2.3.), permanece, ao longo da segunda metade dos anos sessenta, no exercício das funções de Chefe de Governo, podem recortar-se em três principais justificações:

(i) Salazar entende, desde logo, que não tem ninguém[793], "procuro, procuro alguém cuja firmeza assegure a defesa do Ultramar. Mas não encontro nada, não encontro ninguém"[794] e, referindo tratar-se de um problema muito sério e muito grave[795], chega mesmo a analisar cada um dos possíveis candidatos a sucessor na chefia do Governo[796]:

– Costa Leite (Lumbrales) "não é talvez muito brilhante, mas é sólido, tem muita experiência, tem muito boa formação, é íntegro, tem boa fama";

---

[793] Cfr. FRANCO NOGUEIRA, *Salazar*, VI, p. 38.

[794] Cfr. afirmações de Salazar, em 15 de Janeiro de 1967, in FRANCO NOGUEIRA, *Um Político Confessa-se*, p. 214.

[795] Cfr. FRANCO NOGUEIRA, *Um Político Confessa-se*, p. 127.

[796] Cfr. afirmações de Salazar, em 1 de Junho de 1965, in FRANCO NOGUEIRA, *Um Político Confessa-se*, p. 127.

§5.° O PROBLEMA DA SUCESSÃO DE SALAZAR | 165

– Pedro Theotónio Pereira, "não se pode contar com ele: está doente e é uma doença progressiva"[797];

– Paulo Cunha "é homem de grande valor; mas não se sabe como evoluirá o seu estado de saúde";

– Marcello Caetano, a quem, em 1962, Salazar escrevia que "ninguém sabe o que a Nação pode exigir-lhe em determinado momento e os serviços passados lhe imporão a si próprio"[798], diz agora que "é um belo espírito, tem grandes faculdades de trabalho, é muito culto e sabedor; mas não é flexível, não suporta a contradição mesmo em privado, não aguenta uma ideia oposta, e perde facilmente o moral, apossando-se de pânico e tendo então a tendência para seguir a corrente geral"[799];

– Antunes Varela "tem muito boa formação, é muito lúcido, sério, brilhante, e convém que seja mais experimentado";

---

[797] Salazar referia-se à doença de Parkinson que sofria Pedro Theotónio Pereira e que, vitimando-o, acabaria por impedir que concluísse as suas memórias, cfr. Prefácio de Marcello Caetano, in PEDRO THEOTÓNIO PEREIRA, *Memórias*, II, Ed. Verbo, Lisboa, 1973, p. 11.

[798] Cfr. carta de Salazar para Marcello Caetano, em 9 de Abril de 1962, in JOSÉ FREIRE ANTUNES, *Salazar e Caetano*, p. 401.

[799] Já antes, em Setembro de 1962, Salazar teria dito, segundo Franco Nogueira relata, referindo-se a Marcello Caetano, é "um belo espírito. Ideias liberais, em princípio, e muito impressionável. Segue sempre a corrente dominante em cada momento, acredita sempre na última verdade que lhe é assoprada. Ah! Mas é um belo espírito" (cfr. FRANCO NOGUEIRA, *Um Político Confessa-se*, pp. 37-38). E, em Fevereiro de 1965, também, a propósito de Marcello Caetano, Salazar dizia que se tratava de "uma pessoa muito difícil, do mais difícil que tenho encontrado" (cfr. *ibidem*, p. 114).

166 | SUCESSÃO POLÍTICA DE SALAZAR

(ii) Salazar preocupa-se, simultaneamente, com o futuro[800] e tem a nítida sensação que depois dele "tudo se dispersará e perderá significado e valor"[801], isto numa dupla acepção:

– Existe um delicado equilíbrio interno de forças contrárias dentro do Estado Novo e do próprio Governo que encontra em Salazar – utilizando as palavras de Marcello Caetano no seu "Discurso de Coimbra" (v. *supra*, n.º 5.1.2.) – "o árbitro de todas as dúvidas e o oráculo de todas as soluções"[802]: num regime que é uma federação de interesses e de facções[803], Salazar é o símbolo e o garante da estabilidade do poder[804] e essa consciência também justifica que Salazar vá ficando, adiando indefinidamente o seu abandono das funções de chefia política[805];

– Há, por outro lado, o problema ultramarino e a necessidade de prosseguir a sua defesa militar e continuar a defesa internacional da posição portuguesa: Salazar sabe

---

[800] Cfr. afirmações de Salazar, neste sentido, em 15 de Janeiro de 1967 e 20 de Julho de 1968, in FRANCO NOGUEIRA, *Um Político Confessa-se*, pp. 214 e 308.

[801] Cfr. FRANCO NOGUEIRA, *Salazar*, VI, p. 38.

[802] Cfr. MARCELLO CAETANO, *Discurso de Coimbra*, in JOSÉ-PEDRO GONÇALVES (org.), *O Presidencialismo Português*, p. 17.

[803] Neste sentido, cfr. FERNANDO MARTINS, *Salazar cai da cadeira, Marcelo senta-se*, in *Os Anos de Salazar*, n.º 24, 2008, pp. 8 ss.

[804] Sublinhando, referindo-se a Salazar, "a sua notável capacidade de manter durante meio século um nível de contratualização das elites que manteve sob o regime os apoios que lhe eram indispensáveis à sobrevivência", cfr. FERNANDO MARQUES DA COSTA, *Um caso*, in *O Jornal Ilustrado*, supl. ao n.º 740, de *O Jornal*, de 28 de Abril a 4 de Maio de 1989, p. 37.

Salientando que foi também essa falta de apoios que vitimou o governo de Marcello Caetano, cfr. DIOGO FREITAS DO AMARAL, *A governação de Marcelo Caetano*, in *Visão História*, n.º 2, Julho de 2008, p. 66.

[805] Neste último sentido, cfr. JOSÉ ANTÓNIO SARAIVA, *Do Estado Novo à Segunda República*, pp. 76-77.

que há riscos de uma tal política ser abandonada e tem consciência que Marcello Caetano, na sequência do seu projecto federalizante de 1962[806], não garante integralmente a fidelidade aos interesses portugueses de permanência em África[807];

(iii) Salazar revela ainda a preocupação, por último, que um seu abandono do exercício das funções governativas possa ser entendido ou interpretado, interna ou internacionalmente, como um gesto de deserção do combate, agora que a guerra ultramarina estava implantada em três territórios: dizia, em Abril de 1966, "e se não pus já a questão [de sair] de forma «tranchante», é apenas para que se não diga que, julgando tudo perdido, me vou embora para que as coisas não me caiam das mãos"[808] e, em Maio de 1968, desabafava, "se o terrorismo acabasse, ou se pelo menos acabasse numa das três províncias afectadas, ia-me então embora. Assim, é uma maçada. Se me retirasse, internacionalmente pensava-se numa mudança política, ou dizia-se que eu, tendo-me metido numa política sem saída, fugia ao desastre"[809].

---

[806] O projecto-parecer de Marcello Caetano, designado de "Memorial", datado de 2 de Fevereiro de 1962, propunha a constituição de uma "Comunidade Portuguesa Federativa", envolvendo três Estado federados, (: Portugal, Angola e Moçambique) e as Províncias da Guiné, São Tomé, Macau e Timor, recebendo Cabo Verde o estatuto das Ilhas Adjacentes, passando a existir também órgãos federais. Para uma transcrição desse documento da autoria de Marcello Caetano, cfr. MARCELO REBELO DE SOUSA, *Baltazar Rebelo de Sousa*, pp. 572 ss.; FERNANDO RUAS/RITA CARVALHO/PEDRO AIRES OLIVEIRA, *Daniel Barbosa, Salazar e Caetano – Correspondência política*, I, Lisboa, Círculo dos Leitores, 2002, pp. 436 ss.

[807] Cfr. afirmações de Salazar, neste sentido, em 10 de Novembro de 1966, in FRANCO NOGUEIRA, *Um Político Confessa-se*, pp. 203-204.

[808] Cfr. afirmação de Salazar, em 12 de Abril de 1966, in FRANCO NOGUEIRA, *Um Político Confessa-se*, p. 174.

[809] Cfr. afirmação de Salazar, em 17 de Maio de 1968, in FRANCO NOGUEIRA, *Um Político Confessa-se*, p. 296.

168 | SUCESSÃO POLÍTICA DE SALAZAR

Os argumentos avançados, justificando que Salazar fosse adiando a sua saída da chefia do Governo, acabando por ser a sua própria incapacidade física e psíquica a ditar a substituição como Presidente do Conselho, em Setembro de 1968, revelam, no entanto, que a sua continuação no poder se fundava, segundo o seu juízo avaliativo, em puras razões de interesse colectivo: (a) é a defesa do Ultramar que dita, em primeiro lugar, a sua permanência no poder, uma vez que não encontra ninguém com capacidade ou vontade para o substituir como Chefe do Governo e, por outro lado, não pode a sua saída de cena traduzir um sinal de deserção ou de mudança de rumo político na questão ultramarina; (b) não são razões de ordem interna que, em boa verdade, exigem a sua permanência, pois, tal como disse, em Maio de 1968, "quanto ao plano interno é que isso não tinha mal: estou cansado e há muitos que fariam mais e melhor do que eu"[810].

Em 1968, se não fosse o Ultramar, a pressão da guerra colonial e das potências internacionais sobre os territórios africanos, Salazar já teria pedido a sua exoneração junto do Presidente da República: o Ultramar amarrava Salazar ao poder – Salazar estava escravo da política ultramarina por si definida e consciente que, nos termos em que a mesma estava a ser executada, talvez só por si pudesse ser prosseguida. No limite, era a própria questão ultramarina que, em termos rigorosos, dificultava a escolha ou a definição do perfil de um sucessor: Salazar estava, em 1968, definitivamente prisioneiro da questão ultramarina e, por isso, afirmava que não tinha ninguém. E, também por essa razão, não renunciava[811].

---

[810] Cfr. afirmação de Salazar, em 17 de Maio de 1968, in FRANCO NOGUEIRA, *Um Político Confessa-se*, p. 296.

[811] Confirmando não acreditar que estivesse para breve a renúncia de Salazar ao cargo de Presidente do Conselho, cfr. o testemunho do seu médico, EDUARDO COELHO/ANTÓNIO MACIEIRA COELHO, *Salazar...*, p. 95.

§5.º O PROBLEMA DA SUCESSÃO DE SALAZAR | 169

Uma nota complementar importa ainda aditar: Salazar estava consciente, em meados de 1968, que a política ultramarina traçada poderia não ter saída e conduzir ao desastre[812], razões pelas quais queria continuar a dar a cara, não abandonando o exercício das funções governativas, apesar da sua vontade pessoal ser em sentido contrário (v. *supra*, n.º 5.2.3.).

Salazar é, em 1968, um homem profundamente dividido entre o querer e o dever: quer retirar-se, mas sente que deve ficar; quer confiar em alguém a sucessão, mas acha que não deve onerar ninguém com uma herança tão pesada e, por tudo isto, vai permanecendo, vai adiando a sua saída, subordinando o seu querer como pessoa àquilo que entende ser o seu dever como estadista – em Salazar, o político tomou conta do homem.

Num ponto, porém, Salazar está tranquilo: confia nas instituições constitucionais por si delineadas – se lhe suceder algo, o Chefe de Estado tem nas suas mãos a resolução do problema.

E, também por esta razão, Salazar vai continuando: continua até poder ou até que alguém o alivie do poder.

5.2.5. A partir de 1965, data da reeleição presidencial do Almirante Américo Thomaz, torna-se muito presente no espírito de Salazar o papel do Presidente da República na resolução da sucessão do Chefe do Governo.

No discurso da tomada de posse da Comissão Executiva da União Nacional, em 18 de Fevereiro de 1965, considerado por alguns o "testamento político" de Salazar[813], diz que "seja qual for

---

[812] Ilustrativas, neste sentido, são as afirmações feitas por Salazar, em 17 de Maio de 1968, in FRANCO NOGUEIRA, *Um Político Confessa-se*, p. 296.

[813] Neste sentido, cfr. *Vida Mundial*, n.º 1625, de 31 de Julho de 1970, p. 3; AUGUSTO DE SÁ VIANA REBELLO, *Salazar e Caetano Falar Claro*, Lisboa, Ed. Nova Arrancada, 2003, pp. 177 ss.

a evolução dos acontecimentos, não pode haver dúvida de que é nos sete anos a seguir que por imperativos naturais ou políticos se não pode fugir a opções delicadas, e, embora não forçosamente a revisões, à reflexão ponderada do regime em vigor. E é nas mãos do Chefe de Estado que virão a pesar as maiores dificuldades e da sua consciência que dependerão as mais graves decisões"[814].

Significa isto, por outras palavras, que Salazar, em 1965, contando já cerca de 76 anos – a completar no dia 28 de Abril –, tem perfeita consciência que, se não forem razões de natureza política a ditar o seu afastamento do cargo, não irá chegar, "por imperativos naturais", ao termo do segundo mandato presidencial de Américo Thomaz: é por isso, atendendo a que no termo desses sete anos, em 1972, Salazar terá 83 anos, que durante esse período, sem qualquer margem para dúvidas, "se não pode fugir a opções delicadas".

Ora, uma dessas opções delicadas será, necessariamente, a substituição de Salazar como Presidente do Conselho de Ministros.

É, igualmente por isso, que Salazar afirma que tudo estará nas mãos do Chefe de Estado: ao Presidente da República competem as decisões mais importantes e, entre todas elas, a escolha de um novo Presidente do Conselho de Ministros.

Em 1965, Salazar sabe, perfeitamente, que está a viver os últimos tempos políticos e alerta todos para o papel constitucional do Chefe de Estado: nele reside – tal como Benjamim Constant havia formulado no início do século XIX, em torno do rei a concepção do poder moderador – a "chave de toda a organização política"[815],

---

[814] Cfr. OLIVEIRA SALAZAR, *Discursos e Notas Políticas (1959-1966)*, VI, Coimbra, Coimbra Editora, 1967, p. 352.

[815] Cfr. BENJAMIN CONSTANT, *Cours de Politique Constitutionnelle*, I, Paris, 1861, pp. 18-19 e 175-176.

isto é, a faculdade de nomear um novo Presidente do Conselho de Ministros.

Um tal discurso de Salazar, se, por um lado, reflecte a perfeita consciência que se encontra na recta final da sua vida política, revela, por outro, uma preocupação de conferir naturalidade e serenidade ao processo da sua sucessão, manifestando ainda, por último, total confiança institucional e pessoal no Presidente da República.

Compreende-se, igualmente nesta dimensão, que Salazar procure fugir a indicar qualquer nome como seu delfim ou sucessor na chefia do Governo[816]: não indica, em primeiro lugar, porque não tem ninguém que lhe garanta firmeza na defesa do Ultramar (v. *supra*, n.º 5.2.4.) e, em segundo lugar, porque, não se vivendo em monarquia mas sim em República, a definição de quem é o sucessor compete ao Chefe de Estado[817].

Este último entendimento é também expresso por Salazar na derradeira entrevista que publica, em Novembro de 1966, quando um jornalista francês do "Le Figaro" lhe pergunta se existem "disposições para fazer face ao brutal vazio político que não deixaria de produzir-se no dia em que o destino não lhe permitisse já assumir as responsabilidades do poder"[818]. Salazar responde que o poder se encontra institucionalizado através de uma Constituição que confere ao Chefe de Estado a faculdade de substituir o Chefe

---

[816] Em sentido contrário, sem apresentar, todavia, quaisquer provas da tese que avança, considerando que Salazar indicou em vida o nome de Marcello Caetano ao Presidente da República como seu sucessor, mantendo-se, todavia, sempre segredo sobre essa indicação, cfr. MÁRIO SOARES, *Portugal Amordaçado*, p. 567.

[817] Cfr. afirmação de Salazar, em 11 de Dezembro de 1966, in FRANCO NOGUEIRA, *Um Político Confessa-se*, p. 209.

[818] Cfr. OLIVEIRA SALAZAR, *Entrevistas*, p. 239.

de Governo e, acrescenta, "se a escolha é feliz por parte daquele, não provocará complicações"[819].

No Presidente da República começa e termina, segundo Oliveira Salazar, o problema da sucessão do Chefe do Governo. E, refugiando-se neste argumento jurídico-constitucional, Salazar reserva o direito de não indicar qualquer sucessor[820].

Criticado em vida por esse silêncio quanto à sua sucessão, essa "recusa visceral do Doutor Salazar em organizar explicitamente a sua sucessão"[821], seria depois, aquando da sua morte, tendo presente a transição protagonizada por Marcello Caetano, segundo a escolha feita pelo Presidente da República, elogiado[822]: tal como Salazar havia previsto, as instituições constitucionais permitiram uma sucessão tranquila, encontrando no Chefe de Estado a "chave da organização política".

5.3. O que dizia a Constituição de 1933?

5.3.1. Importa agora, num rápido relance, observar o que dizia a Constituição de 1933 sobre a sucessão do Presidente do Conselho.

A Constituição confiava ao Presidente da República o poder de, por livre decisão da sua vontade, nomear e demitir o Presidente do

---

[819] Cfr. OLIVEIRA SALAZAR, *Entrevistas*, p. 240.

[820] Parece, todavia, que, um dia, Salazar terá referido a Francisco Leite Pinto, perante a insistência deste em que aquele insinuasse o nome de um sucessor, o seguinte: "de todos vocês, o que tem melhor formação administrativa é o Marcello Caetano" (cfr. MANUEL MARIA MÚRIAS, *De Salazar a Costa Gomes*, p. 146, nota n.º 42).

[821] Cfr. PAULO CUNHA, *Príncipe Perfeito*, in *O Século*, de 28 de Julho de 1970, p. 2 (texto republicado, sem indicação de fonte, in *Salazar, Antologia de Depoimentos*, cit., p. 237).

[822] Neste sentido, cfr. PAULO CUNHA, *Príncipe Perfeito*, in *O Século*, de 28 de Julho de 1970, p. 2 (= in *Salazar, Antologia de Depoimentos*, cit., p. 237).

Conselho de Ministros[823]: desde que respeitasse a exigência de ser um cidadão português, o Presidente da República gozava de total discricionariedade política na escolha da "pessoa que, estando mais próxima do seu pensamento, se mostre mais idónea para o traduzir em acção"[824] ou que, em caso de exoneração, tenha deixado de corresponder à confiança nele depositada[825] ou ainda que, por qualquer outra circunstância, se encontre impossibilitada de continuar a exercer essas funções, tal como viria a suceder, em Setembro de 1968, com Oliveira Salazar.

Todavia, ao invés do que acontecia perante casos de vagatura ou impedimento do Presidente da República que a Constituição confiava a sua substituição ao Presidente do Conselho[826], a Lei

---

[823] Cfr. MARCELLO CAETANO, *A Constituição de 1933 – Estudo de Direito Político*, 2ª ed., Coimbra, Coimbra Editora, 1957, p. 68; IDEM, *Curso de Ciência Política e Direito Constitucional*, II, 3ª ed., Coimbra, Coimbra Editora, 1961, p. 146.

[824] Cfr. JORGE MIRANDA, *Chefe de Estado*, sep. do *Dicionário Jurídico da Administração Pública*, Atlântica Editora, Coimbra, 1970, p. 43. Neste sentido, a escolha do Presidente do Conselho "equivale à escolha da política que o País vai adoptar", cfr. JORGE MIRANDA, *Ciência Política e Direito Constitucional*, II, Policop., Lisboa, Faculdade de Direito de Lisboa, 1973, p. 289.

[825] Não obstante ser esse o sentido da "Constituição oficial", a verdade é que a prática durante o consulado de Oliveira Salazar inverteu o preceito, fazendo o Presidente do Conselho escolher o candidato a Presidente da República e, deste modo, criando uma dependência política do Presidente da República face ao Presidente do Conselho. Neste sentido, cfr. JORGE CAMPINOS, *O Presidencialismo do Estado Novo*, Lisboa, Ed. Perspectivas e Realidades, 1978, pp. 147 ss.; MANUEL BRAGA DA CRUZ, *O Partido e o Estado no Salazarismo*, Lisboa, Editorial Presença, 1988, pp. 100 ss. E, inserindo este mesmo fenómeno na bipartição entre "Constituição oficial" e "Constituição não oficial", cfr. PAULO OTERO, *As instituições políticas e a emergência de uma "Constituição não oficial"*, in *Anuário Português de Direito Constitucional*, II, 2002, p. 90.

[826] Note-se que esta solução apenas foi adoptada pela revisão constitucional de 1935 (aprovada pela Lei n.º 1885, de 23 de Março de 1935), pois antes, desde 1933, a substituição competia ao Governo, no seu conjunto, que ficava investido nas atribuições do Chefe de Estado (artigo 80.º, §2.º). Sobre o assunto e para

Fundamental de 1933 era totalmente omissa quanto à hipótese de morte ou impedimento (permanente ou temporário) do Presidente do Conselho[827].

E, neste domínio, já antes da crise decorrente da incapacitação de Oliveira Salazar, em Setembro de 1968, a doutrina suscitava o problema da omissão constitucional para um cenário de morte ou impedimento do Presidente do Conselho que estivesse no exercício de funções de substituto do Presidente da República[828], apontando para a aplicação da solução resultante da Lei n.º 2084, de 11 de Agosto de 1956 (lei orgânica da nação em tempo de guerra), que, assente numa hipótese de guerra, remetia, numa primeira linha, para o membro do Governo que, segundo a ordem legal ou consuetudinária estabelecida ou aceite, tivesse precedência sobre os restantes[829].

A verdade, porém, é que, em Setembro de 1968, perante a omissão do texto constitucional sobre o cenário de substituição

---

mais desenvolvimentos, cfr. PAULO OTERO, *O Poder de Substituição em Direito Administrativo – Enquadramento dogmático-constitucional*, I, Lisboa, Ed. Lex, 1995, p. 248.

[827] Neste sentido, cfr. JORGE MIRANDA, *Chefe de Estado*, pp. 75 e 76.

Considerando, no entanto, ser desnecessário que a Constituição tivesse norma expressa sobre essa matéria, pois pertencia ao Chefe de Estado a resolução do problema, cfr. AMÉRICO THOMAZ, *Últimas Décadas de Portugal*, III, p. 295.

[828] Cfr. MARCELLO CAETANO, *A Constituição de 1933*, p. 52; IDEM, *Curso de Ciência Política e Direito Constitucional*, II, p. 131.

[829] Neste sentido, cfr. MARCELLO CAETANO, *A Constituição de 1933*, pp. 52-53; IDEM, *Curso de Ciência Política e Direito Constitucional*, II, p. 131; JORGE MIRANDA, *Chefe de Estado*, p. 76; JORGE CAMPINOS, *O Presidencialismo do Estado Novo*, pp. 68-69.

Informe-se, a título complementar, que a revisão constitucional de 1971 veio expressamente resolver o problema, determinando que, encontrando-se o Presidente do Conselho impedido de substituir o Presidente da República, ficaria investido das funções presidenciais, a título substitutivo, o Presidente da Assembleia Nacional (cfr. PAULO OTERO, *O Poder de Substituição em Direito Administrativo*, I, p. 248).

do Presidente do Conselho, verificando-se o impedimento deste, suscitavam-se duas principais questões[830]:

(a) Poderia o Presidente da República nomear um Presidente do Conselho interino?

(b) Poderia existir uma qualquer outra forma de substituição do Presidente do Conselho?

Vejamos as respostas possíveis no âmbito do quadro jurídico da Constituição de 1933.

5.3.2. (a) Poderia o Presidente da República nomear um Presidente do Conselho interino?

A ideia de um Presidente do Conselho interino, traduzindo a faculdade de o Presidente da República designar um substituto que exercesse temporariamente a competência que em termos normais é detida pelo Presidente do Conselho, atendendo à impossibilidade de, por uma determinada vicissitude, este último assegurar a continuidade dos serviços públicos[831], foi a primeira hipótese colocada pelo Almirante Américo Thomaz, em Setembro de 1968 (v. *infra*, n.º 5.4.1.)[832], tendo mesmo preparado, na noite de 16 de Setembro, um diploma legislativo com a nomeação interina de um novo Chefe de Governo[833].

---

[830] Cfr. MIGUEL GALVÃO TELES, *Direito Constitucional*, Policop., Lisboa, Edição da Associação Académica da Faculdade de Direito, 1970, pp. 58 ss.

[831] Para mais desenvolvimentos em torno do conceito de interinidade e uma análise do regime hoje vigente ao nível da substituição do Primeiro-Ministro, cfr. PAULO OTERO, *O Poder de Substituição em Direito Administrativo*, II, pp. 479 ss.

[832] Cfr. AMÉRICO THOMAZ, *Últimas Décadas de Portugal*, III, p. 294.

[833] Neste sentido, a declaração do próprio Presidente da República em pleno Conselho de Estado, realizado em 17 de Setembro de 1968, cfr. o texto da Acta do Conselho de Estado, in FRANCO NOGUEIRA, *Salazar*, VI, p. 409, nota.

E, não obstante o Presidente da República ter entendido que o Conselho de Estado se pronunciou pela exclusão constitucional da admissibilidade de soluções transitórias[834], o certo é que, lendo a Acta do Conselho de Estado realizado, em 17 de Setembro de 1968, se fica com ideia algo diferente[835]: alguns conselheiros pronunciaram-se claramente no sentido da possibilidade de existir uma presidência do conselho interina, salientando Marcello Caetano que uma tal interinidade "só poderá recair num membro do gabinete", adiantando ainda, numa segunda intervenção, na mesma reunião do Conselho de Estado, que essa solução resulta de uma aplicação analógica do disposto na Lei n.º 2084, de 11 de Agosto de 1956.

Admitindo também, por intervenção do Presidente da República, a solução da interinidade quanto ao Presidente do Conselho se pronunciou a doutrina que escreveu imediatamente após a crise de 1968[836]: o argumento utilizado funda-se na ideia de que, podendo o Presidente da República nomear a título definitivo um novo Presidente do Conselho, também poderia – à luz do postulado de que quem pode o mais, pode o menos – nomeá-lo interinamente.

Parece-nos, atendendo ao silêncio da Constituição de 1933 sobre a matéria, o seguinte:

(i) O Presidente da República não se encontrava impedido de proceder à nomeação de um Presidente do Conselho interino, desde que se tratasse de um ministro integrante do Governo em causa, exercendo as funções de Presidente do Conselho a título substitutivo e temporário: tratava-se de

---

[834] Neste sentido, cfr. AMÉRICO THOMAZ, *Últimas Décadas de Portugal*, III, p. 295.

[835] Para uma leitura integral da Acta do Conselho de Estado, de 17 de Setembro de 1968, cfr. FRANCO NOGUEIRA, *Salazar*, VI, pp. 408 ss., nota n.º 1.

[836] Cfr. MIGUEL GALVÃO TELES, *Direito Constitucional*, p. 59.

uma faculdade integrante do estatuto constitucional do Chefe de Estado que, enquanto "chave de toda a organização política", surgia como "primeiro detentor da autoridade governativa"[837] e garante do funcionamento do sistema de governo;

(ii) Já não poderia o Presidente da República, todavia, nomear um Chefe do Governo interino fora do elenco dos ministros existentes, pois a interinidade do vínculo fragilizaria a sua posição de chefia, direcção e coordenação de ministros efectivos[838] e, por outro lado, os poderes que o Chefe de Estado recebe da Constituição só podem ser exercidos nos termos expressamente previstos: se o texto constitucional não cria a faculdade de nomeação de um Presidente do Conselho interino, enquanto figura autónoma dos restantes membros do Governo, esse silêncio nunca poderia ser interpretado como permissão.

Em resumo, a Constituição de 1933 habilitava que o Presidente Américo Thomaz tivesse nomeado, após o impedimento do Doutor Salazar, em Setembro de 1968, um dos ministros integrantes do Governo como Presidente interino do Conselho de Ministros.

5.3.3. (b) Poderia existir uma qualquer outra forma de substituição do Presidente do Conselho?

Um segundo plano de reflexão coloca-se num cenário em que não há (ou não pode haver) nomeação de um Presidente do Con-

---

[837] Cfr. MIGUEL GALVÃO TELES, *Direito Constitucional*, p. 60.

[838] Argumento este também utilizado por Marcello Caetano na reunião do Conselho de Estado, em 17 de Setembro de 1968, cfr. Acta do Conselho de Estado, in FRANCO NOGUEIRA, *Salazar*, VI, p. 410, nota.

178 | SUCESSÃO POLÍTICA DE SALAZAR

selho interino, verificando-se a impossibilidade de exercício das funções pelo actual titular.

Poderiam aqui, à luz da Constituição de 1933, levantar-se diversas hipóteses[839]:

(i) Entender-se que não há lugar a qualquer substituição provisória do Presidente do Conselho – essa foi, adiante-se, a posição a que acabou por aderir o Conselho de Estado, em 17 de Setembro de 1968[840], conduzindo à nomeação de um novo Chefe do Governo;

(ii) As funções do Presidente do Conselho passarem a ser exercidas pelo próprio Presidente da República[841], enquanto "primeiro detentor da autoridade governativa"[842], permitindo, deste modo, uma temporária acumulação de funções e, simultaneamente, um funcionamento presidencialista do sistema de governo[843];

(iii) Existir uma substituição automática do Presidente do Conselho por um ministro, sendo certo, no entanto, que o texto

---

[839] Cfr. MIGUEL GALVÃO TELES, *Direito Constitucional*, pp. 59 ss.

[840] Note-se que, apesar de o Presidente da República dizer que se fundamentava na Constituição a impossibilidade de qualquer das soluções transitórias (cfr. AMÉRICO THOMAZ, *Últimas Décadas de Portugal*, III, p. 295), a verdade é que essa orientação foi ditada "talvez mais por dúvida do que por convicção acerca do seu valor" (cfr. MIGUEL GALVÃO TELES, *Direito Constitucional*, p. 59).

[841] Dando conta da existência de opiniões e sectores defensores desta solução, sem prejuízo de o Presidente da República delegar num membro do Governo o despacho e a coordenação da actividade ministerial, cfr. JAIME NOGUEIRA PINTO, *O Fim do Estado Novo e as Origens do 25 de Abril*, p. 151.

[842] Cfr. MIGUEL GALVÃO TELES, *Direito Constitucional*, p. 60.

[843] Pode aqui levantar-se a objecção de que, numa tal hipótese, falta a definição de um prazo durante o qual o Presidente da República acumularia com as funções de Presidente do Conselho, cfr. MIGUEL GALVÃO TELES, *Direito Constitucional*, p. 60.

§5.º O PROBLEMA DA SUCESSÃO DE SALAZAR | 179

constitucional era omisso quanto a essa possibilidade e, em 1968, não existia norma ordinária que o permitisse[844];

(iv) Não existir qualquer forma de substituição automática, antes competindo ao Presidente da República, à luz de um poder implícito, designar um ministro para exercer, a título substitutivo – e sem o estatuto de interino –, as funções de Presidente do Conselho, devendo esse substituto ser designado sob proposta do Chefe do Governo, segundo postula "o princípio da concordância entre os titulares dos dois órgãos"[845], ou, encontrando-se este impedido de o fazer, por iniciativa do Presidente da República.

Qualquer uma destas soluções, apesar de poder envolver graus diferentes de adesão ou compatibilidade jurídico-constitucional, habilitava que o Presidente da República, em Setembro de 1968, em vez de proceder à nomeação de um novo Chefe de Governo, pudesse ter enveredado por uma solução transitória: nomear ou indicar um ministro do Governo existente como substituto do Doutor Salazar na Presidência do Conselho ou, pura e simplesmente, chamar o próprio Chefe de Estado a si, a título temporá-

---

[844] Essa foi a solução que, sem prejuízo de alguns aditamentos, depois veio a ser adoptada pelo Decreto-Lei n.º 13/70, de 14 de Janeiro de 1970, estipulando o seu artigo 3.º, n.º 2: "nos casos em que o Presidente do Conselho se ache temporariamente impedido de exercer as funções de seu cargo, a sua substituição compete ao Ministro que ele propuser ao Presidente da República ou, quando não haja sido formulada a proposta, ao que para tal efeito for designado pelo Chefe de Estado" (cfr. JORGE MIRANDA/RUI MACHETE, *Direito Constitucional*, II, Policop., Lisboa, Faculdade de Direito de Lisboa, 1972, pp. 269-270; JORGE MIRANDA, *Ciência Política e Direito Constitucional*, II, p. 377). Esta é ainda hoje, se não existir Vice-Primeiro-Ministro, e nos termos ao artigo 185.º, n.º 1, da Constituição de 1976, a solução vigente para os casos de substituição do Primeiro-Ministro na sua ausência ou impedimento.

[845] Cfr. MIGUEL GALVÃO TELES, *Direito Constitucional*, p. 62.

180 | SUCESSÃO POLÍTICA DE SALAZAR

rio, o exercício das principais funções de direcção e coordenação ministerial do Chefe do Governo.

Sem se discutirem aqui as razões de conveniência política que conduziram alguns membros do Conselho de Estado, em 17 de Setembro de 1968, a pronunciarem-se pela nomeação definitiva de um novo Presidente do Conselho[846], essa foi a solução acolhida pelo Almirante Américo Thomaz em termos decisórios (v. *supra*, n.º 5.4.2.). É bem possível, porém, que o conjunto de soluções agora expostas – e todas elas permitidas pelo quadro constitucional – pudesse ter estado na mente de Salazar durante os meses de 1969 e 1970 em que, sabendo-se doente, tinha também consciência que não exercia, a título corrente, a gestão dos assuntos governativos (v. *infra*, n.º 6.4.).

5.4. O que se passou em Setembro de 1968?

5.4.1. Na própria tarde em que Salazar sofre o acidente vascular cerebral que o incapacitaria definitivamente, em 16 de Setembro de 1968, o Presidente da República convoca para o Palácio de Belém, cerca da meia-noite, uma reunião com o Ministro de Estado Adjunto, Motta Veiga, e o Ministro da Defesa, Gomes Araújo[847].

Nessa reunião, o Presidente da República comunica que decidiu nomear Motta Veiga, uma vez que exercia as funções de Ministro de Estado Adjunto, interinamente como Presidente do Conselho: o visado, porém, recusa categoricamente essa solução e, perante uma reacção tão viva, o Presidente da República sentiu-se impos-

---

[846] Cfr. Acta do Conselho de Estado, de 17 de Setembro de 1968, in FRANCO NOGUEIRA, *Salazar*, VI, pp. 408 ss., nota n.º 1.
[847] Cfr. FRANCO NOGUEIRA, *Salazar*, VI, p. 405.

sibilitado de concretizar essa solução[848]. Uma alternativa possível seria nomear interinamente o Ministro da Defesa como Chefe do Governo; a verdade, porém, é que tinha contra si a circunstância de parecer tratar-se de uma solução militar para a crise[849] e não era este ministro o substituto natural de Salazar[850].

Num tal cenário, diz o Almirante Américo Thomaz, "privado da possibilidade dessa solução transitória, que era a única aconselhável, resolveu convocar o Conselho de Estado para uma reunião urgente, que se realizou pelas 16 horas desse mesmo dia 17"[851].

5.4.2. Na reunião do Conselho de Estado, em 17 de Setembro de 1968[852], o Presidente da República, inteirado do desesperado estado de saúde de Salazar[853], tanto mais que "os médicos admitem a todo o momento um desenlace fatal"[854], começa por referir que no momento em que foi convocado o Conselho de Estado supunha "que este viesse a reunir não sendo já vivo o Presidente

---

[848] Cfr. AMÉRICO THOMAZ, *Últimas Décadas de Portugal*, III, p. 294.

[849] Essa objecção terá mesmo sido suscitada pelo próprio General Gomes de Araújo, o qual afirma ainda, em nome das Forças Armadas, dever a escolha do sucessor de Salazar recair num civil, cfr. FRANCO NOGUEIRA, *Salazar*, VI, p. 406.

[850] Cfr. AMÉRICO THOMAZ, *Últimas Décadas de Portugal*, III, p. 294.

[851] Cfr. AMÉRICO THOMAZ, *Últimas Décadas de Portugal*, III, p. 294.

[852] Nessa reunião falta apenas o Procurador-Geral da República, José Manso Preto, por estar ausente de Lisboa, cfr. AMÉRICO THOMAZ, *Últimas Décadas de Portugal*, III, p. 294; FRANCO NOGUEIRA, *Salazar*, VI, p. 406. Para uma descrição dos pormenores dessa reunião do Conselho de Estado, cfr. *Notícias de Portugal*, Boletim Semanal do Secretariado Nacional da Informação, Ano XXII, n.º 1116, de 21 de Setembro de 1968, pp. 2 ss.

[853] Na manhã desse mesmo dia, o Almirante Américo Thomaz foi à Casa de Saúde da Cruz Vermelha, os médicos confirmaram-lhe que Salazar, se sobreviver, será um grande inválido, encontrando-se totalmente afastado de retomar o exercício de funções políticas ou governativas, cfr. FRANCO NOGUEIRA, *Salazar*, VI, p. 406.

[854] Cfr. Acta do Conselho de Estado, de 17 de Setembro de 1968, in FRANCO NOGUEIRA, *Salazar*, VI, p. 408, nota n.º 1.

do Conselho"[855], pedindo a cada um dos seus membros que, uma vez não ser previsível que Salazar regressasse mais ao exercício das funções governativas, se pronunciasse sobre o momento em que deveria proceder à substituição do Doutor Oliveira Salazar.

"Num ambiente de geral compreensão"[856], sem que se suscite a indicação de quaisquer nomes como sucessores de Salazar, formaram-se no Conselho de Estado quatro distintas orientações sobre o problema do momento em que deveria o Presidente da República proceder à substituição[857]:

(i) Existiam conselheiros que, apesar de reconhecerem a situação desesperada de Salazar, se pronunciaram contra a substituição imediata do Presidente do Conselho, preferindo que se aguardasse pela sua morte ou comprovação da sua incapacidade definitiva – foi essa a posição de Mário de Figueiredo, Furtado dos Santos, Pires de Lima, Santos Costa, Theotónio Pereira, Soares da Fonseca, Antunes Varela;

(ii) Outros conselheiros, pelo contrário, sugerem a possibilidade de um provimento interino do cargo de Presidente do Conselho, isto até como passo intermédio para a posterior nomeação de um novo Chefe do Governo – assim opinou Luís Supico, José Osório, Marcello Caetano (salientando que o interino terá de ser membro do gabinete)[858];

---

[855] Cfr. Acta do Conselho de Estado, de 17 de Setembro de 1968, in Franco Nogueira, *Salazar*, VI, p. 408, nota n.º 1.

[856] Cfr. Américo Thomaz, *Últimas Décadas de Portugal*, III, p. 295.

[857] Cfr. Acta do Conselho de Estado, de 17 de Setembro de 1968, in Franco Nogueira, *Salazar*, VI, pp. 408 ss., nota n.º 1.

[858] A presença de Marcello Caetano no Conselho de Estado faz com que todos ficassem estupefactos (cfr. Franco Nogueira, *Salazar*, VI, p. 406), pois, desde que havia renunciado ao cargo de membro vitalício do Conselho de Estado, em 1958, deixando ao critério do Chefe de Estado a escolha do momento em que fosse oportuna a publicação da renúncia (o que nunca veio a acontecer), Caetano

§5.º O PROBLEMA DA SUCESSÃO DE SALAZAR | 183

(iii) Um outro ainda, afastando a ideia de interinidade, entendia que o Presidente da República deveria proceder de imediato à nomeação de um novo Presidente do Conselho efectivo – era essa a opinião de Albino dos Reis;

(iv) Outros conselheiros, por último, sem tomarem posição expressa quanto a qualquer das anteriores soluções, deixavam a resolução do problema entregue ao esclarecido e prudente critério do Chefe de Estado – esse foi o posicionamento de Costa Leite e Ortins de Bettencourt.

No final do Conselho de Estado, o Presidente da República salientou que também lhe repugnava a ideia de uma substituição imediata do Doutor Salazar, de qualquer modo existiam interesses superiores da Nação que exigiam a adopção de medidas decisórias, motivo pelo qual iria proceder a audiências privadas e individuais de todos os membros do Conselho de Estado e ainda de outras individualidades qualificadas, "acerca da escolha do novo Presidente do Conselho de Ministros, para a hipótese de as circunstâncias imporem a substituição do Doutor Salazar"[859].

---

nunca mais assistiu a qualquer reunião desse órgão (cfr., neste último sentido, MARCELLO CAETANO, *Minhas Memórias de Salazar*, p. 584). Mais tarde, em 1965, esclareceria, em carta dirigida ao General Santos Costa, que tinha renunciado à sua função de membro vitalício do Conselho de Estado, pois, na sequência da intriga que envolveu o termo do mandato do Presidente Craveiro Lopes, "sentir-se-ia mal à mesma mesa em que continuava a ter lugar o Dr. Mário de Figueiredo (...)" (cfr. MANUEL BRAGA DA CRUZ (org.), *Correspondência de Santos Costa*, p. 98). Explica o próprio Marcello Caetano, no entanto, que a sua presença nesse Conselho de Estado, em 17 de Setembro de 1968, se deveu a amigos que lhe apareceram, "cada vez mais insistentes na tese de que não deveria naquele gravíssimo momento deixar de dar todo o meu concurso ao Chefe de Estado" (cfr. MARCELLO CAETANO, *Depoimento*, p. 12).

[859] Cfr. Acta do Conselho de Estado, de 17 de Setembro de 1968, in FRANCO NOGUEIRA, *Salazar*, VI, p. 412, nota.

184 | SUCESSÃO POLÍTICA DE SALAZAR

Importa salientar, neste contexto, que a dificuldade sentida pelo Presidente da República em proceder à substituição de Salazar não resultava de qualquer obstáculo constitucional, antes decorria do carisma do Presidente do Conselho como personalidade que "consubstanciava o regime"[860] e, segundo a inversão da relação de confiança política emergente da "Constituição oficial" através da "«cooptação» do Presidente da República pelo Presidente do Conselho"[861], o próprio Almirante Américo Thomaz dever a sua eleição (1958) e posterior reeleição (1965) à confiança política nele depositada por Oliveira Salazar.

Estava em causa, neste processo de sucessão de Salazar como Presidente do Conselho através da nomeação de um novo Chefe de Governo definitivo, evitar que qualquer gesto do Presidente da República pudesse ser interpretado como um "golpe de Estado constitucional" ou um gesto de menor consideração, verdadeiro sacrilégio contra a veneração e o respeito reverencial que Salazar suscitava[862], traduzindo um sinal de desrespeito da criatura perante o seu próprio criador político: tratava-se, por isso, nas palavras do Almirante Américo Thomaz, de uma "situação difícil e penosa, mas realmente e infelizmente a única!"[863].

Encontrava-se agora nas mãos do Chefe de Estado, utilizando as palavras de Salazar, em 18 de Fevereiro de 1965 (v. *supra*, n.º 5.2.5.), a primeira de várias "opções delicadas", confirmando o prognóstico que seria nele que estaria o peso das maiores dificuldades e que da sua consciência dependeriam as "mais graves decisões"[864].

---

[860] Cfr. AMÉRICO THOMAZ, *Últimas Décadas de Portugal*, III, p. 295.
[861] Cfr. JORGE CAMPINOS, *O Presidencialismo do Estado Novo*, pp. 147 ss.
[862] Cfr. MARCELLO CAETANO, *Depoimento*, p. 13.
[863] Cfr. AMÉRICO THOMAZ, *Últimas Décadas de Portugal*, III, p. 295.
[864] Cfr. OLIVEIRA SALAZAR, *Discursos e Notas Políticas*, VI, p. 352.

5.4.3. Nos dias subsequentes à reunião do Conselho de Estado, entre 18 e 21 de Setembro, dividido entre visitas à Casa de Saúde da Cruz Vermelha, a audição dos médicos confirmando a incapacidade permanente de Salazar – se viesse a sobreviver – para voltar a exercer funções governativas (v. *supra*, n.º 2.7.3.), o Presidente da República desdobra-se em consultas pessoais sobre a nomeação de um novo Presidente do Conselho: procura "uma personalidade política civil que pudesse colher um largo apoio"[865].

Diz-se que, no início das consultas, o Chefe de Estado tinha duas listas de nomes de possíveis sucessores de Salazar[866]: numa primeira linha estavam os nomes de Marcello Caetano, Antunes Varela, Franco Nogueira e Adriano Moreira e, numa segunda linha, os nomes de Soares da Fonseca, Kaúlza de Arriaga e Correia de Oliveira.

Na sequência das consultas pessoais realizadas, são vários os nomes possíveis e sugeridos ao Presidente da República e são também diversas as objecções que se levantam a cada um deles[867]:

- Marcello Caetano: atendendo ao seu passado quanto à política ultramarina, suscitava oposição das Forças Armadas[868];
- Luís Supico Pinto: tinha interesses privados que prejudicavam a sua candidatura;
- Antunes Varela: não tinha o apoio da União Nacional;
- Gomes de Araújo: uma vez que era militar, representava uma solução que se pretendia evitar;

---

[865] Cfr. FRANCO NOGUEIRA, *Um Político Confessa-se*, p. 314.

[866] Neste sentido, cfr. DIOGO FREITAS DO AMARAL, *O Antigo Regime e a Revolução*, pp. 84-85.

[867] Cfr. FRANCO NOGUEIRA, *Um Político Confessa-se*, p. 314.

[868] Existiam também pessoas que apontavam a Marcello Caetano "falhas perigosas e tergiversações na sua acção e no seu procedimento" ou que, pura e simplesmente, "não tinham confiança numa linha firme de conduta", cfr. AMÉRICO THOMAZ, *Últimas Décadas de Portugal*, III, p. 296.

– Adriano Moreira: tinha como adversário Marcello Caetano e os marcelistas, havia suscitado forte oposição, em 1962, e não reunia agora apoios[869];

– Correia de Oliveira: tinha um apoio muito restrito e tinha sido envolvido em alguns escândalos;

– Franco Nogueira: o Presidente da República entendia "que não era sensato trocar um ministro certo por um Presidente do Conselho incerto"[870].

Perante a pluralidade de opiniões das cerca de quarenta pessoas ouvidas, o Presidente da República comentava na sua agenda, em 19 de Setembro, "tantas opiniões díspares! Cada cabeça sua sentença! Fica-se aturdido!", e, no dia 20, "sinto-me embaraçado e perplexo, no meio de tantas opiniões desencontradas, quanto ao que deve fazer-se"[871]. Há mesmo quem afirme que, neste momento, "o Chefe de Estado está quase tão diminuído como o seu primeiro-ministro"[872].

---

[869] Cfr. FERNANDO MARTINS, *Salazar cai da cadeira, Marcelo senta-se*, in *Os Anos de Salazar*, n.º 24, 2008, pp. 23-24.

[870] Comenta depois Franco Nogueira, referindo-se ao argumento do Presidente da República contra a sua hipótese de ser Presidente do Conselho: "não disse o Almirante Thomaz que nenhum dos nomes apontados fora jamais, do meu conhecimento, Presidente do Conselho, pelo que nenhum dera provas e todos seriam tão incertos como eu" (cfr. FRANCO NOGUEIRA, *Um Político Confessa-se*, p. 314). E, anos mais tarde, em entrevista a Fernando Dacosta, Franco Nogueira haveria de confessar que o então Presidente da República, Américo Thomaz, "não compreendeu que só um continuador de Salazar, não um dissidente dele, era capaz de fazer a transição", acrescentando depois o entrevistador, "Franco Nogueira achava-se, pelas suas relações, os seus conhecimentos, esse continuador" (cfr. FERNANDO DACOSTA, *O dia em que Salazar morreu*, in *Visão*, n.º 385, de 27 de Julho a 2 de Agosto de 2000, p. 55).

[871] Cfr. AMÉRICO THOMAZ, *Últimas Décadas de Portugal*, III, p. 295.

[872] Cfr. JACQUES GEORGEL, *O Salazarismo*, p. 139.

Os militares ouvidos sublinham que as Forças Armadas manifestam o seu total apoio ao Presidente da República, confiando-lhe completa liberdade de escolha da individualidade a ser encarregue da formação de novo governo, entendendo, porém, que deverá ser um civil e nunca aceitam qualquer modificação da política de defesa e de respeito pela integridade do Ultramar[873].

E se, na sua quase totalidade, as diversas individualidades se inclinavam para a necessidade de nomeação de um sucessor de Salazar como Presidente do Conselho a título definitivo, o certo é que existiam divergências quanto à personalidade a escolher: a maioria opinava pela escolha de Marcello Caetano, sem prejuízo de um tal nome também suscitar bastantes divergências "expressas com calor", algumas das quais "repudiavam convictamente a solução"[874]; os outros nomes de nomeáveis como Chefe do Governo mais falados eram Antunes Varela e Franco Nogueira, salientando-se que "só muito esporadicamente, outros nomes foram lembrados"[875].

O Presidente da República confessava, no entanto, a sua predilecção por uma outra individualidade: o Embaixador Pedro Theotónio Pereira seria, muito possivelmente, "o melhor e o mais indicado sucessor do doutor Salazar na Presidência do Conselho"[876], a doença, todavia, impedia essa solução.

Os apoios a Marcello Caetano iam, no entanto, aumentando, e, em 23 de Setembro, podiam-se considerar irresistíveis[877]. Marcello Caetano, além de possuir o controlo de quase toda a comunicação social – excepto da televisão –, era o único dos candidatos à chefia do Governo que tinha um grupo organizado de suporte que fun-

---

[873] Cfr. Franco Nogueira, *Salazar*, VI, p. 414.

[874] Cfr. Américo Thomaz, *Últimas Décadas de Portugal*, III, p. 296.

[875] Cfr. Américo Thomaz, *Últimas Décadas de Portugal*, III, p. 296.

[876] Cfr. Américo Thomaz, *Últimas Décadas de Portugal*, III, p. 297.

[877] Neste sentido, cfr. Manuel Maria Múrias, *De Salazar a Costa Gomes*, p. 153.

cionava como verdadeiro *lobby*[878]: tratava-se do designado "«clã» marcelista"[879], desde os finais dos anos cinquenta empenhado na conquista ordeira e legal do poder[880].

Marcello Caetano escrevia, porém, em 21 de Setembro, que estava surpreendido pelo seu nome ser tão falado e acrescentava: "mas não sou candidato, não dei um passo, não embaracei o caminho a ninguém, e sinceramente peço a Deus que inspire bem quem tenha de escolher e o faça desviar os olhos para outro!"[881].

A verdade é que, atendendo ao ambiente interno e internacional favorável ao nome de Marcello Caetano e, por outro lado, à convicção do Chefe de Estado que a pessoa agora a nomear como Chefe do Governo "rapidamente se queimaria politicamente, pelo exagerado peso da herança"[882], o Almirante Américo Thomaz acabou então por optar pela solução Marcello Caetano para a presidência do Conselho, confessando que sentia não ser uma solução óptima "mas era a única que a opinião pública aceitaria sem qualquer reacção"[883].

Em sentido convergente, não se pode excluir que, diante do dinâmico *lobby* marcelista junto do Presidente do República, este tenha tido a percepção que tudo só acalmaria se Marcello Caetano fosse

---

[878] Cfr. MANUEL MARIA MÚRIAS, *De Salazar a Costa Gomes*, p. 149.

[879] Cfr. AMÉRICO THOMAZ, *Últimas Décadas de Portugal*, IV, p. 189.

[880] Cfr. FERNANDO ROSAS, *Prefácio – Marcelismo: ser ou não ser*, in FERNANDO ROSAS/PEDRO AIRES OLIVEIRA (coord.), *A Transição Falhada – O marcelismo e o fim do Estado Novo (1968-1974)*, Lisboa, Editorial Notícias, 2004, p. 11.

[881] Carta de Marcello Caetano dirigida ao General Santos Costa, in MANUEL BRAGA DA CRUZ (org.), *Correspondência de Santos Costa*, p. 99.

[882] Cfr. AMÉRICO THOMAZ, *Últimas Décadas de Portugal*, III, p. 297.

[883] Cfr. AMÉRICO THOMAZ, *Últimas Décadas de Portugal*, III, p. 297. Reflectindo, posteriormente, Américo Thomaz veio mesmo a considerar que a escolha da solução Marcello Caetano "agradou, na generalidade, ao País" (cfr. AMÉRICO THOMAZ, *Últimas Décadas de Portugal*, IV, p. 189).

designado Chefe do Governo[884], tanto mais que qualquer outro candidato alternativo sempre teria de sofrer o combate movido por Marcello Caetano e os seus apoiantes[885]. Assim, procurando fugir a novos problemas e alimentado pela esperança que Marcello Caetano não conseguiria manter-se muito tempo a gerir a herança política de Salazar, o Presidente da República toma a sua decisão.

Numa tal decisão presidencial a favor da solução Marcello Caetano pode ainda ter pesado o conselho do Eng.º. Duarte do Amaral, amigo de longa data do Presidente da República, e que lhe disse: "Se o Sr. Presidente o escolher a ele [Marcello Caetano], e ele falhar, toda a gente dirá que a culpa foi dele. Se o Sr. Presidente escolher qualquer dos outros, e eles falharem, toda a gente dirá que a culpa foi sua. Acho que deve nomear Marcello Caetano"[886].

E, nestes termos, em 24 de Setembro, o Presidente da República chama Marcello Caetano para uma conversa, tendo o propósito de o encarregar de formar governo.

5.4.4. A conversa que, em 24 de Setembro de 1968, o Almirante Américo Thomaz teve com o Prof. Marcello Caetano encontra duas distintas versões: uma do Presidente da República, depois contrariada por gente próxima de Marcello Caetano; outra que, proveniente de Marcello Caetano, é contrariada por adversários políticos deste último.

a) Na versão do então Presidente da República, diz que já antes Marcello Caetano lhe pedira, por duas vezes, "luz verde"

---

[884] Cfr. AMÉRICO THOMAZ, *Últimas Décadas de Portugal*, IV, p. 189.

[885] Cfr. MANUEL MARIA MÚRIAS, *De Salazar a Costa Gomes*, p. 150.

[886] O relato é feito pelo filho do Eng.º. Duarte do Amaral, o Prof. Diogo Freitas do Amaral, segundo lhe disse o pai, nesse mesmo dia, ao regressar do Palácio de Belém, cfr. DIOGO FREITAS DO AMARAL, *O Antigo Regime e a Revolução*, p. 89.

para formar governo[887], tendo revelado ambição nesse sentido[888], "na convicção, que certamente teria, de ser o único sucessor possível do Doutor Salazar e por se sentir ansioso por assumir a presidência do Conselho"[889].

Trata-se de uma versão do Almirante Américo Thomaz que tem sido contestada[890], uma vez que, escrita após a morte de Marcello Caetano, sem que antes alguma vez tivesse sido relatada[891], revela ainda um forte ressentimento por este ter entregue o poder a Spínola, em 25 de Abril de 1974, sem ouvir o então Presidente da República[892], além de traduzir, diz-se, um comportamento contrário à personalidade de Marcello Caetano[893];

b) Na versão de Marcello Caetano, o Presidente da República informou-o que mais de noventa por cento das pessoas ouvidas tinham indicado o seu nome para suceder a Salazar e este era também o seu desejo – nomeá-lo Chefe do Governo[894].

---

[887] Cfr. AMÉRICO THOMAZ, *Últimas Décadas de Portugal*, III, p. 297. E, igualmente no mesmo sentido, cfr. AMÉRICO THOMAZ, *Últimas Décadas de Portugal*, IV, p. 189.

[888] Cfr. AMÉRICO THOMAZ, *Últimas Décadas de Portugal*, IV, p. 189.

[889] Cfr. AMÉRICO THOMAZ, *Últimas Décadas de Portugal*, III, p. 297.

[890] Neste sentido, cfr. DIOGO FREITAS DO AMARAL, *O Antigo Regime e a Revolução*, pp. 89 e 90.

[891] O Almirante Américo Thomaz refere, no entanto, que assentou na agenda esse comportamento de Marcello Caetano, isto de modo a que essa afirmação não pudesse representar "portanto, uma fantasia que, num desvio de memória tivesse mais tarde alimentado", cfr. AMÉRICO THOMAZ, *Últimas Décadas de Portugal*, III, p. 298.

[892] Especificamente sobre este aspecto das relações entre ambos, após o 25 de Abril de 1974, incluindo a indicação de bibliografia sobre o assunto, cfr. PAULO OTERO, *A Renúncia do Presidente da República*, Coimbra, Ed. Almedina, 2004, p. 28, nota n.º 2 (iv).

[893] Neste último sentido, cfr. DIOGO FREITAS DO AMARAL, *O Antigo Regime e a Revolução*, pp. 89-90.

[894] Cfr. MARCELLO CAETANO, *Depoimento*, p. 14.

Mais: o Chefe de Estado, apesar de conhecer as dificuldades da vida familiar de Marcello Caetano, sublinharia, nas palavras deste último, que "era absolutamente necessário o meu assentimento e em momento de tamanha delicadeza da vida nacional eu não podia escusar-me a cumprir o dever que me era imposto"[895] – Marcello Caetano responde que o convite o honra muito e hesita, uma vez que estava retirado da vida política há dez anos, tendo perdido o contacto com as pessoas e os problemas e, se aceitasse, faria das eleições de 1969 um verdadeiro referendo à política do Governo de defesa do Ultramar[896].

Uma tal versão, revelando um Marcello Caetano desapegado do poder, é contrariada por aqueles que, sublinhando ser um homem que punha paixão nas amizades e nos ódios[897], consideravam que ele "ambicionava o poder quase em termos patológicos: que o poder era para ele uma obsessão, um nunca mais acabar de ambição inesgotável"[898].

Marcello Caetano, na sua versão, termina a conversa pedindo ao Presidente da República que "não se considerasse vinculado pelo convite feito", que reflectisse sobre tudo o que havia sido dito[899]. E, na versão do Presidente da República, a conversa com Marcello Caetano, durando já cerca de duas horas e meia, é interrompida por um telefonema urgentíssimo, da residência de Cascais do próprio Presidente da República, procurando-se ainda,

---

[895] Cfr. MARCELLO CAETANO, *Depoimento*, p. 14.
[896] Cfr. MARCELLO CAETANO, *Depoimento*, p. 14.
[897] Cfr. MANUEL MARIA MÚRIAS, *De Salazar a Costa Gomes*, p. 148.
[898] Cfr. MANUEL MARIA MÚRIAS, *De Salazar a Costa Gomes*, p. 148.
[899] Cfr. MARCELLO CAETANO, *Depoimento*, p. 14.

desesperadamente, evitar que Marcello Caetano fosse convidado a formar novo Governo[900].

Deste modo, a 24 de Setembro, Marcello Caetano não recebeu ainda "luz verde" do Presidente da República para constituir Governo[901].

O telefonema recebido pelo Presidente da República partiu de Soares da Fonseca[902], tendo a colaboração da família do próprio Chefe de Estado[903], depois de reunir com um pequeno grupo de inconformados com a solução Marcello Caetano que tentaram uma alternativa[904]. Essa alternativa a Marcello Caetano passava por confiar a Soares da Fonseca a Presidência do Conselho e a Correia de Oliveira a pasta dos Negócios Estrangeiros[905]: primeiro foi ouvido Correia de Oliveira, considerando Franco Nogueira inamovível e, nestes termos, inviabilizando a solução; depois ouviram Mário de Figueiredo que, já doentíssimo, se mostrou quase indiferente ao projecto; finalmente, reuniram com o próprio Soares da Fonseca que, apesar de vociferar contra Marcello Caetano[906], recusou a hipótese de assumir responsabilidades na chefia do governo e afastou quaisquer nomes alternativos

Ao terminar a reunião desse grupo com Soares da Fonseca, o propósito de conseguir inverter a quase certa nomeação de Marcello Caetano Presidente do Conselho estava irremediavelmente com-

---

[900] Cfr. AMÉRICO THOMAZ, *Últimas Décadas de Portugal*, III, p. 297.

[901] Cfr. AMÉRICO THOMAZ, *Últimas Décadas de Portugal*, III, p. 297.

[902] Cfr. AMÉRICO THOMAZ, *Últimas Décadas de Portugal*, III, p. 297.

[903] Neste sentido, cfr. AMÉRICO THOMAZ, *Últimas Décadas de Portugal*, III, p. 297; MANUEL MARIA MÚRIAS, *De Salazar a Costa Gomes*, p. 154.

[904] Esse grupo integrava Manuel Maria Múrias, cfr. MANUEL MARIA MÚRIAS, *De Salazar a Costa Gomes*, p. 150.

[905] Cfr. MANUEL MARIA MÚRIAS, *De Salazar a Costa Gomes*, pp. 150 ss.

[906] Nas sugestivas palavras de Manuel Maria Múrias, "ao nome de Marcello Caetano, Soares da Fonseca espumava como possesso e dava pulos de corça – e gritava(...)", cfr. MANUEL MARIA MÚRIAS, *De Salazar a Costa Gomes*, p. 151.

prometido: verifica-se que não há um nome alternativo para Marcello Caetano. Nesse momento, já só Soares da Fonseca confiava que o seu amigo Américo Thomaz "não o trairia"[907], isto é, que nunca nomearia Marcello Caetano como Presidente do Conselho.

A noite de 24 para 25 de Setembro torna-se decisiva: em resposta às desesperadas pressões de Soares da Fonseca, o Presidente da República ameaça nomeá-lo primeiro-ministro e ele recusa[908]. Nessas "terríveis horas" vividas pelo Chefe de Estado, como as qualificará o próprio[909], tudo fica decidido: Marcello Caetano será nomeado Presidente do Conselho.

No dia seguinte, 25 de Setembro, de manhã, o Presidente da República ainda se dirige à Casa de Saúde da Cruz Vermelha, visando eliminar "quaisquer escrúpulos que ainda pudesse sentir pela substituição do doutor Salazar na presidência Conselho"[910]: as notícias médicas confirmam a inevitabilidade da substituição (v. *supra*, n.º 2.7.3.).

Entretanto, altas patentes representantes do exército exercem uma última diligência formal junto do Presidente da República: o Chefe de Estado era livre de escolher quem entendesse para suceder a Salazar, todavia, ele, enquanto Presidente da República, era o penhor e o garante da defesa da integridade territorial da Pátria[911].

E, nesse mesmo dia, à tarde, o Almirante Américo Thomaz recebe, em Belém, Marcello Caetano, encarregando-o de formar novo Governo: tratou-se de um convite que foi encarado, segundo Marcello Caetano, como um "chamamento a cumprir um dever"[912].

---

[907] Cfr. MANUEL MARIA MÚRIAS, *De Salazar a Costa Gomes*, p. 152.

[908] Cfr. AMÉRICO THOMAZ, *Últimas Décadas de Portugal*, III, p. 297.

[909] Cfr. AMÉRICO THOMAZ, *Últimas Décadas de Portugal*, III, p. 298.

[910] Cfr. AMÉRICO THOMAZ, *Últimas Décadas de Portugal*, III, p. 298.

[911] Cfr. AMÉRICO THOMAZ, *Últimas Décadas de Portugal*, III, p. 298.

[912] Cfr. MARCELLO CAETANO, *Pelo Futuro de Portugal*, Lisboa, Ed. Verbo, 1969, p. 160. Esse é também o entendimento de Freitas do Amaral para quem

194 | SUCESSÃO POLÍTICA DE SALAZAR

5.4.5. Quando, no final da tarde de 25 de Setembro de 1968, o Presidente da República dá "luz verde" para Marcello Caetano suceder a Salazar na presidência do Conselho de Ministros, fá-lo "não ainda sem bastantes escrúpulos"[913] e condiciona-lhe o mandato[914]: por imposição das Forças Armadas, o Chefe de Estado vincula Marcello Caetano a manter a política de defesa do Ultramar[915] – Américo Thomaz espartilha Marcello Caetano à partida[916].

Se Américo Thomaz diz que Marcello Caetano "não opôs qualquer objecção, nem sequer o mínimo reparo"[917], este último dirá que deixou bem claro ao Chefe de Estado que "se fosse mal sucedido o meu propósito de obter em 1969 um voto do eleitorado favorável à defesa do Ultramar, eu cederia o Poder às Forças Armadas"[918].

Marcello Caetano aceita, em qualquer caso, um poder condicionado em matéria de política ultramarina: as ideias de reforma federalizante antes defendidas, desde o início dos anos sessenta (v. *supra*, n.º 5.2.4.), pelo novo Presidente do Conselho ficam, desde já, inviabilizadas, ante o bloqueio que lhe é imposto por Belém[919] – de algum modo, utilizando a imagem de Goethe, Marcello Cae-

---

Marcello Caetano aceitou o poder "mais por dever do que por ambição", cfr. DIOGO FREITAS DO AMARAL, *A governação de Marcello Caetano*, in *Visão História*, n.º 2, Julho de 2008, p. 66..

[913] Cfr. AMÉRICO THOMAZ, *Últimas Décadas de Portugal*, III, p. 298.

[914] Cfr. AMÉRICO THOMAZ, *Últimas Décadas de Portugal*, III, p. 298; MARCELLO CAETANO, *Depoimento*, pp. 14 e 15.

[915] Há aqui como que um novo "pacto" entre as Forças Armadas, representadas pelo Presidente da República, e Marcello Caetano, cfr. AUGUSTO DE SÁ VIANA REBELLO, *Salazar e Caetano Falar Claro*, pp. 156-157.

[916] Cfr. AUGUSTO DE SÁ VIANA REBELLO, *Salazar e Caetano Falar Claro*, p. 233.

[917] Cfr. AMÉRICO THOMAZ, *Últimas Décadas de Portugal*, III, p. 298.

[918] Cfr. MARCELLO CAETANO, *Depoimento*, p. 15.

[919] Cfr. AUGUSTO DE SÁ VIANA REBELLO, *Salazar e Caetano Falar Claro*, pp. 186 e 232.

tano "trocou, não agora a alma, mas as convicções, que fazem parte dela, pelo lugar de primeiro-ministro"[920], ou, em alternativa, tinha a ilusão de que, pouco a pouco, conseguiria a mudança política[921].

Note-se, porém, que o Presidente da República, definindo a referida orientação política de base em matéria ultramarina, exerceu uma competência constitucional[922]: à luz da Constituição de 1933, era ao Chefe de Estado que pertencia, se assim o entendesse, condicionar os termos políticos de exercício das funções do Presidente do Conselho de Ministros – se Marcello Caetano se dispôs a aceitar tais condições, independentemente das razões que justificaram que assim procedesse, é uma questão diferente.

Não é apenas o respeito pela política ultramarina que condiciona, porém, a governo de Marcello Caetano: as Forças Armadas também impõem a presença no Governo de Franco Nogueira[923] que, ainda no final da tarde de 25 de Setembro, é recebido em casa de Marcello Caetano, recusando aquele, num primeiro momento, a continuação no Governo[924], e acabando, no dia seguinte, por intervenção de Soares da Fonseca, a pedido do Presidente da

---

[920] Cfr. ALMEIDA SANTOS, *Quase Memórias*, I, p. 169.

[921] Neste sentido, cfr. carta de Marcello Caetano ao General Santos Costa, em 13 de Abril de 1969, in MANUEL BRAGA DA CRUZ (org.), *Correspondência de Santos Costa*, p. 99.

[922] Como sublinhava a doutrina constitucional, "seria impossível que, ao fazer a investidura do Chefe do Governo, o Presidente da República não lhe marcasse uma orientação de base, a ser por ele definida e desenvolvida em pormenor e no dia a dia", cfr. JORGE MIRANDA, *Ciência Política e Direito Constitucional*, II, p. 290.

[923] Sublinhando que essa imposição é feita antes pelo Presidente da República, cfr. AUGUSTO DE SÁ VIANA REBELLO, *Salazar e Caetano Falar Claro*, p. 174.

[924] Cfr. FRANCO NOGUEIRA, *Um Político Confessa-se*, p. 315.

República, por aceitar, na sequência de insistência, limitando essa aceitação "por um período curto de tempo"[925].

Tudo está agora preparado para o anúncio público do nome do novo Presidente do Conselho de Ministros.

No dia 26 de Setembro, depois de o Presidente da República ter passado a manhã a preparar a sua comunicação ao País, tendo dela dado prévio conhecimento a Marcello Caetano[926], cerca das vinte horas informa a nação de que, por razões decorrentes da gravidade da doença do Presidente do Conselho, Doutor Oliveira Salazar, "perdidas todas as esperanças, mesmo que sobreviva, de poder voltar a exercer, em plenitude, as funções do seu alto cargo", tanto mais que era do seu conhecimento que não desejava morrer no desempenho das suas funções[927], decide: (1.º) exonerar o Doutor António de Oliveira Salazar do cargo de Presidente do Conselho de Ministros[928], "do qual manterá todas as honras a ele inerentes", e (2.º) nomear o Doutor Marcello Caetano para exercer as funções de Presidente do Conselho de Ministros.

No dia seguinte, em 27 de Setembro de 1968, o jornal oficial publica o Decreto n.º 48597 do Presidente da República que põe termo às funções de Oliveira Salazar como Presidente do Conselho de Ministros[929]: terminam aqui trinta e seis anos de chefia governativa de Salazar. E, pela primeira vez, desde 5 de Julho de 1932 – e

---

[925] Cfr. Franco Nogueira, *Um Político Confessa-se*, p. 316.

[926] Cfr. Américo Thomaz, *Últimas Décadas de Portugal*, III, p. 299.

[927] Para uma leitura integral da comunicação do Presidente da República, cfr. Américo Thomaz, *Últimas Décadas de Portugal*, III, pp. 302-303.

[928] Há a notícia de que o Presidente da República teve de interromper por três vezes a gravação da leitura do seu comunicado, pois chorou pela mágoa profunda que sentiu com a exoneração de Salazar, cfr. Odylo Costa, *Agonia e queda de Salazar*, in *Realidade*, Ano III, n.º 33, Dezembro de 1968, p. 151.

[929] Cfr. *Diário do Governo*, I Série, n.º 229, de 27 de Setembro de 1968, pp. 1509-1510.

§5.º O PROBLEMA DA SUCESSÃO DE SALAZAR | 197

também na vigência da Constituição de 1933 –, Portugal muda de Chefe de Governo[930].

Nesse mesmo dia, o Presidente da República exonera os restantes membros do último Governo de Salazar[931], procede à nomeação dos membros do novo Governo de Marcello Caetano[932] e confere-lhes posse.

Na cerimónia de tomada de posse, Marcello Caetano, em discurso proferido nos Passos Perdidos de S. Bento[933], refere-se a Salazar como "homem de génio", diz ter hesitado em aceitar o "esmagador encargo" de lhe suceder, sublinha a "lúcida serenidade do Chefe de Estado", confessa que a "vida tem de continuar", afirma que "o país habituou-se durante largo período a ser conduzido por um homem de génio: de hoje para diante tem de adaptar-se ao governo de homens como os outros", fala ainda na necessidade "de não descurar um só momento a defesa das províncias ultramarinas", confessa não lhe faltar ânimo "para enfrentar os ciclópicos trabalhos" que antevê e, por último, promete continuidade e renovação política[934]. Ou, tal como posteriormente sintetizará, o seu programa governativo resume-se na fórmula "renovação na continuidade"[935].

---

[930] Cfr. JACQUES GEORGEL, *O Salazarismo*, p. 140.

[931] Cfr. Decretos n.º 48.598, n.º 48.599 e 48.600, de 27 de Setembro de 1968, in *Diário do Governo*, I Série, n.º 229, de 27 de Setembro de 1968, p. 1510.

[932] Cfr. Decretos n.º 48.601 e 48.602, de 27 de Setembro de 1968, in *Diário do Governo*, I Série, n.º 229, de 27 de Setembro de 1968, pp. 1510-1511.

[933] Cfr. FRANCO NOGUEIRA, *Salazar*, VI, p. 416.

[934] Cfr. MARCELLO CAETANO, *Pelo Futuro de Portugal*, pp. 15 ss.

É possível, porém, que a junção dos termos "renovação" e "continuidade" se ficasse a dever a uma ideia que surgiu na sequência da carta que Daniel Barbosa dirigiu a Marcello Caetano, em 19 de Setembro de 1968, cfr. FERNANDO RUAS/ /RITA CARVALHO/PEDRO AIRES OLIVEIRA, *Daniel Barbosa, Salazar e Caetano – Correspondência política*, II, Lisboa, Círculo dos Leitores, 2002, p. 260.

[935] Cfr. MARCELLO CAETANO, *Mandato Indeclinável*, Lisboa, Ed. Verbo, 1970,

198 | SUCESSÃO POLÍTICA DE SALAZAR

5.5. A presença política de Salazar na sua sucessão: a centralidade da figura do Almirante Thomaz

5.5.1. Naquele momento, em 27 de Setembro de 1968, ninguém pode informar Salazar que, por razões decorrentes dos "superiores interesses do País"[936], acabava de ser substituído como Presidente do Conselho de Ministros: entre a vida e a morte, bem mais próximo da morte do que de um regresso à vida normal, Salazar jaz em estado de coma, totalmente alheio ao processo da sua sucessão.

Porém, tal como Salazar previra em 1965 (v. *supra*, n.º 5.2.5.), o Presidente da República foi chamando a tomar uma das "mais graves decisões"[937]: substituiu o Chefe do Governo e não existiram sobressaltos, nem tumultos, operou-se, nas palavras do Almirante Américo Thomaz, "uma transição calma, absolutamente calma"[938] – o regime pareceu dar provas de maioridade institucional ou, em alternativa, realizada há muito a "domesticação nacional"[939],

---

pp. 5-6. No mesmo sentido, desenvolvendo o sentido da expressão "renovação na continuidade", cfr. intervenção de Marcello Caetano na Assembleia Nacional, em 3 de Dezembro de 1970, ao apresentar a proposta de revisão constitucional, in *Diário das Sessões*, 2.º suplemento ao n.º 50, de 3 de Dezembro de 1970, p. 1035.

Afirmando, no âmbito da intervenção da Câmara Corporativa, que a proposta de revisão constitucional apresentada por Marcello Caetano, em 1970, se inseria totalmente no espírito da "renovação na continuidade", incluindo a preocupação de demonstrar que a renovação estava também subjacente ao pensamento de Oliveira Salazar, cfr. AFONSO RODRIGUES QUEIRÓ, *Revisão Constitucional de 1971*, pp. 13-14.

Em sentido contrário, sublinhando a ausência de continuidade da solução da revisão constitucional de 1971, cfr. FERNANDO PACHECO DE AMORIM, *Na Hora da Verdade*, pp. 64 ss.

[936] Cfr. preâmbulo do Decreto n.º 48.597, de 27 de Setembro de 1968.

[937] Cfr. OLIVEIRA SALAZAR, *Discursos e Notas Políticas*, VI, p. 352.

[938] Cfr. AMÉRICO THOMAZ, *Últimas Décadas de Portugal*, IV, p. 189.

[939] Cfr. MIGUEL TORGA, *Diário*, XI, p. 96.

§5.º O PROBLEMA DA SUCESSÃO DE SALAZAR | 199

e apesar dos apelos dos exilados em Argel, a "indiferença tinha tomado conta de tudo e de todos"[940].

E, numa primeira análise, parece que tudo se desenvolveu à margem de Salazar: sem indicar nenhum nome como sucessor, Salazar pareceu ter-se alheado do problema da sua própria sucessão (v. *supra*, n.º 5.2.).

Nada, porém, de mais ilusório: Salazar armadilhou os mecanismos do sistema de sucessão política[941].

Salazar havia deixado um quadro jurídico regulador da sua sucessão e esse quadro, desenvolvendo-se no septenato correspondendo ao segundo mandato presidencial do Almirante Américo Thomaz, estava perfeitamente delineado no pensamento de Salazar: Salazar, sem escolher directamente quem lhe haveria de suceder, resolveu antes escolher quem iria designar o escolhido – a recandidatura presidencial de Américo Thomaz, em 1965, era a melhor garantia que Salazar tinha encontrado para, no perfeito cumprimento da Constituição, confiar a alguém a designação de um sucessor na chefia do Governo.

O Almirante Américo Thomaz passaria a assumir, a partir desse instante, um protagonismo que nenhum outro Presidente da República do Estado Novo havia tido: o verdadeiro delfim de Salazar é, a partir de 1965, Américo Thomaz[942].

E, após a incapacitação de Salazar para continuar a exercer funções governativas, o Almirante Américo Thomaz sabe que chegou a sua hora de protagonismo e afirma, num ambiente em que os meios de informação antecipam cenários de sucessores do enfermo,

---

[940] Cfr. ALMEIDA SANTOS, *Quase Memórias*, I, p. 166.

[941] Cfr. JACQUES GEORGEL, *O Salazarismo*, pp. 98-99.

[942] Em sentido contrário, considerando que "Salazar não era homem para deixar ao acaso da inspiração de um homem normalmente pouco inspirado como é o Presidente da República a escolha política tão delicada do seu sucessor", cfr. MÁRIO SOARES, *Portugal Amordaçado*, p. 567.

"não lhe parecer bem que os outros escolhessem por ele"[943]. Essa defesa orgulhosa das suas prerrogativas constitucionais e políticas, faz do Presidente da República um homem diferente: o venerando, apagado e fraco Chefe de Estado de um Presidente do Conselho forte transfigura-se com a incapacitação deste último[944] e, usando as sugestivas palavras do Prof. Eduardo Coelho, "agora este chefe de Estado julga-se o senhor de tudo"[945].

5.5.2. Naturalmente que, assente um propósito expresso de escolha do sucessor na Presidência do Conselho de Ministros na recandidatura presidencial de 1965, se pode colocar uma inevitável questão: qual a razão que fez Salazar decidir, impondo a recandidatura do Almirante Américo Thomaz a um segundo mandato como Presidente da República, confiar-lhe, deste modo, a tarefa de escolher o seu sucessor na chefia do Governo?

É provável que tivessem pesado no itinerário decisório de Salazar quatro factores para confiar no Almirante Américo Thomaz essa decisão:

(i) Em primeiro lugar, confiando a alguém a escolha do seu sucessor, em vez de ser ele próprio a fazer directamente essa escolha, conseguia manter junto de si todos os potenciais candidatos, sempre bem comportados, interessados e apli-

---

[943] Neste sentido, cfr. JOSÉ PAULO RODRIGUES, *Salazar – Memórias Para Um Perfil*, p. 256.

[944] Em sentido algo semelhante, sublinhando a mudança operada no papel político do Almirante Américo Thomaz, cfr. COSTA GOMES, *O Último Marechal*, entrevista de Maria Manuela Cruzeiro, Lisboa, Editorial Notícias, 1998, p. 166; ALMEIDA SANTOS, *Quase Memórias*, I, p. 164. A este propósito, há mesmo quem diga que o Almirante Américo Thomaz se transformou de Chefe de Estado à inglesa em Presidente à francesa da V República, cfr. DIOGO FREITAS DO AMARAL, *A governação de Marcelo Caetano*, in *Visão História*, n.° 2, Julho de 2008, p. 67.

[945] Cfr. EDUARDO COELHO/ANTÓNIO MACIEIRA COELHO, *Salazar...*, p. 40.

cados num verdadeiro regime de avaliação contínua do seu mérito e lealdade, sem provocar quaisquer divisões ou fraccionamentos que uma escolha directa sempre ditaria: a existência de um "príncipe herdeiro" só aglutinaria inimigos[946], dividiria a base de apoio ou, em alternativa, criava um novo jogador interessado em acelerar um "xeque-mate" ao rei[947];

(ii) Em segundo lugar, Américo Thomaz era um militar e, segundo o espírito do movimento do 28 de Maio, visava-se ainda uma forma de compromisso político entre o poder militar e o poder civil, confiando a um militar a faculdade de escolher um civil como Presidente do Conselho de Ministros: trata-se, em última análise, de impedir qualquer solução militar marginal à Constituição, devolvendo-se o poder directamente aos militares[948], antes se confiava a um militar, legitimado pelo sufrágio político civil como Presidente da República, a escolha do novo chefe de Governo;

(iii) Em terceiro lugar, Salazar tinha gratidão e confiança absoluta na lealdade de Américo Thomaz: a tentativa de golpe de Estado do General Botelho Moniz, em 1961, registando-se a essencialidade do papel do Presidente da República em

---

[946] Nas palavras do próprio Salazar, se ele escolhesse um sucessor, "escolhido por mim, teria os meus inimigos e os seus próprios", cfr. FRANCO NOGUEIRA, *Salazar*, VI, p. 242.

[947] Sublinhando que durante a década de sessenta se combatia Salazar dentro do próprio regime, cfr. FERNANDO MARTINS, *Salazar cai da cadeira, Marcelo senta-se*, in *Os Anos de Salazar*, n.º 24, 2008, p. 12.

[948] Note-se que, em 1968, a dicotomia entre poder militar e poder civil estava ainda bem presente na vida política, sendo suficiente o relato feito por Marcello Caetano da conversa travada com o Presidente da República, em 24 de Setembro, sobre o risco de intervenção das Forças Armadas, a sua pressão junto do Presidente da República sobre o seguimento da política ultramarina e o propósito de Marcello Caetano de, se as eleições de 1969 não lhe fossem favoráveis, "cederia o Poder às Forças Armadas", cfr. MARCELLO CAETANO, *Depoimento*, pp. 14 e 15.

renovar a confiança política em Salazar[949], permitiu desactivar a intentona e o reassumir pleno da situação política pelo Presidente do Conselho de Ministros – em 1965, recandidatando Américo Thomaz, Salazar procurou também saldar essa dívida de gratidão com o Presidente da República que frustrou os propósitos de Botelho Moniz;

(iv) Em quarto lugar, Salazar sabia que o Almirante Américo Thomaz, seu antigo Ministro da Marinha, era o melhor garante de continuidade da política salazarista de defesa do ultramar[950], o protagonista dos interesses militares na manutenção da guerra e na política externa portuguesa: confiar nas mãos de Américo Thomaz a escolha do seu sucessor seria, afinal, garantir a continuidade de uma política.

Ora, é essa sombra vigilante de Salazar que, protagonizada pelo Presidente da República, vai estar sempre presente na governação de Marcello Caetano e, nas eleições presidenciais de 1972, a recandidatura presidencial de Américo Thomaz impõe-se a Marcello Caetano[951], por razões de manutenção da política de defesa do

---

[949] Cfr. SILVINO SILVÉRIO MARQUES, *Salazar, o Ultramar e o 25 de Abril*, pp. 146-147.

[950] Para uma síntese dessa política, cfr. AUGUSTO DE SÁ VIANA REBELLO, *Salazar e Caetano Falar Claro*, pp. 148 ss.

[951] Marcello Caetano escreve, em momento posterior, que ele era, em 1972, enquanto Presidente do Conselho, a única pessoa que "não podia ter opinião própria" quanto à eleição presidencial, atendendo ao vínculo de confiança que a Constituição estabelecia (cfr. MARCELLO CAETANO, *Depoimento*, p. 82): "seria leal e correcto que o Presidente do Conselho dissesse ao Chefe de Estado que saísse do lugar?". Não deixa Marcello Caetano, no entanto, de adiantar três curiosas ideias sobre a reeleição presidencial, em 1972, do Almirante Américo Thomaz (cfr. *ibidem*, pp. 82-83):

1ª) Marcello Caetano confessa que se o Almirante pretendesse ser reeleito, ele, enquanto Presidente do Conselho, "não tinha nada mais a fazer do

§5.º O PROBLEMA DA SUCESSÃO DE SALAZAR | 203

Ultramar[952]: é ainda o propósito de fidelidade da política definida por Salazar a determinar o renovar do septenato do seu delfim. E, nestes termos, essa recandidatura presidencial a um terceiro mandato, liquidando qualquer hipótese de renovar o regime e resolver politicamente a questão ultramarina[953], acabaria por se tornar, se ainda lhe restasse alguma margem de manobra[954], "o grande erro de Marcello Caetano"[955].

Num certo sentido, com o afastamento de Salazar do Poder começa o consulado do Almirante Américo Thomaz na gestão da

---

que tornar-se defensor da sua candidatura", sendo essa a solução que considerava mais cómoda;

2ª) Apesar de muita gente dizer a Marcello Caetano que o Presidente não se deveria recandidatar a um terceiro mandato, "a verdade é que ninguém, segundo parece, teve coragem para dizer ao Almirante";

3.º) Quando Marcello Caetano interroga o Almirante Thomaz sobre a sua intenção de se candidatar à reeleição, encontra-o "perfeitamente decidido": "sem a menor hesitação respondeu-me que sim".

Não obstante esta última afirmação, o certo é que o Almirante Américo Thomaz tem uma versão diferente da sua recandidatura: a carta que o Presidente da República enviou ao Presidente da Comissão Central da Acção Nacional Popular (Prof. Marcello Caetano), a pedido deste, confere total liberdade à Comissão Central da Acção Nacional Popular para resolver o assunto da candidatura à Presidência da República (cfr. AMÉRICO THOMAZ, *Últimas Décadas de Portugal*, IV, pp. 237 ss.).

[952] Cfr. AMÉRICO THOMAZ, *Últimas Décadas de Portugal*, IV, p. 238.

[953] Cfr. MANUEL BERNARDO, *Marcello e Spínola – A ruptura*, Lisboa, Edições Margem, 1994, p. 37.

[954] Para um relato de uma tentativa falhada de um movimento de recolha de assinaturas no sentido de se escrever uma carta ao Almirante Américo Thomaz pedindo-lhe que não se recandidatasse a um terceiro mandato, cfr. AUGUSTO DE SÁ VIANA REBELLO, *Salazar e Caetano Falar Claro*, pp. 189 ss.

[955] Cfr. AUGUSTO DE SÁ VIANA REBELLO, *Salazar e Caetano Falar Claro*, pp. 186 ss. Em igual sentido, considerando que o "erro mais grave de todos" foi Marcello Caetano não se ter candidatado, em 1972, à Presidência da República, cfr. DIOGO FREITAS DO AMARAL, *A governação de Marcelo Caetano*, in *Visão História*, n.º 2, Julho de 2008, p. 68.

política ultramarina de Salazar sem Salazar: exigindo o Chefe de Estado que o novo Presidente do Conselho prosseguisse a política ultramarina de Salazar, Marcello Caetano é, neste "salazarismo sem Salazar", um simples gestor dos negócios públicos internos[956].

Não obstante o Presidente da República afirmar que deixou nas mãos do novo Chefe do Governo os poderes que antes detinha o Doutor Salazar[957], a verdade é que o sistema governativo passa a assumir uma genuína natureza bicéfala[958], numa diarquia política nunca vista[959], registando-se a progressiva subordinação de Marcello Caetano a um Presidente da República fiel à política ultramarina de Oliveira Salazar: Marcello Caetano torna-se refém de Américo Thomaz[960] – o marcelismo acabou por se tornar num mero "destroço inútil"[961] ou, talvez mais realisticamente, nunca passou de uma ilusão[962].

---

[956] No sentido de fazer recair totalmente sobre Marcello Caetano essa responsabilização do "salazarismo sem Salazar" ou de um "neo-salazarismo (sem Salazar)", omitindo qualquer referência ao papel fulcral do Almirante Américo Thomaz, cfr. MÁRIO SOARES, *Escritos Políticos*, em especial, pp. 165 ss. e 200 ss.

[957] Neste sentido, suscitando dúvidas, no entanto, se essa teria sido a melhor solução, cfr. AMÉRICO THOMAZ, *Últimas Décadas de Portugal*, IV, p. 27.

[958] Cfr. MARCELO REBELO DE SOUSA, *Os Partidos Políticos no Direito Constitucional Português*, Braga, Ed. Livraria Cruz, 1983, p. 181, nota.

[959] Cfr. NORRIE MACQUEEN, *As guerras coloniais*, in FERNANDO ROSAS/ /PEDRO AIRES OLIVEIRA (coord.), *A Transição Falhada – O marcelismo e o fim do Estado Novo (1968-1974)*, Lisboa, Editorial Notícias, 2004, p. 273.

[960] Há mesmo quem vá mais longe e diga que ocorreu em Marcello Caetano um fenómeno de clonagem intelectual de Salazar, cfr. AUGUSTO DE SÁ VIANA REBELLO, *Salazar e Caetano Falar Claro*, pp. 157 e 188.

Sublinhando que Marcello Caetano era um discípulo de Salazar, cfr. MÁRIO MESQUITA, *Portugal Sem Salazar – Entrevista com Manuel de Lucena*, Lisboa, Assírio & Alvim, 1973, p. 21.

[961] Cfr. FERNANDO ROSAS, *Prefácio – Marcelismo: ser ou não ser*, p. 19.

[962] Nas palavras da oposição, os "trabalhos ciclópicos" a que se referira Marcello Caetano ao tomar posse como Presidente do Conselho, em 27 de Setembro

§5.º O PROBLEMA DA SUCESSÃO DE SALAZAR | 205

O próprio Marcello Caetano, em 1973, em jeito de desabafo, confessa: "estar no poder representa muito mais o desespero pelo que se não faz do que a satisfação de realizar o que se faz"[963].

Apesar de todo o desespero, Marcello Caetano permanece no poder e acaba não agradando a ninguém e responsabilizado por todos[964].

5.5.3. Se é certo que Marcello Caetano desde cedo vê na simples presença física de Oliveira Salazar, inválido e doente, uma ameaça ao seu poder, primeiro através do perigo de uma recuperação que o levasse a reassumir o poder e, num segundo momento, sentindo mesmo a necessidade de o liquidar politicamente através da televisão (v. *supra*, n.º 3.4.3.), a verdade, porém, é que Marcello Caetano, depois de uma fase de entusiasmo, assente no equívoco de que as eleições de 1969 tinham legitimado a continuação da política ultramarina e da guerra colonial[965], só bem mais tarde se

---

de 1968, tinham-se limitado "ao aperfeiçoamento da máquina de propaganda das excelsas virtudes do Chefe e ao aperfeiçoamento do aparelho destinado a manter tudo o que já estava, e continuava a estar, dando a ilusão de que se operaram certas modificações", cfr. JOSÉ MAGALHÃES GODINHO, *Carta Aberta ao Presidente do Conselho – Análise de um regime*, Lisboa, Editorial República, 1973, p. 8.

[963] Cfr. ANTÓNIO ALÇADA BAPTISTA, *Conversas com Marcello Caetano*, Lisboa, Morais Editores, 1973, p. 55.

[964] Neste último sentido, cfr. ALMEIDA SANTOS, *Quase Memórias*, I, p. 171.

[965] Sobre este entendimento, considerando que o Governo ganhou as eleições, delas se extraindo "a ratificação da política de reforma" da renovação na continuidade e, por outro lado, "a ratificação da política de defesa do Ultramar", recebendo o Governo das eleições "um mandato indeclinável", cfr. MARCELLO CAETANO, *Mandato Indeclinável*, pp. 5-6. E, no mesmo sentido, em entrevista dada já no exílio, cfr. MARCELLO CAETANO, *O 25 de Abril e o Ultramar – Três entrevistas e alguns documentos*, Lisboa, Ed. Verbo, s.d., pp. 15-16,

Para uma análise do sentido das eleições de 1969 no âmbito da actuação governativa de Marcello Caetano, cfr. PEDRO AIRES OLIVEIRA, *A política externa*, in FERNANDO ROSAS/PEDRO AIRES OLIVEIRA (coord.), *A Transição Falhada – O marcelismo e o fim do Estado Novo (1968-1974)*, Lisboa,

206 | SUCESSÃO POLÍTICA DE SALAZAR

apercebe que Salazar confiou ao Presidente da República a tarefa de, escolhendo-o como sucessor, vigiar e condicionar a sua vontade política.

É através de Américo Thomaz que Salazar prolonga a sua continuidade política, condicionando e limitando as opções políticas de Marcello Caetano: impondo-lhe o respeito pela política ultramarina, a defesa militar da integridade territorial do Ultramar e uma política externa consequente[966], Américo Thomaz torna vivas as três linhas de força da política de Salazar da década de sessenta, deixando apenas para Marcello Caetano uma limitada liberdade de conformação política interna[967]. E até essa margem de liberdade política interna vai sendo, progressivamente, entre 1968 e 1973,

---

Editorial Notícias, 2004, p. 307. Considerando a interpretação dada por Marcello Caetano aos resultados das eleições de 1969 como uma "má interpretação", verdadeiro erro político, cfr. DIOGO FREITAS DO AMARAL, *A governação de Marcelo Caetano*, in *Visão História*, n.º 2, Julho de 2008, pp. 67-68.

Note-se, porém, que a preparação das eleições de 1969, designadamente a escolha dos candidatos da União Nacional e a organização da campanha eleitoral, havia sido criticada dentro do próprio regime, cfr. PEDRO SOARES MARTINEZ, *A Conjuntura Política Nacional*, Lisboa, 1969, pp. 7 ss.

Igualmente a oposição ao regime, sob uma óptica diferente, criticava o modo como foram organizadas as eleições, considerando-as "uma réplica fiel das anteriores eleições do tempo de Salazar" (cfr. ALMEIDA SANTOS, *Quase Memórias*, I, pp. 172 ss.), tal como se pronunciava contra o sentido dos resultados eleitorais, tal como os mesmos eram interpretados por Marcello Caetano, falando em "total fracasso para o Governo" (cfr. JOSÉ MAGALHÃES GODINHO, *Carta Aberta ao Presidente do Conselho*, pp. 29 ss.).

[966] Para um desenvolvimento da subordinação da política externa marcelista à questão ultramarina, cfr. PEDRO AIRES OLIVEIRA, *A política externa*, pp. 303 ss.

[967] Para um elenco de alguns sinais iniciais de abertura interna de Marcello Caetano, cfr. MANUEL BERNARDO, *Marcello e Spínola*, p. 35; RITA ALMEIDA DE CARVALHO, *A definição do marcelismo à luz da revisão da Constituição*, in FERNANDO ROSAS/PEDRO AIRES OLIVEIRA (coord.), *A Transição Falhada – O marcelismo e o fim do Estado Novo (1968-1974)*, Lisboa, Editorial Notícias, 2004, pp. 38 ss.; JOSÉ CARLOS DE VASCONCELOS, *Fim, seu final...*, in *Visão História*, n.º 2, Julho de 2008, p. 54.

§5.º O PROBLEMA DA SUCESSÃO DE SALAZAR | 207

condicionada, subordinada e esvaziada pelos objectivos da política ultramarina: a defesa do Ultramar matou qualquer propósito reformista de Marcello Caetano.

Como o próprio Marcello Caetano haveria de reconhecer, em entrevista concedida em 1973, "um governante não chega ao poder para lhe ser entregue uma folha de papel branco onde escreva o que quiser. Não: recebe uma determinada estrutura histórica, política, social, um conjunto de hábitos, de costumes, de maneiras de viver e é a partir daí que ele tem de governar e é a partir daí que a sua acção se torna complexa"[968].

Não é sem razão que, por efeito das políticas de raiz salazarista a que Marcello Caetano se encontra vinculado por insistência do Presidente da República, tornando-se a guerra colonial "o nó górdio do projecto reformador" marcelista[969], que se está diante de um Chefe de Governo com reduzida margem política de manobra[970]: Marcello Caetano é, cada vez mais, um homem politicamente só[971], "traído por quase todo o mundo"[972], e a sua frágil fórmula compromissória inicial da "renovação na continuidade"

Em sentido contrário, salientando que "a repressão subiu de tom e violência", cfr. JOSÉ MAGALHÃES GODINHO, *Carta Aberta ao Presidente do Conselho*, pp. 13 ss.

[968] Cfr. ANTÓNIO ALÇADA BAPTISTA, *Conversas com Marcello Caetano*, pp. 40 e 109.

[969] Cfr. FERNANDO ROSAS, *Prefácio – Marcelismo: ser ou não ser*, p. 19.

970 Para uma breve análise do debate travado em torno da travagem da liberalização marcelista, sem nunca se tomar em consideração, todavia, o papel do Presidente da República, cfr. RITA ALMEIDA DE CARVALHO, *A definição do marcelismo à luz da revisão da Constituição*, pp. 71 ss.

[971] Cfr. AUGUSTO DE SÁ VIANA REBELLO, *Salazar e Caetano Falar Claro*, p. 213.

[972] Expressão do próprio Marcello Caetano, em carta dirigida a Veríssimo Serrão, em 25 de Abril de 1979, in JOAQUIM VERÍSSIMO SERRÃO, *Correspondência com Marcello Caetano (1974-1980)*, 2ª ed., Venda Nova, Bertrand Editora, 1995, p. 284.

208 | SUCESSÃO POLÍTICA DE SALAZAR

acabou por se converter numa continuidade que se sobrepôs à renovação[973] – Marcello Caetano não substituiu Salazar, antes o continuou[974], ou, talvez mais rigorosamente, não conseguiu livrar-se do espartilho ou bloqueio permanente imposto por Belém.

E mesmo quando, em 1974, Marcello Caetano se pretende libertar das tarefas governativas[975], apresentando a sua renúncia ao Presidente da República[976], apercebendo-se que todos os seus

---

[973] Acusando Marcello Caetano de ter optado pela continuidade, cfr. RAUL RÊGO, *«Depoimento» ou Libelo*, p. 126. Em sentido semelhante, sublinhando que o marcelismo "foi muito mais uma continuidade do que uma evolução", cfr. MANUEL BRAGA DA CRUZ, *O Partido e o Estado no Salazarismo*, p. 11.

[974] Neste sentido, cfr. ALMEIDA SANTOS, *Quase Memórias*, I, p. 189.

[975] Já em 1972, aquando da recandidatura presidencial de Américo Thomaz, Marcello Caetano previne o Chefe de Estado que teria de ir pensando na sua substituição como Chefe do Governo, calculando que "não poderia manter-me no governo mais do que um ano após as eleições gerais de deputados", cfr. MARCELLO CAETANO, *Depoimento*, p. 83.

[976] Esse pedido de demissão de Marcello Caetano junto do Presidente da República viria a ocorrer em dois momentos:

(i) Num primeiro momento, em 28 de Fevereiro de 1974, na sequência da autorização governamental de publicação do livro de Spínola "Portugal e o Futuro" (cfr. MARCELLO CAETANO, *Depoimento*, pp. 197 ss.), autorização essa concedida sem conhecimento do Chefe de Estado (cfr. AMÉRICO THOMAZ, *Últimas Décadas de Portugal*, IV, p. 351);

(ii) Num segundo momento, em 11 de Março, na sequência do pedido presidencial de exoneração imediata do Chefe e do Vice-Chefe do Estado Maior General das Forças Armadas (respectivamente, os Generais Costa Gomes e António de Spínola), em carta dirigida ao Presidente da República por Marcello Caetano, este apresenta o seu pedido de demissão como Chefe do Governo (cfr. AMÉRICO THOMAZ, *Últimas Décadas de Portugal*, IV, pp. 352-353), não tendo a demissão sido aceite, segundo alguns, pela influência de certos marcelistas junto de Américo Thomaz (cfr. MANUEL MARIA MÚRIAS, *De Salazar a Costa Gomes*, p. 284).

Não se pode excluir que, na sequência da revolta das Caldas da Rainha, na noite de 15 para 16 de Março de 1974, Marcello Caetano tivesse insistido, uma vez mais, verbalmente, com o Chefe de Estado para proceder à sua substituição na chefia do Governo (cfr. DIOGO FREITAS DO AMARAL, *O Antigo Regime e a*

§5.º O PROBLEMA DA SUCESSÃO DE SALAZAR | 209

esforçam de liberalização se tornaram inúteis, uma vez que a renovação foi consumida pela continuidade, Américo Thomaz diz-lhe, em 11 de Março, que "já é tarde para, qualquer de nós, abandonar o seu cargo – temos de ir até ao fim – (ou seja, na realidade, vencer ou ser vencido)"[977, 978].

É um Marcello Caetano politicamente prisioneiro do Presidente da República, querendo abandonar o poder e sem que isso lhe seja concedido, desiludido, apesar de ainda dotado de uma desesperada consciência de missão de serviço, que permanece até ser libertado do cargo de Presidente do Conselho: "até lá, irei aguentando, sem esperança, sem ilusões, mas também sem fugir, nem virar as costas ao perigo"[979].

Essa libertação de Marcello Caetano da responsabilidade governativa, já politicamente derrotado e "abandonado por quase todos"[980], viria poucos dias depois, a 25 de Abril de 1974: por saber resta ainda hoje, no entanto, o grau de conhecimento que o próprio Governo tinha sobre a preparação do golpe[981] ou até se existiu

---

Revolução, p. 143), tanto mais que havia sido "admoestado, em termos quase ríspidos pelo Presidente da República" quando, no final da manhã de 16 de Março, pretendia retirar-se de Monsanto (cfr. JAIME NOGUEIRA PINTO, *O Fim do Estado Novo e as Origens do 25 de Abril*, pp. 469-470).

[977] Cfr. AMÉRICO THOMAZ, *Últimas Décadas de Portugal*, IV, p. 353.

[978] No sentido que ambos, Marcello Caetano e Américo Thomaz, consciente ou inconscientemente, "se deixaram cair na atracção do abismo", cfr. DIOGO FREITAS DO AMARAL, *A governação de Marcelo Caetano*, in *Visão História*, n.º 2, Julho de 2008, p. 68.

[979] Declarações de Marcello Caetano a Diogo Freitas do Amaral, em 17 ou 18 de Abril de 1974, cfr. DIOGO FREITAS DO AMARAL, *O Antigo Regime e a Revolução*, p. 145.

[980] Cfr. FERNANDO ROSAS, *Prefácio – Marcelismo: ser ou não ser*, p. 24.

[981] Para mais desenvolvimentos sobre o tema, cfr. MARCELLO CAETANO, *O 25 de Abril e o Ultramar*, pp. 32 ss.; JAIME NOGUEIRA PINTO, *O Fim do Estado Novo e as Origens do 25 de Abril*, pp. 485 ss.

algum envolvimento de Marcello Caetano no movimento militar[982], pois, nas palavras do Presidente da República, Marcello Caetano nada tentou "de útil no sentido de procurar dominar o movimento ou, ao menos, de ter permitido que outros o tentassem"[983], tendo mesmo entregue todo o poder ao General Spínola[984] quando, nos termos da Constituição, era exclusivamente ao Chefe de Estado que o poder pertencia[985].

Num ponto existe, todavia, certeza: ao entregar o poder a Spínola, Marcello Caetano terá experimentado "um não sei quê de desenfado, se não de alívio"[986] – o seu calvário governativo tinha terminado e com ele a clonagem da política ultramarina de Salazar.

---

[982] Explorando essa hipótese, aventando uma ligação política entre Marcello Caetano e Spínola, só definitivamente afastada pelo 28 de Setembro de 1974, cfr. EDUARDO FREITAS DA COSTA, *Acuso Marcelo Caetano*, em especial, pp. 113 ss.

Descrevendo a estranheza do comportamento de Marcello Caetano durante o dia 25 de Abril de 1974, cfr. JAIME NOGUEIRA PINTO, *O Fim do Estado Novo e as Origens do 25 de Abril*, pp. 492 ss.

[983] Cfr. AMÉRICO THOMAZ, *Últimas Décadas de Portugal*, IV, p. 376.

[984] Para um relato dos termos e das razões que levaram Marcello Caetano a entregar-se (e não a transmitir o poder) ao General Spínola, cfr. MARCELLO CAETANO, *O 25 de Abril e o Ultramar*, pp. 50 ss. e 81 ss.

Para um historial da rendição de Marcello Caetano perante Spínola, no dia 25 de Abril de 1974, no interior do Quartel do Carmo, cfr. JOAQUIM VERÍSSIMO SERRÃO, *Marcello Caetano Confidências no Exílio*, 4ª d., Lisboa, Ed. Verbo, 1985, pp. 246 ss.; IDEM, *Correspondência com Marcello Caetano*, p. 284; NUNO ANDRADE, *Para Além do Portão – A GNR e o Carmo na Revolução de Abril*, Lisboa, Ed. Guerra e Paz, 2008, em especial, pp. 176 ss.

[985] Cfr. AMÉRICO THOMAZ, *Últimas Décadas de Portugal*, IV, p. 377.

Afirmando, porém, que não conseguiu contactar o Presidente da República, cfr. MARCELLO CAETANO, *O 25 de Abril e o Ultramar*, pp. 81 e 82; JOAQUIM VERÍSSIMO SERRÃO, *Marcello Caetano Confidências no Exílio*, p. 247; IDEM, *Correspondência com Marcello Caetano*, pp. 283-284.

[986] Cfr. ALMEIDA SANTOS, *Quase Memórias*, I, p. 219.

5.5.4. Em Março de 1974, a continuação da política ultramarina de Salazar por Américo Thomaz, cerceando a margem política de liberdade decisória externa e interna de Marcello Caetano, já não podia ser invertida por nenhum deles: Salazar aprisionara os seus sucessores à solução militar do problema ultramarino[987].

E então, nessa altura, já era tarde demais para se abandonar a política ultramarina traçada por Salazar e imposta por Américo Thomaz a Marcello Caetano[988]: esse é o sentido último das palavras do Almirante Américo Thomaz, aprisionando Marcello Caetano ao poder[989] – "temos de ir até ao fim".

A denúncia feita pelo General António de Spínola, nos termos do seu *Portugal e o Futuro*[990], de que a solução da questão ultra-

---

[987] Já no exílio, porém, Marcello Caetano, em entrevista a um jornal brasileiro, haveria de declarar: "É falso afirmar-se que considerava a decisão da questão ultramarina como um problema militar e não político" (cfr. MARCELLO CAETANO, *O 25 de Abril e o Ultramar*, p. 12), defendendo, em entrevista posterior, uma orientação política contrária à tese integracionista de Salazar (*ibidem*, pp. 63 ss.).

[988] A verdade, no entanto, é que, poucas semanas antes do 25 de Abril, Marcello Caetano tinha dado indicações secretas para se iniciarem negociações com os movimentos de libertação das antigas colónias, cfr. ISABEL ONETO, *Descolonização – Os segredos de Marcelo*, in *Visão*, n.º 56, 14 a 20 de Abril de 1994, pp. 32 ss.; ALMEIDA SANTOS, *Quase Memórias*, I, pp. 211 ss.

Refira-se, a título complementar, que já em 1963 existiu uma tentativa de acordo político sobre o futuro do Ultramar, envolvendo Portugal e os Estados Unidos da América, cfr. FRANCO NOGUEIRA, *Diálogos Interditos*, I, Braga-Lisboa, Editorial Intervenção, 1979, pp. 261 ss.; DIOGO FREITAS DO AMARAL, *A Tentativa Falhada de um Acordo Portugal – EUA sobre o Futuro do Ultramar Português (1963)*, Coimbra, Coimbra Editora, 1994.

[989] Confirmando a tese de que a permanência de Marcello Caetano em funções como Chefe do Governo, em Março de 1974, se deve, única e exclusivamente, ao Presidente da República, cfr. DIOGO FREITAS DO AMARAL, *O Antigo Regime e a Revolução*, pp. 140-141.

[990] Considerando que "o livro foi o detonador" de tudo, cfr. ALMEIDA SANTOS, *Quase Memórias*, I, p. 201.

marina é política e não militar[991], pois "parece, assim, evidente a impossibilidade de ganhar a guerra apenas no campo militar"[992], marca a ruptura da unidade das Forças Armadas e a sua unanimidade com o poder político civil[993]: sem que ainda o Presidente da República e o Presidente do Conselho se apercebessem, existia já uma fractura entre as chefias militares, desde a tentativa de golpe de Botelho Moniz todas politicamente sintonizadas com a defesa militar do Ultramar[994], e a geração dos oficiais intermédios – os capitães[995].

É essa ruptura, a propósito da questão ultramarina, colocando de um lado os partidários da solução militar protagonizada por Salazar e, por outro lado, os defensores de uma solução política para o Ultramar que vai gerar o movimento dos capitães que estará na génese do 25 de Abril de 1974[996]: é a resolução do problema militar ultramarino – ou, talvez mais propriamente, reivindicações corporativas dos militares[997] – e não qualquer propósito altruísta

---

[991] Cfr. ANTÓNIO DE SPÍNOLA, *Portugal e o Futuro*, 5ª ed., Lisboa, Ed. Arcádia, 1974, em especial, pp. 42 ss.

[992] Cfr. ANTÓNIO DE SPÍNOLA, *Portugal e o Futuro*, p. 48.

[993] Para uma reflexão do próprio Marcello Caetano sobre a autorização dada à publicação do "Portugal e o Futuro", incluindo o relato de uma conversa entre ele e Spínola, em 7 de Março de 1974, a propósito da publicação desse mesmo livro, cfr. MARCELLO CAETANO, *O 25 de Abril e o Ultramar*, pp. 35 ss., 74 ss. e 125 ss. Para mais desenvolvimento sobre o tema, cfr. ALMEIDA SANTOS, *Quase Memórias*, I, pp. 208 ss.

[994] Cfr. FERNANDO ROSAS, *Prefácio – Marcelismo: ser ou não ser*, p. 18.

[995] Cfr. FERNANDO ROSAS, *Prefácio – Marcelismo: ser ou não ser*, p. 24.

[996] Sobre o tema, cfr. MARIA INÁCIA REZOLA, *As forças armadas, os capitães e a crise final do regime*, in FERNANDO ROSAS/PEDRO AIRES OLIVEIRA (coord.), *A Transição Falhada – O marcelismo e o fim do Estado Novo (1968-1974)*, Lisboa, Editorial Notícias, 2004, pp. 341 ss.; AUGUSTO DE SÁ VIANA REBELLO, *Salazar e Caetano Falar Claro*, pp. 181 ss.

[997] Para uma síntese das reivindicações resultantes de se poder ser oficial do Exército através de um curso de um ano e das questões de antiguidade resultantes da intervenção legislativa do Governo que envolveu profundo desagrado nas

§5.º O PROBLEMA DA SUCESSÃO DE SALAZAR | 213

e idealista de restituição das liberdades que constituirá o motivo principalmente determinante do golpe militar.

Numa estranha ironia do destino, Marcello Caetano que, desde o início dos anos sessenta tinha defendido uma solução política para o problema ultramarino, em clara oposição à linha político-militar traçada por Salazar, acabava agora, na sequência da acção do Presidente da República, por estar amarrado, "até ao fim", na defesa da solução militar de Salazar para o Ultramar[998]: o Almirante Américo Thomaz secou, desvitalizou, esvaziou e anulou o Prof. Marcello Caetano, e este "colocou-se, até ao fim, na posição daqueles homens a quem a história oferece a glória e por insensatez a recusam"[999].

Numa surpreendente revelação de personalidade, a partir de Setembro de 1968, o Presidente Américo Thomaz mostrou-se – bem ao contrário de quem o tinha considerado um "fantoche fardado"[1000], um "político baço"[1001], um "almirante de opereta"[1002] ou um "anulável Chefe de Estado"[1003] –, um "homem inteligente e arguto"[1004], alguém que, tendo sempre sido o primeiro em todos

---

Forças Armadas, cfr. MARCELLO CAETANO, *Depoimento*, pp. 184 ss.; MANUEL BERNARDO, *Marcello e Spínola*, pp. 173 ss.

[998] Numa interpretação diferente dos factos, considerando que Marcello Caetano "abdicou das suas ideias para suceder a Salazar", sendo a vaidade em ocupar o lugar de Presidente do Conselho que justificou que tivesse sobreposto o pensamento de Salazar ao seu próprio pensamento sobre a questão ultramarina, cfr. RAUL RÊGO, *«Depoimento» ou Libelo*, pp. 22 e 26; ALMEIDA SANTOS, *Quase Memórias*, I, p. 169.

[999] Cfr. ALMEIDA SANTOS, *Quase Memórias*, I, p. 211.

[1000] Neste sentido, cfr. HUMBERTO DELGADO, *Memórias*, pp. 175-176.

[1001] Cfr. ALMEIDA SANTOS, *Quase Memórias*, I, p. 164.

[1002] Cfr. JOSÉ CARLOS DE VASCONCELOS, *Fim, sem final...*, in *Visão História*, n.º 2, Julho de 2008, p. 52.

[1003] Neste sentido, cfr. EDUARDO COELHO/ANTÓNIO MACIEIRA COELHO, *Salazar...*, p. 108.

[1004] Cfr. MARCELLO CAETANO, *Depoimento*, p. 81.

os níveis da sua carreira escolar[1005], era dotado de uma "inteligência sem ostentação"[1006]: foi essa modéstia que, dotando-o de uma presença política quase imperceptível, tornando-o despercebido durante todo o consulado de Salazar – salvo quanto à tentativa de golpe de Botelho Moniz, em 1961, e cuidadosamente resguardada da opinião pública –, lhe havia de permitir, sub-repticiamente, num primeiro momento, condicionar, e, depois, num segundo momento, aprisionar politicamente Marcello Caetano.

Só aparentemente, numa leitura apressada, se poderá dizer que Américo Thomaz "não tinha coragem para se impor" a Marcello Caetano[1007]: deixa-lhe a liberdade decisória no acessório, uma vez que, no que respeita à decisão política essencial, limitou-se a prolongar Salazar durante todo o período da governação de Marcello Caetano, garantindo-lhe a continuidade das principais linhas da sua política de defesa ultramarina e de relações externas – "o salazarismo sem Salazar" foi uma criação de Américo Thomaz, condicionante e limitativa da liberdade política de Marcello Caetano[1008].

Em termos políticos estruturais, o Almirante Américo Thomaz foi o verdadeiro sucessor e garante da herança política de Oliveira Salazar[1009]: não foi sem razão que, a partir de 1965, Salazar confiou plenamente a sua sucessão a esse homem – ninguém melhor do que ele prolongaria o salazarismo sem Salazar e ninguém melhor

---

[1005] Cfr. MANUEL MARIA MÚRIAS, *De Salazar a Costa Gomes*, pp. 230-231; AUGUSTO DE SÁ VIANA REBELLO, *Salazar e Caetano Falar Claro*, p. 188.

[1006] Cfr. MANUEL MARIA MÚRIAS, *De Salazar a Costa Gomes*, p. 231.

[1007] Neste último sentido, cfr. MANUEL MARIA MÚRIAS, *De Salazar a Costa Gomes*, p. 238.

[1008] Em sentido contrário, neste último domínio, considerando que Marcello Caetano era, em 1969, "um melhor intérprete do salazarismo do que o próprio Salazar", cfr. MÁRIO SOARES, *Escritos Políticos*, p. 166.

[1009] Em sentido contrário, considerando que o "herdeiro real de Salazar foram as Forças Armadas", cfr. JOSÉ FREIRE ANTUNES, *Salazar e Caetano*, p. 87.

§5.º O PROBLEMA DA SUCESSÃO DE SALAZAR | 215

do que Salazar, depois de conviver politicamente durante cerca de vinte anos com Américo Thomaz[1010], para lhe conhecer o perfil e a lealdade indefectível.

Só em 25 de Abril de 1974, colocado termo à política ultramarina salazarista[1011], se abre a sucessão dos continuadores de Salazar: só aqui termina o salazarismo e começa o pós-salazarismo[1012].

[1010] O Almirante Américo Thomaz, tendo iniciado o seu primeiro mandato presidencial em 1958, já antes havia sido Ministro da Marinha, entre 1944 e 1958, ocupando já, desde 1936, as funções de chefe de gabinete do Ministro da Marinha, Ortins de Bettencourt (cfr. FERNANDO ROSAS/J.M BRANDÃO DE BRITO (Direcção), *Dicionário de História do Estado Novo*, II, Venda Nova, Bertrand Editora, 1996, p. 976).

[1011] Neste sentido, considerando que o 25 de Abril, apesar de ter derrubado Marcello Caetano, quem derrotou foi Salazar, pois "a Revolução não se fez contra Marcelo Caetano – mas contra as políticas de Salazar", cfr. DIOGO FREITAS DO AMARAL, *A governação de Marcelo Caetano*, in *Visão História*, n.º 2, Julho de 2008, p. 68.

[1012] Neste último sentido, cfr. JOAQUIM AGUIAR, *O Pós Salazarismo*, Lisboa, Ed. Publicações Dom Quixote, 1984.

§6.º

O ÚLTIMO ENIGMA: SABERIA SALAZAR QUE TINHA SIDO EXONERADO?

6.1. A origem do problema: ninguém informou Salazar da sua exoneração

6.1.1. Como já se teve oportunidade de referir (v. *supra*, n.º 5.5.1.), quando, em 27 de Setembro de 1968, o Presidente da República exonera Oliveira Salazar do cargo de Presidente do Conselho de Ministros, nomeando Marcello Caetano em sua substituição, ninguém poderia informar Salazar do sucedido: encontrando-se o doente em estado de coma, aguardando-se a sua morte a todo o momento, Salazar não tomou então conhecimento que havia sido demitido e substituído nas funções de Chefe do Governo.

É certo, segundo confessa o Almirante Américo Thomaz, que, em momento posterior, por diversas vezes, e "por dever de consciência", se sentiu na obrigação de informar Salazar da sua substituição na Presidência do Conselho de Ministros, tendo-se mesmo deslocado à residência do antigo Chefe de Governo com essa "firme intenção": a verdade, porém, é que desistiu sempre de um tal propósito, tal como, acrescenta, também Salazar nunca lhe chegou a perguntar se ainda se mantinha no exercício das funções[1013].

[1013] Cfr. AMÉRICO THOMAZ, *Últimas Décadas de Portugal*, IV, p. 58.

A partir do início de Maio de 1969, o Prof. Eduardo Coelho é da opinião que Salazar deveria ser inteirado e integrado na situação presente, isto é, que já não ocupa o cargo de Presidente do Conselho de Ministros[1014]: reconhecendo que o problema em causa não se consubstancia num acto médico, nem integra a esfera funcional do médico assistente, Eduardo Coelho não tem dúvidas ao afirmar, todavia, que, referindo-se a Salazar, "é indispensável para o seu estado de saúde conhecer a verdade sobre a sua situação. É obrigatório"[1015].

O Presente da República, em sentido contrário, defendia que, por advertência expressa feita pelo Prof. Houston Merrit[1016], dizer a verdade a Salazar "podia ter o risco de lhe causar, na altura, qualquer abalo fatal" e interrogava-se se existiria alguma vantagem em correr esse risco se, momentos depois, Salazar já se teria esquecido de tudo[1017].

No meio desta dúvida, entre o dever de consciência de informar e o receio de que a informação causasse dano irreparável, o Presidente da República chega a encarregar diversos enviados de avisarem o Prof. Eduardo Coelho para que preparasse Salazar para receber a informação, por parte do próprio Chefe de Estado, de que tinha sido demitido: a resposta do médico, em Julho de 1969, é que o doente está preparado, não competindo ao médico prepará-lo para o conteúdo de uma informação que traduz uma intervenção política da esfera da competência do Presidente da República[1018].

[1014] Cfr. EDUARDO COELHO/ANTÓNIO MACIEIRA COELHO, *Salazar...*, p. 62.

[1015] Cfr. EDUARDO COELHO/ANTÓNIO MACIEIRA COELHO, *Salazar...*, p. 63.

[1016] Neste sentido, cfr. JOSÉ PAULO RODRIGUES, *Salazar – Memórias Para Um Perfil*, p. 262.

[1017] Cfr. AMÉRICO THOMAZ, *Últimas Décadas de Portugal*, IV, p. 59.

[1018] Cfr. EDUARDO COELHO/ANTÓNIO MACIEIRA COELHO, *Salazar...*, p. 72-73.

§6.º O ÚLTIMO ENIGMA: SABERIA SALAZAR QUE TINHA SIDO EXONERADO? | 219

O Presidente da República acabaria por nunca informar Salazar que já não era Presidente do Conselho e, escreve nas suas memórias, nunca se arrependeu desta decisão[1019].

6.1.2. Sem coragem para informar Salazar que já não era Presidente do Conselho de Ministros[1020] ou, segundo o próprio afirma, por efeito de ponderar os prós e os contras de lhe comunicar esse facto[1021], o certo é que o Presidente da República, visitando algumas vezes o seu antigo Chefe do Governo acompanhado pelos seus netos[1022], enquanto expediente para evitar falar de assuntos políticos que se referiam a si próprio[1023], tentou ainda que, em vez de si, fossem terceiros a informar Salazar da sua real situação política:

(i) Tentou, em Maio de 1969, que fosse o Prof. Bissaia Barreto a pôr Salazar a par de tudo, isto é, da sua exoneração e substituição na chefia do Governo[1024], encargo que aquele procurou transferir para a governanta de Salazar, tendo esta rejeitado essa tarefa, pois não era assunto da sua competência[1025];

(ii) Tentou, por último, que fosse a governanta de Salazar a informá-lo que já não exercia funções governativas, encargo

---

[1019] Cfr. AMÉRICO THOMAZ, *Últimas Décadas de Portugal*, IV, p. 59.

[1020] Neste sentido, cfr. MÁRIO SOARES, *Portugal Amordaçado*, p. 593.

[1021] Cfr. AMÉRICO THOMAZ, *Últimas Décadas de Portugal*, IV, p. 58.

[1022] Cfr. AMÉRICO THOMAZ, *Últimas Décadas de Portugal*, IV, pp. 34-35 e 60.

[1023] Neste sentido, segundo terá confessado o próprio Presidente da República ao Prof. Bissaia Barreto, depois relatado por este ao Prof. Eduardo Coelho, em 24 de Maio de 1969, cfr. EDUARDO COELHO/ANTÓNIO MACIEIRA COELHO, *Salazar...*, p. 67.

[1024] Cfr. EDUARDO COELHO/ANTÓNIO MACIEIRA COELHO, *Salazar...*, p. 67.

[1025] Relatando esse facto, tendo o Prof. Eduardo Coelho concordado com a conduta da governanta, cfr. EDUARDO COELHO/ANTÓNIO MACIEIRA COELHO, *Salazar...*, pp. 67-68.

220 | SUCESSÃO POLÍTICA DE SALAZAR

que ela também recusou, pedindo mesmo ao Presidente da República que ninguém lhe revelasse a verdade[1026].

E, na realidade, ninguém viria a informar Oliveira Salazar que já não era, desde 27 de Setembro de 1968, Presidente do Conselho de Ministros.

6.2. A residência de S. Bento: um mundo fora do mundo

6.2.1. Forma-se em torno de Oliveira Salazar, após o seu regresso a S. Bento, em Fevereiro de 1969, um mundo próprio e fechado: a residência de S. Bento alberga um mundo fora do tempo e do próprio mundo (v. *supra*, n.º 3.5.), onde Salazar é personagem de ficção e todos parecem colaborar como actores ao serviço de uma farsa.

Tudo se passa, em síntese, como se Salazar ainda fosse Presidente do Conselho:

– Ninguém lhe diz que foi exonerado e os seus contactos com os jornais são sempre por intermédio de quem lhe lê notícias cuidadosamente seleccionadas, nunca o informando sobre a actual situação política interna;

– Vive na residência oficial do Presidente do Conselho de Ministros, achando natural a sua permanência nesse local[1027], e continua a ter à sua disposição um automóvel oficial[1028];

[1026] Testemunho, nesse sentido, da própria governanta, in FERNANDO DACOSTA, *Máscaras de Salazar*, p. 309.

[1027] Neste sentido, cfr. AMÉRICO THOMAZ, *Últimas Décadas de Portugal*, IV, p. 124.

[1028] Referindo este último facto, cfr. MARIA DA CONCEIÇÃO DE MELO RITA/ /JOAQUIM VIEIRA, *Os Meus 35 Anos com Salazar*, p. 190.

§6.º O ÚLTIMO ENIGMA: SABERIA SALAZAR QUE TINHA SIDO EXONERADO? | 221

- Recebe sucessivas visitas do Presidente da República, sem que este alguma vez aborde o tema da substituição do Chefe do Governo, antes têm conversas que revelam serem tratados assuntos de Estado (v. *supra*, n.º 4.2.1.);
- É também visitado pelos seus ministros, embaixadores e ainda diversas individualidades nacionais e estrangeiras, sem que alguma delas aborde o tema da sua substituição, antes "iludem perguntas ou constroem conversas artificiais"[1029], pedem-lhe conselho, informam-no e mostram-lhe projectos;
- Escreve cartas, bilhetes e cartões na qualidade de Chefe do Governo;
- Concede entrevistas a jornais estrangeiros como Presidente do Conselho – registando-se sempre, todavia, a condição de nunca lhe ser revelada a verdade sobre a sua situação política –, tendo mesmo feito uma alocução radiofónica e televisiva.

E, sobretudo, apesar de informado que esteve muito doente, às portas da morte, Salazar não revela ter noção da duração da sua doença e da impossibilidade de o Estado continuar a ser gerido sem um Presidente do Conselho de Ministros (v. *supra*, n.º 3.5.2.): "era deveras estranho", dirá depois o Almirante Américo Thomaz, referindo-se a Salazar, "que (...) admitisse como possível que a governação pública pudesse prosseguir como anteriormente, sem a sua intervenção ou sem a sua substituição"[1030].

Ora, só a grave afectação das capacidades mentais de Salazar permite encontrar justificação para esse comportamento: Salazar não tinha consciência das suas limitações intelectuais, nem se apercebia dos efeitos político-governativos da sua prolongada e inca-

---

[1029] Cfr. FRANCO NOGUEIRA, *Salazar*, VI, p. 427.
[1030] Cfr. AMÉRICO THOMAZ, *Últimas Décadas de Portugal*, IV, p. 59.

222 | SUCESSÃO POLÍTICA DE SALAZAR

pacitante doença. Para Salazar, segundo as palavras do seu médico assistente, "mantinha-se a sua vida política, sem mudanças"[1031].

No mundo de ficção criado em S. Bento, alguém tinha decidido que Salazar representasse um papel sem saber que estava a representar: só o seu médico insistia que lhe fosse contada a verdade[1032].

Ninguém, no entanto, por piedade ou falta de coragem, revelaria a verdade a Salazar: o cenário montado nunca viria a ser desfeito e "todos ajudam a defender o que é irreal"[1033].

Em torno de Salazar, nas palavras de Roland Faure, "uma verdadeira cumplicidade feita de respeito, de gratidão, de fidelidade, estabeleceu-se entre os mais altos dignitários do Estado: o Presidente da República, os antigos ministros do Dr. Salazar e mesmo os que participam no Governo, continuam a visitá-lo com a preocupação de não destruir o último sonho do «Presidente»"[1034].

Ninguém diz a verdade a Salazar e todo o ambiente em torno de si favorece a "mentira piedosa" de que ainda é Presidente do Conselho de Ministros[1035]. Mais: essa mentira passa mesmo a ser "sustentada oficialmente"[1036].

6.2.2. Na montagem de toda a "espantosa encenação"[1037] existente na residência de S. Bento, criando em torno de Salazar um

---

[1031] Cfr. EDUARDO COELHO/ANTÓNIO MACIEIRA COELHO, *Salazar...*, p. 84.

[1032] Cfr. EDUARDO COELHO/ANTÓNIO MACIEIRA COELHO, *Salazar...*, pp. 62-63.

[1033] Cfr. FRANCO NOGUEIRA, *Salazar*, VI, p. 432.

[1034] Relato do artigo de Faure no jornal *L'Aurore*, em Setembro de 1969, cfr. FRANCISCO RUI CÁDIMA, *Salazar, Caetano e a Televisão Portuguesa*, p. 231.

[1035] Utilizando a expressão "mentira piedosa", cfr. BARRADAS DE OLIVEIRA, *O príncipe encarcerado*, p. 117.

[1036] Cfr. ALMEIDA SANTOS, *Quase Memórias*, I, p. 164.

[1037] Expressão de FERNANDO DACOSTA, *Máscaras de Salazar*, p. 308.

§6.º O ÚLTIMO ENIGMA: SABERIA SALAZAR QUE TINHA SIDO EXONERADO? | 223

mundo como se ele ainda fosse Presidente do Conselho de Ministros, terá pesado a concorrência cumulativa de três factores.

(a) O principal factor que gerou todo o cenário ficcionado de
manter Salazar na ilusão de que ainda era Chefe do Governo
deve-se à intervenção da governanta: Dª. Maria de Jesus Caetano, governanta de Salazar há cerca de cinquenta anos[1038],
era uma mulher inteligentíssima[1039], determinadíssima[1040] e
dedicadíssima a Salazar[1041] – ela foi a artífice da "mentira
piedosa" e de toda a montagem da encenação[1042].
Tal como tinha sido ela a resolver junto do Presidente da
República e do novo Presidente do Conselho que Salazar ao
sair da Casa de Saúde da Cruz Vermelha a única residência
que possuía habitável era a própria residência oficial de S.
Bento (v. *supra*, n.º 3.1.2.), também viria a ser ela a origem do propósito de poupar Salazar ao desgosto de saber
que tinha sido exonerado da chefia do Governo: como mais

[1038] Cfr. EDUARDO COELHO/ANTÓNIO MACIEIRA COELHO, *Salazar...*, pp. 90
e 91.

[1039] Nas palavras do confessor de Dª. Maria, em entrevista a Fernando Dacosta,
ela "era uma mulher superiormente inteligente", in FERNANDO DACOSTA, *Máscaras
de Salazar*, p. 233. E, no mesmo sentido, dizendo ser Dª. Maria uma "mulher
inteligentíssima", era também a opinião do Dr. Vasconcelos Marques, expressa
ao próprio Salazar, e depois por aquele relatada em entrevista, cfr. FERNANDO
DACOSTA, *Máscaras de Salazar*, p. 304.

[1040] Dizia-se, durante os anos de governo de Salazar, que Salazar mandava em
Portugal e a governanta mandava nele (cfr. ODYLO COSTA, *Agonia e queda de
Salazar*, in *Realidade*, Ano III, n.º 33, Dezembro de 1968, p. 155). No mesmo
sentido, cfr. JACQUES GEORGEL, *O Salazarismo*, p. 79.

[1041] A expressão é do próprio Salazar, em conversa com o Dr. Vasconcelos
Marques sobre a governanta, após a operação ao hematoma e antes do derrame
cerebral de 16 de Setembro de 1968, relatada por este último em entrevista, cfr.
FERNANDO DACOSTA, *Máscaras de Salazar*, p. 304.

[1042] Cfr. FERNANDO DACOSTA, *Máscaras de Salazar*, pp. 308 ss.

tarde contou[1043], a ideia foi-lhe dada, muitos anos antes, pelo próprio Salazar quando lhe contou, a título de curiosidade histórica, que, estando Lenine a morrer, os russos mandavam imprimir, todos os dias, um jornal falso que ele lia, evitando que o moribundo tomasse conhecimento do que efectivamente se passava.

Simultaneamente, a governanta controla tudo e todos que frequentavam a residência de S. Bento e se aproximavam de Salazar[1044] – desde empregadas, enfermeiras, médicos, políticos e demais visitantes –[1045], evitando o contacto com quem lhe pudesse revelar que já não era Presidente do Conselho;

(b) O segundo factor que contribuiu para a criação e manutenção da "mentira piedosa" em torno de Salazar foi o próprio Presidente da República, isto a dois níveis: por nunca ter arranjado coragem para contar a verdade a Salazar ou, em alternativa, recear o risco de vida que envolvia uma tal revelação (v. *supra*, n.º 6.1.1), sabendo-se que este só acreditaria se o facto lhe fosse comunicado pelo próprio Chefe de Estado[1046], e, por outro lado, porque as visitas assíduas e cordiais ao doente, dizendo-lhe "que tudo seguia muito bem, que não se preocupasse" e "que se poupasse a trabalhos"[1047], alimentavam em Salazar a ilusão de que se tratava de um

---

[1043] Testemunho da própria governanta, in FERNANDO DACOSTA, *Máscaras de Salazar*, p. 309.

[1044] Já antes, aliás, a governanta fazia isso a Salazar, cfr. JACQUES GEORGEL, *O Salazarismo*, p. 39.

[1045] Cfr. FERNANDO DACOSTA, *Máscaras de Salazar*, p. 308.

Sublinhado, no entanto, que as enfermeiras "constituíam o agente mais propício do levar e trazer", cfr. EDUARDO COELHO/ANTÓNIO MACIEIRA COELHO, *Salazar...*, p. 83.

[1046] Neste sentido, cfr. JOSÉ PAULO RODRIGUES, *Salazar – Memórias Para Um Perfil*, p. 262.

[1047] Cfr. EDUARDO COELHO/ANTÓNIO MACIEIRA COELHO, *Salazar...*, p. 84.

typico relacionamento político entre Presidente da República e Presidente do Conselho, tanto mais que falavam de questões governativas (v. *supra*, n.º 4.2.1.) e Salazar, pelo menos uma vez, terá manifestado a sua preocupação com o trabalho acrescido que o Chefe de Estado estava a suportar[1048];

(c) O terceiro factor, por último, que terá contribuído para a manutenção do cenário vivido na residência de S. Bento foi a condescendência de Marcello Caetano com toda a situação[1049] ou, talvez em termos mais rigorosos, o propósito de, no âmbito do ostracismo a que o novo Governo condenou Salazar, evitar que se suscitassem atenções que expusessem publicamente o antigo Presidente do Conselho: a censura às notícias relativas à vida e aos progressos do doente, a dinamização de um claro desiderato de encorajar quanto desvanecesse a lembrança do antigo Presidente do Conselho junto dos meios de comunicação social e da opinião pública[1050] e um controlo apertado do acesso a Salazar, por fim, contribuíram para que se instalasse e desenvolvesse em torno do antigo Chefe de Governo um ambiente fechado, imune ao mundo de fora e, por essa via, permitindo que todo o cenário da ficção ganhasse uma falsa realidade, pois converteu todos os que conviviam com Salazar em actores – dentro dos muros da residência de S. Bento, Salazar era ainda, para todos os efeitos, por todos reconhecido e tratado como Presidente do Conselho de Ministros.

Em suma, a conjugação destes três factores determinou que, entre os meses de Fevereiro de 1969 e Julho de 1970, se tenha

---

[1048] Cfr. Américo Thomaz, *Últimas Décadas de Portugal*, IV, p. 59.

[1049] Cfr. Maria da Conceição de Melo Rita/Joaquim Vieira, *Os Meus 35 Anos com Salazar*, p. 188.

[1050] Neste último sentido, cfr. Franco Nogueira, *Salazar*, VI, p. 428.

226 | SUCESSÃO POLÍTICA DE SALAZAR

vivido na residência oficial de S. Bento um ambiente irreal, um verdadeiro espaço fora do tempo: tratou-se, utilizando a imagem de Roland Faure (v. *supra*, n.º 3.5.1.), de um genuíno teatro em que Salazar representava uma figura das tragédias e dos dramas shakespearianos.

6.2.3. Num diferente ângulo de análise, poder-se-á dizer que, desde 27 de Setembro de 1968 e até 27 de Julho de 1970, Salazar foi transformado de facto, senão mesmo em termos jurídico-formais[1051], num "virtual Presidente do Conselho vitalício"[1052]. Ou, talvez até com mais propriedade, será possível afirmar que Salazar viveu, nos últimos meses da sua vida, como sendo um Presidente do Conselho honorário e vitalício.

Com efeito, os três anteriores factores conjugaram-se na criação e manutenção, num primeiro momento, de um estatuto aconstitucional para Salazar: reconhecer-lhe que, apesar de exonerado das funções de Chefe do Governo, mantinha todas as honras e regalias inerentes à qualidade de Presidente do Conselho[1053]. Num certo sentido, poder-se-ia dizer que Portugal, por efeito da "mentira piedosa" alimentada pelo Presidente da República, tinha dois governos: um de verdade e um de fantasia[1054].

[1051] Note-se que, nos termos do Decreto n.º 48597, de 27 de Setembro de 1968, do Presidente da República que exonera Salazar das funções de Presidente do Conselho de Ministros, nomeando em sua substituição Marcello Caetano, se refere – sem que, esclareça-se, se descortine fundamento jurídico-constitucional positivo para o efeito – que aquele mantém "todas as honras a ele inerentes", isto é, ao cargo de Presidente do Conselho de Ministros de que acabava de ser exonerado.

[1052] Cfr. JACQUES GEORGEL, *O Salazarismo*, p. 89; MARIA DA CONCEIÇÃO DE MELO RITA/JOAQUIM VIEIRA, *Os Meus 35 Anos com Salazar*, p. 188.

[1053] Para uma crítica severa a esta solução jurídica, cfr. COSTA BROCHADO, *Memórias...*, p. 485.

[1054] Neste sentido, cfr. JACQUES GEORGEL, *O Salazarismo*, p. 89.

§6.º O ÚLTIMO ENIGMA: SABERIA SALAZAR QUE TINHA SIDO EXONERADO? | 227

Gerou-se aqui, todavia, por efeito da reiterada aceitação – ou, pelo menos, não oposição expressa – desta situação de facto pelos principais dirigentes políticos e pela opinião pública, uma verdadeira convenção informal de valor paraconstitucional: de uma inicial natureza aconstitucional, o estatuto de Salazar como Presidente do Conselho honorário e vitalício transformou-se, por via do decurso do tempo e da sua aceitação geral, em convenção integrante da "Constituição não oficial"[1055] – entre Setembro de 1968 e Julho de 1970, existiu um dualismo ou bicefalismo honorário ao nível da chefia governativa[1056].

Por outras palavras: o cenário de ficção criado em torno de Salazar acabou por assumir inequívoca relevância jurídico-constitucional – esse é também o sentido do Decreto n.º 48597, de 27 de Setembro de 1968, do Presidente da República.

6.2.4. Há a notícia, porém, que o cenário de ficção que se vivia na residência oficial de S. Bento, todos fazendo de conta que Salazar ainda era Presidente do Conselho, num verdadeiro e alucinado mundo fora do mundo, veio a sofrer duas pequenas indiscrições:

– Uma primeira, em Maio de 1969, resultante de uma terapeuta de Salazar ter aludido, diante dele, ao seu afastamento do

---

[1055] Para um desenvolvimento do conceito jurídico de "Constituição não oficial", cfr. PAULO OTERO, *As instituições políticas e a emergência de uma "Constituição não oficial"*, pp. 83 ss.; IDEM, *Legalidade e Administração Pública: o sentido da vinculação administrativa à juridicidade*, reimp., Coimbra, Ed. Almedina, 2007, em especial, pp. 424 ss.

[1056] Dizendo existir antes um "bicefalismo barroco", cfr. JACQUES GEORGEL, *O Salazarismo*, p. 60.

governo[1057], motivo que o levou a passar uma noite muito agitada, em grande sofrimento moral e tristeza[1058];
– Uma segunda, em Julho de 1969, quando Salazar ouve de uma criança que o actual Chefe do Governo é Marcello Caetano[1059], caindo de imediato numa grande tristeza[1060].

Independentemente da intensidade e da duração temporal do efeito psicológico que tais incidentes tenham provocado em Salazar, enquanto contrariedades do cenário ideal que o fazia ainda Presidente do Conselho, é certo que durante os seus últimos seis meses de vida, perdida gradualmente a esperança de retomar o exercício efectivo de funções, Oliveira Salazar experimenta a angústia e a tristeza de quem se sente abandonado por todos (v. *supra*, n.º 4.1.).

Neste contexto de vivência da lei da miséria do poder, apesar de ninguém ter dito a Salazar que tinha sido exonerado das suas funções governativas, o seu derradeiro estado de espírito, mergulhado na depressão de quem se sente abandonado e traído pelos seus antigos amigos e servidores, justifica que se formule a seguinte interrogação: será que Salazar sabia ou, pelo menos, chegou a suspeitar que já não era Presidente do Conselho?

Esse é o mistério dos mistérios de Salazar: procurar saber se alguma vez chegou a ter consciência de ter sido substituído como

---

[1057] Diz ainda Fernando Dacosta, por outro lado, que Salazar, tendo ouvido de um terapeuta de serviço, que Marcello Caetano era primeiro-ministro, terá exclamado: "Meu Deus, estou abandonado!" (cfr. FERNANDO DACOSTA, *Máscaras de Salazar*, p. 363). Ignora-se, todavia, se este episódio, envolvendo "um dos terapeutas de serviço", é ou não o mesmo que se identifica como sendo de Maio de 1969, referente a uma terapeuta.

[1058] Cfr. EDUARDO COELHO/ANTÓNIO MACIEIRA COELHO, *Salazar...*, p. 68.

[1059] Cfr. AMÉRICO THOMAZ, *Últimas Décadas de Portugal*, IV, p. 58; EDUARDO COELHO/ANTÓNIO MACIEIRA COELHO, *Salazar...*, p. 72.

[1060] Cfr. EDUARDO COELHO/ANTÓNIO MACIEIRA COELHO, *Salazar...*, p. 72.

Chefe do Governo. Esse é também o seu último enigma: um enigma que permanece até hoje.

Vamos procurar, seguidamente, atendendo aos elementos disponíveis, esclarecê-lo.

6.3. O enigma e as teses em confronto: enunciação e justificação

6.3.1. Em torno do enigma se Salazar sabia ou não que tinha sido substituído na Presidência do Conselho pode dizer-se, atendendo às contraditórias impressões reveladas por quem o visitou durante a sua enfermidade, que existem duas teses principais:

(a) A tese negativa, partilhada por parte significativa das pessoas que privaram com Salazar durante os seus últimos meses de vida, diz-nos que Salazar ignorou sempre que já não era Presidente do Conselho;

(b) A tese positiva, em sentido inverso à anterior, garante que Salazar sabia que já não era Presidente do Conselho, sendo possível dela encontrar duas variantes: segundo uma primeira formulação, Salazar sabia mas não tinha forças ou consciência perfeita da situação; à luz de uma segunda formulação, Salazar sabia da situação mas fingia que não sabia.

Cabe ainda referir, a título complementar, existir quem defenda que, atendendo ao facto de Salazar pouco falar durante o período da sua doença, ser impossível saber se ele tinha ou não consciência da situação de ter sido exonerado e substituído[1061] ou, apontando também para a ausência de uma resposta, há quem entenda, baseado

---

[1061] Neste sentido opina o Prof. Jacinto Simões que realizou sessões de hemodiálise a Salazar, segundo entrevista concedida, cfr. FERNANDO DACOSTA, *Máscaras de Salazar*, p. 309.

230 | SUCESSÃO POLÍTICA DE SALAZAR

nas contraditórias impressões de quem visitava o doente, poder afirmar que o enigma permanece até hoje por desvendar[1062].

Centremos a nossa atenção, porém, nos termos argumentativos de cada uma das mencionadas principais teses em confronto.

6.3.2. *(a) Tese negativa: Salazar não sabia que tinha sido exonerado*

O entendimento de que Salazar morreu sem nunca saber que tinha sido demitido das funções de Presidente do Conselho e substituído pelo Prof. Marcello Caetano, podendo dizer-se ser a concepção dominante, é a tese partilhada por algumas das pessoas mais próximas ou influentes que privaram com Salazar.

(i) Trata-se, desde logo, da ideia avançada pelo então Presidente da República, afirmando que nunca, em nenhuma das muitas visitas efectuadas a Salazar, se apercebeu, "nem ao de leve, notou, nas conversações mantidas"[1063], que ele pudesse ter estado ao corrente da sua exoneração e substituição, acreditando que morreu na convicção de que ainda era Chefe do Governo[1064]. A confirmar este entendimento, sabendo-se dos escrúpulos de Salazar, nunca seria de admitir que, se soubesse da sua exoneração, continuasse a permanecer na residência oficial do Presidente do Conselho e a achar isso natural[1065].

[1062] Neste sentido, cfr. JAIME NOGUEIRA PINTO, *O Fim do Estado Novo e as Origens do 25 de Abril*, p. 321.

[1063] Cfr. AMÉRICO THOMAZ, *Últimas Décadas de Portugal*, IV, p. 122.

[1064] Cfr. AMÉRICO THOMAZ, *Últimas Décadas de Portugal*, IV, p. 59.

[1065] Cfr. AMÉRICO THOMAZ, *Últimas Décadas de Portugal*, IV, p. 124.

No mesmo sentido, reconhecendo que Salazar nunca continuaria a residir em S. Bento, apesar de entender que ele sabia, nos "súbitos clarões de lucidez" que possuía, que tinha sido substituído no cargo de Presidente do Conselho, cfr. COSTA BROCHADO, *Memórias...*, p. 485.

§6.º O ÚLTIMO ENIGMA: SABERIA SALAZAR QUE TINHA SIDO EXONERADO? | 231

Note-se, porém, que o Almirante Américo Thomaz lança também a dúvida, afirmando que a resposta à interrogação se Salazar sabia ou desconfiava da sua exoneração fica "sem resposta definitiva" e acrescenta: "se, por caso o soube, foi efemeramente, dado que nada a sua memória conservava com alguma demora"[1066]. E termina o seu testemunho afirmando continuar "mais convicto da hipótese, que reputo a mais segura, de nunca se ter apercebido, realmente, da mudança da situação"[1067].

(ii) Em sentido convergente, também o último Ministro dos Negócios Estrangeiros de Salazar e seu biógrafo, Embaixador Franco Nogueira, depois de expor os diversos argumentos que têm sido esgrimidos sobre a matéria[1068], afirma, convicto, que, na sequência das visitas que fez a Oliveira Salazar, "no meu espírito, não tive então nem tenho hoje a menor dúvida de que Salazar ignorava em absoluto que já não era presidente do Conselho"[1069]. A justificação desta convicção radica em duas principais ordens de argumentos[1070]:

- Baseia-se no testemunho dos médicos que privaram com o doente, isto no sentido de que Salazar não tinha condições mentais de compreender que já não é Chefe do Governo;
- Decorre de Salazar nunca imaginar que, por razões de doença, pudesse deixar de ser Presidente do Conselho: a ausência de consciência da gravidade da doença, do arrastamento da sua duração temporal e ainda dos seus

---

[1066] Cfr. AMÉRICO THOMAZ, *Últimas Décadas de Portugal*, IV, p. 59.
[1067] Cfr. AMÉRICO THOMAZ, *Últimas Décadas de Portugal*, IV, p. 123.
[1068] Cfr. FRANCO NOGUEIRA, *Salazar*, VI, p. 427.
[1069] Cfr. FRANCO NOGUEIRA, *Salazar*, VI, p. 427, nota n.º 1.
[1070] Cfr. FRANCO NOGUEIRA, *Salazar*, VI, pp. 427-428 e nota.

efeitos incapacitantes em termos mentais retiravam-lhe capacidade de percepção e análise da realidade.

Cumpre referir ainda que a opinião exposta de Franco Nogueira, no sentido de que Salazar ignorava que tinha sido exonerado e substituído como Chefe do Governo, é acompanhada por uma expressa referência a opinião contrária partilhada pela sua esposa, a Embaixatriz Vera Franco Nogueira[1071].

(iii) Igualmente Roland Faure, o jornalista do *L'Aurore* que, em Setembro de 1969, entrevistou Salazar se mostra categórico na convicção de que o antigo Chefe do Governo desconhecia que tinha sido exonerado e substituído na Presidência do Conselho (v. *supra*, n.º 3.5.1.)[1072]: relata que Salazar fala dos ministros como se com eles trabalhasse e sobre eles exercesse funções de chefia política, pensa que Marcello Caetano se limitava a exercer actividade universitária e continuava a não pretender envolver-se em tarefas governativas e, por fim, conclui Faure, "não restam dúvidas de que o Dr. Salazar não tocou em qualquer momento, ao de leve, na hipótese de que o poder lhe tivesse sido retirado dentro das formas legais pelo seu amigo, o almirante Américo Thomaz, Presidente da República que, por delicadeza, não ousou informá-lo", tanto mais que, acrescenta, "depois de ter triunfado da sua doença, haveria uma prova à qual ele não sobreviveria: a revelação da verdade"[1073].

[1071] Cfr. FRANCO NOGUEIRA, *Salazar*, VI, p. 428, nota.

[1072] Neste último sentido, descrevendo o conteúdo da entrevista e a impressão com que ficou o jornalista Roland Faure, cfr. AMÉRICO THOMAZ, *Últimas Décadas de Portugal*, IV, p. 123; JOSÉ PEDRO CASTANHEIRA, *Goodbye Salazar*, in *Expresso-Revista*, n.º 1866, de 2 de Agosto de 2008, pp. 64-65.

[1073] Cfr. FRANCISCO RUI CÁDIMA, *Salazar, Caetano e a Televisão Portuguesa*, pp. 230-231.

(iv) Também o relato que o Prof. Eduardo Coelho faz dos últimos meses de vida de Salazar permite extrair que o doente desconhecia ter sido exonerado das funções de Chefe do Governo: trata-se do retrato de um Salazar isolado do mundo exterior e ignorante da sua situação[1074], desanimado e angustiado por se sentir abandonado[1075], sem embargo de ter vivido sempre convencido, "enquanto não lhe cerraram os olhos", que um dia regressaria e retomaria a efectiva direcção dos negócios públicos[1076].

(v) Apesar de expressamente não se pronunciar sobre se Salazar sabia ou não que tinha sido exonerado do cargo de Presidente do Conselho, também a sua antiga protegida Micas, visita quase diária de Salazar durante os meses que esteve doente em S. Bento[1077], denuncia, por um lado, que a governanta fazia constar para o exterior que Salazar estava bem e tinha a percepção de tudo[1078], isto quando tinha apenas momentos de lucidez, encontrando-se quase sempre ausente da vida real, numa aparente alienação de longos silêncios[1079], e revela, por outro lado, fortes dúvidas contra aqueles que achavam estar Salazar mais lúcido do que dava a entender, sublinhando que muitos inventavam coisas sobre Salazar sem que tivessem qualquer correspondên-

---

[1074] Cfr. EDUARDO COELHO/ANTÓNIO MACIEIRA COELHO, *Salazar...*, p. 83.

[1075] Cfr. EDUARDO COELHO/ANTÓNIO MACIEIRA COELHO, *Salazar...*, em especial, pp. 82 e 83-84.

[1076] Cfr. EDUARDO COELHO/ANTÓNIO MACIEIRA COELHO, *Salazar...*, p. 84.

[1077] Cfr. MARIA DA CONCEIÇÃO DE MELO RITA/JOAQUIM VIEIRA, *Os Meus 35 Anos com Salazar*, p. 188.

[1078] Cfr. MARIA DA CONCEIÇÃO DE MELO RITA/JOAQUIM VIEIRA, *Os Meus 35 Anos com Salazar*, p. 188.

[1079] Neste sentido, cfr. MARIA DA CONCEIÇÃO DE MELO RITA/JOAQUIM VIEIRA, *Os Meus 35 Anos com Salazar*, p. 189.

cia com a realidade[1080] – neste último domínio, conclua-se, não pode deixar de se encontrar uma implícita referência ao tema em análise.

Partilham ainda o entendimento de que Salazar não sabia que tinha sido exonerado e substituído do cargo de Chefe do Governo Luís Forjaz Trigueiros[1081] e Barradas de Oliveira[1082].

6.3.3. (b) *Tese positiva: Salazar sabia que tinha sido exonerado*
Em sentido oposto ao entendimento de que Salazar desconhecia ter sido demitido e substituído, há quem sustente que Salazar sabia ter sido exonerado do cargo de Presidente do Conselho, isto segundo duas formulações completamente diferentes:

(i) Para uns, Salazar, nos "súbitos clarões de lucidez" que tinha, deverá ter percebido que tinha sido substituído como Presidente do Conselho[1083], mas, no instante imediato, deixava de se recordar, uma vez que, se assim não fosse, nunca aceitaria continuar a viver na residência oficial do Chefe do Governo e receber o vencimento correspondente[1084]. Deste modo, apesar de conhecer que já não era Chefe do Governo, Salazar vivia num estado de morbidez que o levava "a não admitir as consequências do facto perante si próprio"[1085],

---

[1080] Cfr. MARIA DA CONCEIÇÃO DE MELO RITA/JOAQUIM VIEIRA, *Os Meus 35 Anos com Salazar*, p. 189.

[1081] Cfr. LUÍS FORJAZ TRIGUEIROS, *A última conversa*, in *O Independente – "Cem Anos de Solidão"*, de 28 de Abril de 1989, p. 5.

[1082] Cfr. BARRADAS DE OLIVEIRA, *O príncipe encarcerado*, p. 117.

[1083] Costa Brochado vai mesmo mais longe, afirmando que Salazar se deve ter apercebido, nesses "súbitos clarões de lucidez", que Marcello Caetano tinha subido ao Poder, cfr. COSTA BROCHADO, *Memórias...*, p. 485.

[1084] Neste sentido, cfr. COSTA BROCHADO, *Memórias...*, p. 485.

[1085] Opinião da Embaixatriz Vera Franco Nogueira, referenciada in FRANCO NOGUEIRA, *Salazar*, VI, p. 428, nota.

§6.º O ÚLTIMO ENIGMA: SABERIA SALAZAR QUE TINHA SIDO EXONERADO? | 235

aceitava a situação sem fazer perguntas[1086], existindo todo um conjunto de pequenos e subtis indícios que revelam saber a verdade[1087], registando-se que, nos momentos em que tinha lucidez para encarar a realidade, Salazar "já não tinha resistência física para agir em consequência"[1088];

(ii) Para um outro sector, apesar de confessar partir da dúvida se Salazar sabia ou não que já não era Chefe de Governo, formula a hipótese de, sabendo que tinha sido exonerado, Salazar preferir, "talvez" fingir não saber ou acreditar[1089]

[1086] Neste sentido, opinando que Salazar sabia que já não governava, é o testemunho da Duquesa de Palmela, Dª. Teresa Palha, in FERNANDO DACOSTA, *Máscaras de Salazar*, pp. 361-362.

[1087] Entre tais indícios, segundo relata o Dr. Paulo Rodrigues, procurando Salazar reconstituir um "puzzle" de informações sobre a sua efectiva situação, podem indicar-se os seguintes (cfr. JOSÉ PAULO RODRIGUES, *Salazar – Memórias Para Um Perfil*, pp. 262 ss.):

(i) Salazar, desde que chegou a S. Bento, nunca mais fez qualquer pergunta de serviço, nem deu qualquer ordem, ao contrário do que antes era normal, ao Subsecretário de Estado da Presidência do Conselho;

(ii) A propósito do embaixador de Portugal em Espanha, em Janeiro de 1970, Salazar sabe que existiu substituição do embaixador e tem perfeita consciência que a mesma foi feita sem o seu conhecimento e, uma vez que sabia não ser isso possível sem intervenção do Presidente do Conselho, deve ter deduzido que tinha sido exonerado.

[1088] Cfr. JOSÉ PAULO RODRIGUES, *Salazar – Memórias Para Um Perfil*, p. 264.

[1089] Um primeiro afloramento deste entendimento é revelado pelo jornalista do *L'Aurore*, Roland Faure, em Setembro de 1969, ao entrevistar Marcello Caetano, num excerto que, por intervenção da censura, não foi publicado em Portugal (cfr. RAUL RÊGO, *Diário Político*, p. 137):

"RF – Será verdade que ele [Salazar] ainda se julga investido do poder supremo?

MC – Dizem que sim.

RF – Alguns pretendem antes que ele finge acreditar.

MC – É possível. Mas quem é que pode afirmar que isso é exacto?".

"e deixar os interlocutores fingirem também"[1090]: há aqui uma visão maquiavélica da postura de Salazar que, esquecendo as suas fortes limitações de capacidade mental, procura nele ainda encontrar uma intencionalidade astuciosa e matreira.

Se os elementos médicos recolhidos e os testemunhos de quem conviveu com Salazar durante os seus últimos meses permitem afastar esta última formulação da tese positiva (v. *supra*, n.º 6.3.2.), não pode deixar de assumir relevância, neste domínio de quem entende que Salazar sabia ter sido exonerado das funções de Presidente do Conselho de Ministros, o testemunho indirecto da sua governanta: Dª. Maria teria afirmado, segundo confidência feita a Mavilde Araújo, e nas palavras desta, que Salazar "sabia que já não governava, mas fingia que não sabia"[1091], ou, segundo desabafo da governanta às irmãs do Dr. Paulo Rodrigues, vários anos depois, Salazar "estava farto de saber"[1092].

6.3.4. O confronto traçado circunscreve-se, em síntese, à tese que nega ter Salazar tido conhecimento da sua exoneração e, em sentido inverso, à tese em que Salazar sabia da sua substituição na chefia do Governo, apesar de não ter consciência ou força física para extrair as inerentes implicações ou, tendo essa possibilidade em certos momentos de lucidez, ter-se acomodado à situação, tanto

---

[1090] Neste sentido, baseado no testemunho pessoal de Baltazar Rebelo de Sousa, recolhido na sua visita, em 28 de Março de 1969, a Salazar, cfr. MARCELO REBELO DE SOUSA, *Baltazar Rebelo de Sousa*, p. 195.

Referindo também esta posição, sem, todavia, dizer se a ela adere ou não, cfr. JOSÉ ADELINO MALTEZ, *Tradição e Revolução – Uma biografia do Portugal político do século XIX ao XX*, Lisboa, Ed. Tribuna, 2005, p. 561.

[1091] Neste sentido, o testemunho de Mavilde Araújo, in FERNANDO DACOSTA, *Máscaras de Salazar*, p. 362.

[1092] Cfr. JOSÉ PAULO RODRIGUES, *Salazar – Memórias Para Um Perfil*, p. 264.

§6.° O ÚLTIMO ENIGMA: SABERIA SALAZAR QUE TINHA SIDO EXONERADO? | 237

mais que, em termos puramente jurídicos e formais – e, note-se, Salazar nunca deixou de ser um jurista –, o Presidente da República – única entidade dotada de competência constitucional para o efeito – nunca lhe comunicara a demissão.

A resolução de um tal enigma, nos termos expostos, exige que se procure reconstituir o pensamento de Salazar quanto a dois aspectos essenciais:

(a) Primeiro: interpretar as afirmações conhecidas de Salazar sobre a matéria em causa, isto durante os meses de 1969 e 1970, procurando extrair as ideias subjacentes;

(b) Segundo: averiguar o pensamento de Salazar quanto ao papel constitucional do Chefe de Estado, enquanto pressuposto do seu entendimento sobre quem poderia estar a assegurar a governação do País durante a sua doença.

Só a elucidação deste dois aspectos poderá habilitar que se tome uma posição quanto ao enigma em análise.

6.4. Reconstituição do pensamento de Salazar: (a) os indícios da sua situação

6.4.1. A publicação, nos últimos anos, dos apontamentos do Prof. Eduardo Coelho sobre os derradeiros tempos de vida de Salazar como seu doente, permite hoje reconstituir com mais alguma precisão todo um conjunto de afirmações de Oliveira Salazar reveladoras do seu entendimento sobre se tinha ou não conhecimento de que já não exercia as funções de Presidente do Conselho de Ministros.

Uma primeira manifestação relevante de tais afirmações ocorre no final de Janeiro de 1969, encontrando-se ainda Salazar internado na Casa de Saúde da Cruz Vermelha (v. *supra*, n.° 3.1.2.):

238 | SUCESSÃO POLÍTICA DE SALAZAR

Salazar tem com o Prof. Eduardo Coelho o desabafo de querer ir para casa, afastando a hipótese de Santa Comba, pois a casa "não tem condições para ali viver" e, afirmando o propósito de ir para uma casa nova, exclui a ideia de arranjar uma casa provisória para viver[1093].

Sem expressar neste trecho de diálogo qualquer conhecimento sobre se era ou não ainda Chefe do Governo, a verdade é que Salazar revela aqui, no entanto, de forma implícita, dois importantes pensamentos:

(i) Por um lado, não cogita então a hipótese de regressar à residência oficial de S. Bento – o que seria, note-se, a solução mais natural como Presidente do Conselho –, antes se mostra perturbado com o propósito de ter de encontrar uma nova casa;

(ii) Por outro lado, na medida em que nem sequer pondera regressar a S. Bento, torna-se claro que, nesse curto momento de lucidez, Salazar tem clara a ideia de abandonar o Governo ou, em alternativa, tem já consciência (por iniciativa própria ou informação de terceiro) que não exerce funções governativas.

A toda esta interpretação, todavia, um único aspecto se mostra perturbador da sua coerência: o efectivo regresso de Salazar, em Fevereiro de 1969, à residência de S. Bento.

Como interpretar este regresso se, afinal, Salazar pretendia encontrar nova casa?

Num ponto parece existir certeza: sendo Salazar tão escrupuloso em nunca ocupar uma residência oficial se tivesse conhecimento que já não era Presidente do Conselho (v. *supra*, n.º 6.3.2.), o seu

---

[1093] Cfr. EDUARDO COELHO/ANTÓNIO MACIEIRA COELHO, *Salazar...*, p. 42.

§6.º O ÚLTIMO ENIGMA: SABERIA SALAZAR QUE TINHA SIDO EXONERADO? | 239

regresso a S. Bento só pode encontrar explicação, num contexto de um doente dotado de uma lucidez parcial e intermitente, no facto de alguém o ter convencido que essa era a melhor solução, uma vez que ainda continuava a ser titular de funções governativas, apesar de a doença o privar, temporária ou provisoriamente, de um exercício efectivo dos inerentes poderes decisórios, ou, em alternativa, se pretendesse então demitir-se, que deveria aguardar e não se precipitar em renunciar ao cargo.

Ora, à luz do que se sabe, para convencer Salazar deste cenário de ficção, fazendo dele ainda Presidente do Conselho de Ministros, só existia uma pessoa próxima e capaz de o fazer acreditar: a sua governanta – a mesma pessoa, aliás, que, por essa mesma altura, se impunha junto do Presidente da República e do novo Presidente do Conselho para que Salazar regressasse à residência oficial de S. Bento (v. *supra*, n.º 3.1.1.).

De tudo resulta, em síntese, que, no início de Janeiro de 1969, Salazar, num possível instante de lucidez, encarava a hipótese de, saindo do hospital, não regressar à residência de S. Bento, isto segundo uma de duas explicações: pretendia demitir-se da chefia do Governo ou, em alternativa, entendia que já tinha sido ou iria ser demitido pelo Presidente da República.

É bem provável que, por razões de confiança pessoal no Almirante Américo Thomaz (v. *supra*, n.º 5.5.2.) e à luz das sucessivas declarações de Salazar durante os anos sessenta de se pretender retirar (v. *supra*, n.º 5.2.3.), a primeira hipótese fosse a mais plausível: Salazar pretendia, em Janeiro de 1969, abandonar a presidência do Conselho de Ministros, razão pela qual nem sequer equacionava a hipótese de, saindo da Casa de Saúde da Cruz Vermelha, regressar à residência oficial de S. Bento, antes se preocupava em encontrar uma casa nova para residir.

Neste contexto, se não se verificou o retrocesso de Salazar a uma situação mental de alheamento face à realidade circundante, terá sido a sua governanta que, uma vez mais[1094], modificou os planos surgidos num instante de lucidez, fazendo-o recuar no propósito de demissão e convencendo-o a ir para a residência de S. Bento.

Qualquer que tenha sido a situação factual verdadeiramente ocorrida, uma certeza existe: em Janeiro de 1969, Salazar teve um instante em que equacionou a hipótese de, saindo do hospital onde se encontrava, não regressar à residência oficial de S. Bento, isto é, tomou como pressuposto o não exercício de funções governativas.

6.4.2. Já na residência de S. Bento, depois de Fevereiro de 1969, existem diversos indícios que Salazar ainda se considerava Presidente do Conselho, salientando-se os seguintes exemplos:

- Em Abril de 1969, aquando da visita do Prof. Houston Merritt, Salazar manifesta a sua preocupação ao Prof. Eduardo Coelho sobre o que aquele médico norte-americano irá contar às suas autoridades nacionais sobre o estado de saúde do Chefe do Governo português[1095];
- No início de Maio de 1969, em conversa com a governanta, depois de esta lhe dizer que deverá deixar o cargo e ir descansar o mais que puder, Salazar responde-lhe com duas questões que, no dizer do Prof. Eduardo Coelho, revelam estar ainda o doente totalmente convencido que ainda é chefe do Governo: "quem é que virá para o meu lugar? Quem é que o Chefe de

---

[1094] Parece que já na segunda metade dos anos quarenta, encontrando-se Salazar a atravessar uma forte depressão, pensando mesmo em indicar como seu sucessor e substituto na presidência do Conselho o então embaixador de Portugal nos Estados Unidos da América, Pedro Theotónio Pereira, terá sido a governanta que conseguiu inverter a situação, recuperando Salazar. Esse é, pelo menos, o testemunho da própria governanta ao jornalista Fernando Dacosta, cfr. FERNANDO DACOSTA, *Máscaras de Salazar*, pp. 93-94.

[1095] Cfr. EDUARDO COELHO/ANTÓNIO MACIEIRA COELHO, *Salazar...*, p. 57.

§6.º O ÚLTIMO ENIGMA: SABERIA SALAZAR QUE TINHA SIDO EXONERADO? | 241

Estado iria encontrar?", pergunta Salazar, repetindo as interrogações com uma nova insistência da governanta[1096];

– Em Junho de 1969, na véspera das cerimónias do dia 10, Salazar comenta com a governanta que terá de ir no dia seguinte do Terreiro do Paço para condecorar os militares agraciados, sendo aquela que, apelando ao estado frágil da saúde de Salazar, o demove de um tal intento[1097], servindo o presente exemplo para ilustrar que Salazar continuava convencido, nesta data, de que ainda exercia as funções de Presidente do Conselho de Ministros;

– Essa mesma convicção que Salazar desconhecia ter sido exonerado das funções de Chefe do Governo é ainda revelada, em meados de Novembro de 1969, quando, após as eleições gerais realizadas e para efeitos da sua análise, escreve uma carta ao Presidente da República – em papel timbrado da Presidência do Conselho[1098] e envelope "Do Presidente do Conselho"[1099] – solicitando que reúna o Conselho de Ministros[1100], sob a presidência do próprio Presidente da República: Salazar expressa, deste modo, o entendimento de que, apesar de estar afastado da condução efectiva da actividade governativa, o Chefe de Estado poderia substituí-lo na presidência do Conselho de Ministros.

Em resumo, os elementos documentais apresentados expressam o entendimento inequívoco que, pelos menos até ao final do ano de 1969, Salazar continua convencido de que ainda ocupa o cargo

---

[1096] Cfr. EDUARDO COELHO/ANTÓNIO MACIEIRA COELHO, *Salazar...*, p. 63.
[1097] Cfr. EDUARDO COELHO/ANTÓNIO MACIEIRA COELHO, *Salazar...*, p. 69.
[1098] Cfr. EDUARDO COELHO/ANTÓNIO MACIEIRA COELHO, *Salazar...*, p. 74.
[1099] Cfr. FRANCO NOGUEIRA, *Salazar*, VI, p. 426, nota.
[1100] Para uma transcrição integral do teor dessa carta, datada de 19 de Novembro de 1969, cfr. FRANCO NOGUEIRA, *Salazar*, VI, pp. 435-436, nota.

de Presidente do Conselho, desconhecendo que fora substituído, desde 27 de Setembro de 1968, por Marcello Caetano.

6.4.3. Durante o ano de 1970, uma vez mais à luz do quadro traçado pelo Prof. Eduardo Coelho, verifica-se que Salazar entra numa fase de desânimo e angústia (v. *supra*, n.º 4.1.): os médicos não lhe concedem a desejada "alta" para regressar ao exercício das funções governativas e sente-se progressivamente abandonado, poucos ministros o procuram[1101] e, em finais de Junho de 1970, perante uma pergunta intencional da governanta, pretendendo saber como é que o poder estava organizado durante a doença do Chefe do Governo, fica-se a saber o seguinte[1102]:

- Salazar acha (e repete, diversas vezes) que foi corrido "brutalmente" do poder: ninguém lhe fala de assuntos políticos, ninguém lhe diz nada, ninguém o ouve;
- Salazar admite que se tenham aproveitado da sua doença para se afastarem e correrem com ele – e diz: "isso não é bonito, isso não se faz";
- Salazar entende, porém, que não deve falar do assunto ao Presidente da República, pois não quer "que ele pense que estou agarrado ao poder e aos negócios do Estado".

Regista-se aqui, em síntese, que Salazar, a um escasso mês da sua morte, se encontra mergulhado numa dolorosa dúvida se foi ou não "corrido" do poder, traído por pretensos amigos e desprezado por quase todos: nos momentos de lucidez que tinha, Salazar até poderá ter experimentado, por breves instantes, a sensação da hipótese de que já não era Presidente do Conselho – recusa-se,

---

[1101] Cfr. EDUARDO COELHO/ANTÓNIO MACIEIRA COELHO, *Salazar...*, p. 77.
[1102] Cfr. EDUARDO COELHO/ANTÓNIO MACIEIRA COELHO, *Salazar...*, p. 82.

todavia, a equacionar essa hipótese como verosímil. Acreditando, intimamente, que ainda continua a ser Presidente do Conselho, Salazar tem agora a certeza, porém, de que o centro do poder já não reside nele – tinha sido afastado, marginalizado e esquecido da decisão e do conselho político.

Tem, no meio de tudo, um elemento que pondera a seu favor para, dissipando eventuais suspeitas momentâneas, lhe confirmar a convicção íntima que continua a ser Presidente do Conselho: o silêncio do Presidente da República – se já tivesse sido exonerado (ou se estivesse para ser exonerado) das funções de Chefe do Governo, certamente que o Presidente da República nunca deixaria de lhe comunicar. Nem por um instante, sublinhe-se, Salazar terá pensado que o Presidente da República pudesse ter falta de coragem ou receio dos efeitos fatais da notícia junto do doente (v. *supra*, n.º 6.1.).

A verdade, segundo o ângulo de Salazar, é que ninguém lhe disse nada (v. *supra*, n.º 6.1.): pode estar abandonado e desprezado politicamente, mas – pensará, provavelmente, – não terá sido substituído formalmente, ninguém teria feito tamanha ingratidão depois de tudo o que dera ao País. E, se tivesse sido substituído, insiste, em termos de raciocínio, o Presidente da República tê-lo-ia informado. Em vez disso, o Chefe de Estado aborda com ele problemas políticos, comunica-lhe viagens oficiais e Salazar pede-lhe relatos (v. *supra*, n.º 4.2.1.). Tudo continuará na mesma: só o Presidente da República terá agora mais trabalho, pois, pensaria Salazar, acumula a Chefia do Governo (v. *infra*, n.º 6.5.2.).

A dimensão da doença, o seu prolongamento temporal e a conjugação destes dois factores são realidades impossíveis de compreender por Salazar (*supra*, n.º 6.2.1.). E, uma vez que não tem capacidade mental para compreender o exacto grau da sua própria incapacidade mental, Salazar nunca terá uma percepção perfeita da inevitabilidade da sua substituição como Presidente do Conselho de Ministros e, por isso mesmo, assim como por uma questão de autodefesa inconsciente, nunca aceita como equacionável ou credível a solução de já ter sido substituído a título definitivo. No limite máximo, admitirá a hipótese de, a curto prazo, vir a ser substituído ou ter sido objecto de uma substituição interina: não será ele, todavia, a tomar a iniciativa de esclarecer o assunto junto do Chefe de Estado – não quer que o Presidente da República pense que está agarrado ao poder[1103].

6.5. Idem: (b) o papel do Chefe de Estado

6.5.1. Importa agora tentar reconstituir o pensamento de Salazar quanto ao papel constitucional do Chefe de Estado, enquanto pressuposto aferidor do entendimento de Salazar sobre a gestão dos negócios governativos durante a sua doença, e, neste sentido, elemento auxiliar para se tentar aferir a sua percepção sobre a necessidade de existir uma substituição na presidência do Conselho de Ministros.

Não restam hoje quaisquer dúvidas que a Constituição de 1933 foi, na sua essência, obra de Oliveira Salazar[1104]. E, desde logo à luz do designado "Relatório da Constituição"[1105], elaborado por Pedro Theotónio Pereira a pedido de Salazar[1106], em 1932, fica

---

[1103] Cfr. EDUARDO COELHO/ANTÓNIO MACIEIRA COELHO, *Salazar...*, p. 82.

[1104] Cfr., por todos, ANTÓNIO DE ARAÚJO, *Nos alvores da Constituição Política de 1933: notas à margem de um manuscrito de Salazar*, sep. *Estudos em Homenagem ao Conselheiro José Manuel Cardoso da Costa*, Coimbra, Coimbra Editora, 2003, em especial, pp. 113 ss.

[1105] Para uma reprodução integral do texto deste Relatório, inicialmente publicado nos jornais da época, em 28 de Maio de 1932, cfr. ANTÓNIO DE ARAÚJO, *Nos alvores da Constituição Política de 1933*, pp. 188 ss.

[1106] Cfr. PEDRO THEOTÓNIO PEREIRA, *Memórias*, I, Ed. Verbo, Lisboa, 1972, pp. 89 ss.; MARCELLO CAETANO, *Minhas Memórias de Salazar*, p. 45; ANTÓNIO DE ARAÚJO, *Nos alvores da Constituição Política de 1933*, pp. 122 e 123.

§6.º O ÚLTIMO ENIGMA: SABERIA SALAZAR QUE TINHA SIDO EXONERADO? | 245

claro que o Chefe de Estado tem funções que não são meramente simbólicas: numa expressão análoga à que havia sido utilizada por Benjamin Constant, a propósito do poder moderador (v. *supra*, n.º 5.2.5.), diz-se agora que o Chefe de Estado "é o elemento por excelência da harmonia do Estado"[1107].

A Constituição de 1933 recupera, em torno do estatuto do Presidente da República, algo que foi um dos princípios fundamentais da revolução política emergente da Ditadura Militar: "o Poder Executivo, exercido pelo Chefe de Estado, com os Ministros nomeados livremente por ele, sem dependência de quaisquer indicações parlamentares"[1108]. Trata-se de configurar um Chefe de Estado que, no exercício das suas funções, é visto como "órgão superior do Estado", sem "quaisquer limitações que não sejam as provenientes do texto constitucional"[1109]. Não há aqui lugar a qualquer diarquia, bicefalismo ou "dualidade na direcção suprema do Estado"[1110]: Salazar entendia o regime como presidencialista[1111].

Na realidade, segundo o próprio Salazar proclamava, "é um dos princípios do regime que fielmente adopto e sigo não haver nunca razão contra o Chefe de Estado, o que significa terem os problemas políticos só um árbitro supremo, a cuja decisão esclarecida todas as forças obedecem"[1112]. É ainda, e inequivocamente, a figura do poder moderador que se encontra reflectida no pensamento de Salazar e no texto da Constituição de 1933 quanto ao

---

[1107] Cfr. ANTÓNIO DE ARAÚJO, *Nos alvores da Constituição Política de 1933*, p. 200.

[1108] Cfr. OLIVEIRA SALAZAR, *Discursos*, I, p. 83.

[1109] Cfr. OLIVEIRA SALAZAR, *Discursos*, I, p. 379.

[1110] Cfr. OLIVEIRA SALAZAR, *Discursos*, I, p. 379.

[1111] Neste sentido, cfr. MANUEL BRAGA DA CRUZ, *O Partido e o Estado no Salazarismo*, p. 96, nota n.º 87.

[1112] Cfr. OLIVEIRA SALAZAR, *Discursos e Notas Políticas*, IV, p. 189; IDEM, *Principes D'Action, p.* 154.

246 | SUCESSÃO POLÍTICA DE SALAZAR

Chefe de Estado: o Presidente da República é, na já citada velha expressão de Constant, a "chave de toda a organização política".

Não estranha, por isso mesmo, que, na primeira versão do projecto constitucional do Estado Novo, segundo a versão dactilografada existente na Torre do Tombo[1113], se possa vislumbrar um "relativo apagamento formal da figura do Presidente do Conselho"[1114]: confiava-se o Poder Executivo ao Presidente da República e aos Ministros, sendo estes últimos duplamente responsáveis (: perante o Presidente da República e também perante o Presidente do Conselho), conferia-se ao Presidente da República a faculdade de presidir ao Conselho de Ministros, registando-se mesmo que, em certos casos, essa presidência era até obrigatória,

Não obstante a versão final do texto constitucional aprovado, em 1933, ter atenuado esse excesso de intervenção governativa directa do Presidente da República, favorecendo também a prática institucional um reforço do estatuto do Presidente do Conselho[1115], o certo é que a doutrina continuava a entender admissível, à luz da letra expressa do artigo 110.º (depois 111.º) da Constituição, a convocação do Conselho de Ministros pelo Presidente da República[1116], levantando ainda a possibilidade de, temporariamente,

---

[1113] Cfr. AOS/CO/PC-5, Pasta 2, fls. 107-171.

Para uma divulgação e estudo deste projecto, cfr. ANTÓNIO DE ARAÚJO, *Na génese da Constituição Política de 1933 (Apontamentos sobre o sistema de governo)*, sep. da Revista *o Direito*, ano 133.º, 2001, n.º IV, em especial, pp. 815 ss.

[1114] Cfr. ANTÓNIO DE ARAÚJO, *Na génese da Constituição Política de 1933*, p. 815.

[1115] Cfr. JORGE MIRANDA, *Manual de Direito Constitucional*, I, 7ª ed., Coimbra, Coimbra Editora, 2003, pp. 326-327; MARCELO REBELO DE SOUSA, *Os Partidos Políticos no Direito Constitucional Português*, p. 181, nota; MANUEL BRAGA DA CRUZ, *O Partido e o Estado no Salazarismo*, pp. 100 ss.

[1116] Cfr. F. I. PEREIRA DOS SANTOS, *Un État Corporatif – La Constitution Sociale et Politique Portugaise*, Paris, 1935, p. 171; FEZAS VITAL, *Direito Constitucional*,

§6.° O ÚLTIMO ENIGMA: SABERIA SALAZAR QUE TINHA SIDO EXONERADO? | 247

as funções do Presidente do Conselho poderem ser exercidas pelo próprio Presidente da República (v. *supra*, n.° 5.3.3.).

Todos estes elementos de raiz político-constitucional em torno do estatuto do Presidente da República, enquanto elementos de uma memória gestativa e interpretativa da Constituição de 1933, estariam bem presentes, em 1969 e 1970, no pensamento de Oliveira Salazar: debilitado nas suas capacidades mentais quanto ao presente, todos são unânimes, todavia, no reconhecimento de uma excelente memória quanto a assuntos antigos (v. *supra*, n.° 3.5.1.) – ora, a configuração do estatuto constitucional do Chefe de Estado é um assunto antigo e, neste sentido, bem vivo na memória de um Salazar já incapacitado.

6.5.2. Tendo presente o exposto sobre a génese histórica do estatuto constitucional do Chefe de Estado que estava subjacente ao pensamento de Oliveira Salazar, importa agora responder à seguinte interrogação: como terá Salazar configurado o papel do Chefe de Estado a partir de Setembro de 1968, isto é, desde que, por razões da grave doença que sabe ter sofrido, ficou impossibilitado de efectivamente exercer as funções de Chefe do Governo?

Para responder à questão colocada, enquanto pressuposto essencial para se poder saber se Salazar cogitava a hipótese de ter sido exonerado e substituído na Presidência do Conselho de Ministros, após a sua doença de Setembro de 1968, podemos partir dos seguintes pontos firmes:

(lições coligidas por João Rui Mendes de Almeida e José Agostinho de Almeida), Lisboa, 1936-37, pp. 412-413; MARCELLO CAETANO, *A Constituição de 1933*, p. 69; MIGUEL GALVÃO TELES, *Direito Constitucional*, p. 56.

No sentido de que a Constituição não autorizava o Presidente da República a comparecer a todas as reuniões do Conselho de Ministros, cfr. JORGE MIRANDA, *Ciência Política e Direito Constitucional*, II, pp. 290-291.

248 | SUCESSÃO POLÍTICA DE SALAZAR

(i) Salazar partilhava o entendimento de que o Presidente da República, enquanto titular de raiz do poder executivo, podia chamar a si a direcção e convocação do Conselho de Ministros durante o impedimento do Presidente do Conselho. E, nesse sentido, existem quatro significativos indícios:

– Na entrevista que concedeu a Roland Faure, em Setembro de 1969, Salazar expressamente refere que o Conselho de Ministros era agora presidido pelo Chefe de Estado e reúne-se em Belém [1117] – solução essa que, note-se, até se mostrava equacionável em termos jurídico-constitucionais (v. *supra*, n.º 6.5.1.);

– Em carta dirigida ao Chefe de Estado, em 19 de Novembro de 1969, Salazar solicita que o Presidente da República convoque e presida a um Conselho de Ministros (v. *supra*, n.º 6.4.2.);

– O testemunho do Prof. Eduardo Coelho, certamente recolhido de impressões reveladas no contacto com Salazar, é inequívoco quanto ao entendimento deste de que, "para não se fatigar e enquanto não estivesse completamente curado, o Conselho de Ministros seria dirigido pelo Chefe de Estado"[1118];

– Compreende-se, neste exacto contexto de raciocínio, que Salazar se afligisse, logo nos primeiros meses de 1969, com o acréscimo de trabalho que entendia estar agora o Chefe de Estado a suportar[1119]: tratar-se-ia, segundo o raciocínio de Salazar, das tarefas referentes à acumulação das funções de coordenação e direcção governamentais que

---

[1117] Cfr. FRANCO NOGUEIRA, *Salazar*, VI, p. 434.
[1118] Cfr. EDUARDO COELHO/ANTÓNIO MACIEIRA COELHO, *Salazar...*, p. 84.
[1119] Cfr. AMÉRICO THOMAZ, *Últimas Décadas de Portugal*, IV, p. 59.

§6.º O ÚLTIMO ENIGMA: SABERIA SALAZAR QUE TINHA SIDO EXONERADO? | 249

supunha encontrar-se agora o Presidente da República a exercer em sua substituição;

(ii) Salazar tem também, por outro lado, uma visão reduzida das funções de coordenação e direcção governamentais e do próprio estatuto político e constitucional do Conselho de Ministros como órgão colegial de decisão política[1120], razão pela qual a pressuposta acumulação pelo Presidente da República do exercício das funções de presidência do Conselho de Ministros traduziria, segundo a lógica do pensamento de Salazar, apenas um leve acréscimo de tarefas:

– Salazar sempre preferiu o despacho individual ou conjunto com os ministros às reuniões do Conselho de Ministros[1121], encontrando-se aligeiradas, deste modo, as tarefas

---

[1120] Neste sentido, falando mesmo em abdicação de poderes do Governo a favor do Presidente do Conselho, sublinhando a inexistência de Conselho de Ministros sob Salazar, (cfr., por todos, JORGE CAMPINOS, *O Presidencialismo do Estado Novo*, pp. 166 ss.), ou, em termos semelhantes, registando esta subestimação do papel político do Conselho de Ministros como expressão da pessoalização da acção governativa (cfr. MANUEL BRAGA DA CRUZ, *O Partido e o Estado no Salazarismo*, pp. 102 ss.).

Criticando este aspecto da conduta de Salazar como Chefe do Governo, chamando a si poderes que pertenciam colegialmente ao Conselho de Ministros, cfr. MARCELLO CAETANO, *Minhas Memórias de Salazar*, pp. 187 ss.

[1121] Cfr. MANUEL BRAGA DA CRUZ, *O Partido e o Estado no Salazarismo*, pp. 102 ss.; JACQUES GEORGEL, *O Salazarismo*, p. 136.

Na opinião de Oliveira Salazar, em Conselho de Ministros não se deviam revelar segredos, pois "os ministros não merecem confiança" e, de imediato, acrescentava, "é o que me diz a experienciazinha. O que disser em Conselho é só para autenticar o que se souber publicamente" (cfr. FRANCO NOGUEIRA, *Um Político Confessa-se*, p. 17).

Essa prática de desvalorização do papel constitucional do Conselho de Ministros durante o consulado de Salazar viria depois, durante o governo de Marcello Caetano, a ser mitigada, tendo mesmo sido promulgado o Decreto-Lei n.º 48620, de 10 de Outubro de 1968, reforçando a intervenção decisória do Conselho de Ministros (cfr. MARCELLO CAETANO, *Minhas Memórias de Salazar*, p. 188;

que supunha estarem agora a cargo do Chefe de Estado como seu substituto na chefia do Governo;

– Além disso, uma vez que quase todas as suas preocupações governativas se centravam em torno dos Ministérios do Ultramar, da Defesa e dos Negócios Estrangeiros (v. *supra*, n.º 2.1.2.), todos os restantes membros do Governo gozavam de grande autonomia decorrente da reduzida intervenção de Salazar[1122] que, também agora, por esta via, entende estar atenuado o trabalho acrescido do Presidente da República na direcção e coordenação do Governo;

(iii) Por último, Salazar tem plena confiança política e pessoal no Almirante Américo Thomaz e recusa-se, por consequência, a aceitar que, sem lhe dizer nada ou aproveitando-se da sua doença, o amigo[1123] o tenha exonerado e substituído por outra pessoa na Presidência do Conselho: Salazar tem presente que o Almirante Thomaz foi seu Ministro da Marinha, seu candidato a duas eleições presidenciais vitoriosas e, aquando da tentativa de golpe do General Botelho Moniz, em 1961, foi decisivo o seu papel no reiterar da confiança

---

IDEM, *Depoimento*, p. 103; FRANCISCO LUCAS PIRES, *Conselho de Ministros: sua caracterização como órgão do Estado*, sep. *Boletim da Faculdade de Direito da Universidade de Coimbra*, vol. XLV, Coimbra, 1970, pp. 10 ss.; RUI MACHETE/ /JORGE MIRANDA, *Direito Constitucional*, II, p. 267; JORGE MIRANDA, *Ciência Política e Direito Constitucional*, II, p. 371) e, posteriormente, pelo Decreto-Lei n.º 13/70, de 14 de Janeiro (cfr. MARCELLO CAETANO, *Manual de Direito Administrativo*, I, 9ª ed., Coimbra, Coimbra Editora, 1970, pp. 260 ss.).

[1122] Nas palavras de Marcello Caetano, "o Dr. Salazar fazia distinção entre ministérios para efeitos do trabalho em audiência dos ministros", cfr. MARCELLO CAETANO, *Minhas Memórias de Salazar*, p. 185.

[1123] Para Salazar, o Almirante Américo Thomaz é um amigo e isso mesmo declara, expressamente, em 25 de Janeiro de 1970, cfr. EDUARDO COELHO/ ANTÓNIO MACIEIRA COELHO, *Salazar...*, p. 77.

§6.º O ÚLTIMO ENIGMA: SABERIA SALAZAR QUE TINHA SIDO EXONERADO? | 251

política ao Presidente do Conselho (v. *supra*, n.º 5.5.2.). E, como não tem consciência da incapacitação gerada pela doença, nem da sua duração temporal, não equaciona que o Presidente da República o tivesse substituído, tanto mais que este nunca lhe disse nada, antes sempre o tem visitado e mostra-se atencioso e amigo.

Os elementos expostos permitem extrair, em síntese, que Salazar pensava que durante a sua doença o Presidente da República tinha assumido também as funções típicas do Chefe do Governo, sendo ele que dirigia e coordenava agora os ministros e presidia ao Conselho de Ministros.

6.5.3. É certo que Salazar, nos últimos tempos da sua vida, se sentiu angustiado, triste e até abandonado por quase todos os seus antigos amigos (v. *supra*, n.º 4.1.). Duvidosamente, porém, terá equacionado com convicção que, alguma vez, tivesse sido formalmente exonerado e substituído por um novo Presidente do Conselho: pensaria que os ministros agora procuravam aconselhar-se mais com o Chefe de Estado, em vez de recorrerem a ele, e isso magoava-o, fazia-o sentir-se política e pessoalmente marginalizado, tanto mais que, em termos médicos, tardava a "alta" que o fizesse reassumir o exercício efectivo das funções governativas.

Nas suas últimas semanas de vida, Salazar terá sentido que era um Presidente do Conselho de Ministros sem ministros, sem poder decisório ou de intervenção política, e sabia que, há muito, já não presidia a qualquer Conselho de Ministros, antes disso se encarregava o Chefe de Estado. Acreditava, no entanto, que se mantinha formalmente como Chefe do Governo e o reassumir efectivo das funções dependia mais dos médicos do que do Presidente da República – este continuaria, pensava Salazar, a aguardar pelo seu restabelecimento.

Os já longos laços políticos e pessoais entre Salazar e o Chefe do Estado, sempre solícito e amigo durante toda a doença, desanuviavam-lhe qualquer pensamento de ter sido exonerado e nomeado um novo Presidente do Conselho. Talvez não lhe retirassem a dúvida de, a muito curto prazo, isso se tornar inevitável.

Com efeito, se, em termos gerais, Salazar carece de capacidade mental para se aperceber da inevitabilidade da sua substituição como Presidente do Conselho de Ministros (v. *supra*, n.º 6.4.3.), não se pode excluir que, nos seus momentos de lucidez, verificando a ausência de forças, possa ter equacionado a necessidade da sua substituição na chefia do Governo. E isso deixava-o, naturalmente, triste: a lucidez mostra-lhe a falta de forças para continuar a acreditar no regresso e os médicos, adiando a "alta" em reassumir, retiravam-lhe a esperança.

No entanto, em coerência com tudo o que sempre defendeu, a nomeação de um novo Presidente do Conselho era uma prerrogativa exclusiva do Chefe do Estado: o seu silêncio em questionar o Presidente da República só tinha paralelo no silêncio deste em informar Salazar que tinha sido exonerado.

Este duplo silêncio, fruto de um respeito recíproco entre ambos, impediu que o enigma se desvendasse: nem Salazar alguma vez teve a certeza de ter sido exonerado como Presidente do Conselho de Ministros, nem ninguém terá alguma vez a certeza que Salazar tivesse sabido, suspeitado ou até pretendido ter sido exonerado e substituído.

Também aqui, neste gerar e perpetuar do enigma, o Chefe de Estado teve um papel central: o Almirante Américo Thomaz tornou-se a "chave" dos últimos meses de Salazar e dos últimos anos do Estado Novo.

6.6. Excurso: a colaboração de Marcello Caetano

6.6.1. O enigma em torno da interrogação se Salazar saberia (ou não) que tinha sido exonerado do cargo de Presidente do Conselho de Ministros e substituído por Marcello Caetano envolve, já antes se fez notar, todo um conjunto de cumplicidades dos mais elevados dirigentes do País, desde o Presidente da República que nunca informou Salazar da sua efectiva situação (v. *supra*, n.º 6.1.1.) até ao próprio Prof. Marcello Caetano que condescendeu com a situação criada (v. *supra*, n.º 6.2.2.) – a "mentira piedosa" foi sustentada oficialmente (v. *supra*, 6.2.1.).

A posição de Marcello Caetano torna-se, neste contexto, "excepcionalmente vulnerável"[1124] ou particularmente difícil: começou por ter um estatuto político de provisoriedade, herdando ministros de Salazar, a sua política ultramarina, a sua guerra colonial e, até à exposição televisiva deste, em Abril de 1969, sempre com a sombra de um regresso do "velho"; teve de ceder a residência oficial do Presidente do Conselho de Ministros a Salazar quando este, apesar de exonerado das funções, saiu da Casa de Saúde, numa situação de total indefinição temporal[1125], assumindo de facto o estatuto de Presidente do Conselho honorário e vitalício (v. *supra*, n.º 6.2.3.); teve ainda de chefiar um "governo de homens como os outros" (v. *supra*, n.º 5.4.5.), sujeito a uma permanente comparação com governos que foram chefiados por "um homem de génio" ainda vivo[1126].

[1124] Cfr. MÁRIO SOARES, *Portugal Amordaçado*, p. 593.

[1125] Marcello Caetano, sem a residência oficial de S. Bento, trabalhava de manhã na sua residência particular, em Alvalade, e, de tarde, deslocava-se para um gabinete na Assembleia Nacional, cfr. LUÍS ALMEIDA MARTINS, *Marcelo Caetano – o homem que viu passar o futuro*, in *Visão História*, n.º 2, Julho de 2008, p. 62.

[1126] Sobre o tema, cfr. MÁRIO MESQUITA, *Portugal Sem Salazar*, pp. 17 ss.

No meio de tudo isto, a verdade é que a encenação e o inerente enigma em torno de Salazar, fazendo-o acreditar que ainda era Presidente do Conselho, nunca se teriam consolidado se não contassem com a colaboração de Marcello Caetano.

Ter-se-á tratado, todavia, de uma mera colaboração passiva, limitando-se Marcello Caetano a aceitar a determinação do Presidente da República de manter Salazar com todas as honras inerentes ao cargo de Presidente do Conselho de Ministros[1127], ou, pelo contrário, será que se verificou mesmo uma colaboração activa de Marcello Caetano na farsa de considerar Salazar ainda Presidente do Conselho?

Essa é a interrogação a que, a título de excurso no contexto da investigação, cumpre ainda encontrar resposta.

6.6.2. Não são muitas as referências que existem ao relacionamento entre Salazar e Marcello Caetano durante o tempo em que o primeiro, regressado da Casa de Saúde da Cruz Vermelha, viveu na residência oficial de S. Bento, sendo já o segundo Presidente do Conselho de Ministros.

Mostra-se possível afirmar com segurança, no entanto, o seguinte:

(i) Desde que Salazar saiu do estado de coma – ainda na Casa de Saúde – e o momento da sua morte, nunca ambos os homens se encontraram pessoalmente: Marcello Caetano nunca visitou então Salazar, tendo confessado, expressamente, "não o tornei a ver desde que lhe sucedi à frente ao Governo"[1128];

[1127] Cfr. Decreto n.º 48597, de 27 de Setembro de 1968, do Presidente da República.

[1128] Essa afirmação de Marcello Caetano foi feita em entrevista concedida, em Setembro de 1969, ao jornalista francês do *L'Aurore*, Roland Faure, trecho esse que, por intervenção da censura, nunca viria a ser publicado pelos jornais portugueses (cfr. RAUL RÊGO, *Diário Político*, p. 137).

§6.º O ÚLTIMO ENIGMA: SABERIA SALAZAR QUE TINHA SIDO EXONERADO? | 255

(ii) Marcello Caetano enviou a Salazar, porém, votos de parabéns pelo aniversário, em 1969[1129] – e também, muito provavelmente, em 1970 –, desconhecendo-se, todavia, o texto das respectivas mensagens, designadamente se foram enviadas em papel e envelopes timbrados da Presidência do Conselho de Ministros e se Salazar tomou conhecimento directo com os respectivos textos – hipótese esta última facilmente evitável por quem estava junto de Salazar, atendendo às suas limitações físicas;

(iii) Parece mesmo que Marcello Caetano continuava a enviar a Salazar as suas obras científicas[1130], designadamente a 9ª edição do 1.º volume do *Manual de Direito Administrativo*, pois encontra-se no Arquivo de Marcello Caetano existente na Torre do Tombo um cartão de agradecimento de Salazar, datado de 10 de Maio de 1970[1131].

Centremos a nossa atenção subsequente, tendo em vista apurar o grau de colaboração do próprio Prof. Marcello Caetano na "mentira piedosa" de considerar Salazar como Presidente do Conselho de Ministros, nestes últimos aspectos referidos.

6.6.3. Tendo presente o texto da 9ª edição do 1.º volume do *Manual de Direito Administrativo* há dois aspectos que merecem especial destaque:

[1129] Cfr. *Diário de Notícias*, de 29 de Abril de 1969, p. 7; *O Século*, de 29 de Abril de 1969, p. 8.

[1130] Não terá Marcello Caetano enviado a Salazar, por certo, a obra política *"Pelo Futuro de Portugal"*, editada em 1969, recolhendo intervenções como Chefe do Governo, inexistindo qualquer cartão de agradecimento da mesma.

[1131] Cfr. Arquivo Marcello Caetano. Presidente do Conselho. "Cartões de O. Salazar", 1962-1970, Caixa 13, n.º 9. Para uma consulta do catálogo deste Arquivo, cfr. ANTÓNIO FRAZÃO/MARIA DO CÉU BARATA FILIPE, *Arquivo Marcello Caetano*, II, Lisboa, Ed. Ministério da Cultura/Torre do Tombo, 2005, p. 1066.

256 | SUCESSÃO POLÍTICA DE SALAZAR

(i) Em primeiro lugar, a nota prévia – designada "Nota da 9ª edição" – é elaborada com o extremo cuidado de, apesar de referir que o texto inclui as "alterações introduzidas na legislação portuguesa desde Setembro de 1968", ser totalmente omissa em qualquer referência às funções governativas a que o seu autor havia, entretanto, sido chamado a exercer[1132], limitando-se a indicar que ao autor do livro não é possível "neste período (...) dedicar-lhe a atenção que sempre lhe deu": nem uma palavra justificativa sobre a razão de uma tal impossibilidade, isto em termos tais que, se o leitor não conhecesse a razão pela qual a Marcello Caetano não era possível "nesse período" dedicar-lhe a atenção, nunca poderia adivinhar ser o exercício do cargo de Presidente do Conselho de Ministros;

(ii) Em segundo lugar, sendo comum nas edições do *Manual de Direito Administrativo* de Marcello Caetano a referência a uma lista de bibliografia do Autor, verifica-se que a 9ª edição do 1.º volume, a propósito das obras incluídas no item "diversos", terminam as indicações em 1967, acrescentando--se um etc., sem se referir, desde logo, o livro *"Pelo Futuro de Portugal"*, impresso em Setembro de 1969, e incluído na indicação das obras do autor na 10ª edição do 1.º volume do *Manual*, em 1973: procurou-se, desde modo, subtrair à natural curiosidade de um leitor a quem o livro é oferecido uma rápida leitura dos títulos das mais recentes obras publicadas do seu autor, cuidado esse perfeitamente compreensível

---

[1132] Sublinhe-se que, a este propósito, em termos comparativos com o texto da "nota da 10ª edição" do *Manual de Direito Administrativo*, datada de 1973, e, por isso mesmo, editada em momento posterior à morte de Salazar, já Marcello Caetano se refere ao facto de ter sido "chamado a funções de pesada responsabilidade a que me não poderia furtar".

§6.º O ÚLTIMO ENIGMA: SABERIA SALAZAR QUE TINHA SIDO EXONERADO? | 257

perante obras de cunho político sobre a acção do seu autor na Presidência do Conselho de Ministros que se procurava, precisamente, evitar chegar ao conhecimento de Salazar.

Mostram-se estes indícios reveladores, em síntese, de uma colaboração activa e directa de Marcello Caetano em alimentar a ilusão de Oliveira Salazar de que ainda era Presidente do Conselho de Ministros ou, pelo menos, em não colocar ao seu alcance e através dos livros que lhe oferecia elementos que pudessem revelar que o professor da Universidade de Lisboa era agora o novo Chefe do Governo.

Falta, neste domínio, todavia, um elemento precioso para resolver as dúvidas que possam restar: saber o conteúdo das dedicatórias que Marcello Caetano escreveu nos livros oferecidos a Salazar – tê-lo-á tratado por Senhor Presidente do Conselho de Ministros?

Não dispomos de elementos que nos permitam responder à questão suscitada.

6.6.4. Se, em relação a Marcello Caetano, não dispomos de elementos que nos habilitem verificar os termos como se dirigia por escrito a Oliveira Salazar nas obras que lhe oferecia, a verdade é que podemos observar a terminologia que Salazar usava para agradecer as obras oferecidas.

Neste domínio, assume especial relevo o último cartão de agradecimentos que Salazar dirige a Marcello Caetano, em 10 de Maio de 1970[1133], sendo possível dele extrair diversos elementos:

[1133] Cfr. Arquivo Marcello Caetano na Torre do Tombo, "Cartões de O. Salazar", 1962-1970, Caixa 13, n.º 9.

(i) Tendo impresso no cartão "Prof. Doutor António de Oliveira Salazar", Salazar acrescentou na sua letra, *"Com os respeitosos cumprimentos, o (...) agradece muito penhorado"*, colocando a data de 10-V-1970: pode mostrar-se significativo, neste domínio, não ter usado um cartão com a designação impressa de "Presidente do Conselho de Ministros", sem prejuízo de existir a notícia de que, durante o período em que Salazar esteve doente na residência oficial de S. Bento, umas vezes usava cartões particulares e outras vezes cartões com a menção do cargo oficial que pensava exercer ainda[1134], não se podendo dizer que existisse um critério nos cartões que usava e, por isso, também não é possível extrair uma conclusão definitiva sobre se sabia que já não era Chefe do Governo, tanto mais que Salazar se encontrava impossibilitado de se deslocar pelos seus próprios meios para alcançar os cartões a preencher;

(ii) O envelope que foi usado para esse cartão, tendo manuscritas, a lápis, as palavras "último cartão – Maio de 1970" (ao que parece com a letra do punho de Marcello Caetano), tinha o seguinte endereço também manuscrito[1135]:

> *"Sua Excelência*
> *Prof. Doutor Marcello Caetano.*
> *Presidente do Conselho.*
> *S. Bento*
> *Lisboa"*

[1134] Neste sentido, referindo-se também ter recebido esse tipo de cartões, "entremeados", cfr. AMÉRICO THOMAZ, *Últimas Décadas de Portugal*, IV, p. 123.

[1135] Cfr. Arquivo Marcello Caetano. Presidente do Conselho. "Cartões de O. Salazar", 1962-1970, Caixa 13, n.º 10. Cfr. também ANTÓNIO FRAZÃO/MARIA DO CÉU BARATA FILIPE, *Arquivo Marcello Caetano*, II, p. 1066.

§6.º O ÚLTIMO ENIGMA: SABERIA SALAZAR QUE TINHA SIDO EXONERADO? | 259

Urge referir, no entanto, que não se poderá extrair da leitura de um tal envelope que Salazar sabia que Marcello Caetano era Presidente do Conselho, uma vez que o mesmo não foi escrito pela mão de Salazar, nem possivelmente teve conhecimento dos termos como se encontrava redigido: se é verdade que Salazar escreveu o cartão de agradecimento, também é certo que não foi ele quem escreveu o envelope.

Nenhuma conclusão se poderá retirar, por conseguinte, se Salazar, tendo por base o cartão de agradecimentos dirigido a Marcello Caetano, em Maio de 1970, sabia ou não da sua substituição no cargo de Presidente do Conselho de Ministros.

6.6.5. Em resumo: não existem dúvidas que Marcello Caetano colaborou na farsa nacional de esconder a Oliveira Salazar que já não era Chefe do Governo, mostrando-se inconclusivo, à luz dos materiais existentes no Arquivo de Marcello Caetano, que Salazar soubesse que tinha sido exonerado e substituído na Presidência do Conselho de Ministros.

O último enigma em torno de Salazar, tendo a resposta possível que anteriormente se deixou definida, encontra-se, deste modo, em aberto: aguarda sempre novos elementos documentais ou melhores soluções interpretativas.

Essa é, afinal, a eterna condição da História humana: nunca se encontra definitivamente escrita, revelando que a verdade é sempre, numa óptica exclusivamente humana, parcelar e incompleta.

E, neste contexto, não podemos deixar de nos interrogar, tal como Salazar escrevia, em Janeiro de 1933: "(...) até que ponto pode ainda ser verdade uma verdade incompleta?"[1136].

[1136] Cfr. OLIVEIRA SALAZAR, *Prefácio*, in ANTÓNIO FERRO, *Salazar*, p. 40.